MADRID Y EL AND THE PRADO

ARTE Y ARQUITECTURA   ART AND ARCHITECTURE

MADRID Y EL AND THE PRADO

ARTE Y ARQUITECTURA   ART AND ARCHITECTURE

For Lynda,

Thank you & for all

Sara

Barbara Borngässer
David Sánchez Cano
Felix Scheffler
Texto · Text

Gerhard Hagen
Fotografía · Photography

h.f.ullmann

Índice

Contents

Introducción

Foreword

Madrid nunca duerme: posiblemente ningún otro lema caracterice mejor a la capital española. Madrid no tiene mar, no está en ningún camino de peregrinación, no conserva un legado musulmán o medieval destacable, y ni siquiera su clima –con gélidos inviernos y tórridos veranos– ofrece las condiciones más deseadas. Pero, pese a todo, se ha convertido en una metrópoli de gran vitalidad, que se cuenta entre los destinos turísticos europeos más populares. Tradición y vanguardia se combinan allí sin plantear contradicción alguna, ni en la cocina, sagrada para los madrileños; ni en las costumbres, donde se funden con creatividad distintas culturas;

Madrid nunca duerme, Madrid never sleeps—possibly no other saying better characterizes the Spanish capital. Madrid lies neither on the sea nor on a pilgrimage route, it does not have significant Moorish nor medieval heritage, and its climate, with freezing winters and scorching summers, does not offer the most sought after conditions. And yet Madrid has become a city of enormous vitality, and is among Europe's most popular travel destinations. Here, tradition and the avant-garde combine without creating any contradictions, neither in the cuisine, which is holy to the Madrilènes, nor in the customs, in which different

El escudo de Madrid.

The Madrid coat of arms.

**Ambiente nocturno
de la plaza de Santa Ana.**

Night scene at the Plaza
de Santa Ana.

El mercado de San Miguel.

The Mercado de San Miguel.

La entrada principal del
Parque del Retiro, el «pulmón
verde» de Madrid.

The main entrance to Retiro
Park, Madrid's "green lung."

cultures unite with creativity—and above all not in art, with which Madrid is abundantly blessed. It is not strange, in this case, that the collections of the Prado, the Thyssen-Bornemisza, and the Centro de Arte Reina Sofía, have all created breathtaking new construction for their exceptional collections in recent years, binding the subtle appreciation of art to the thrilling allure of contemporary architecture. But that is not all: with the Cuatro Torres (Four Towers) on the edge of the city, Madrid is strongly positioned in the international competition in skyscraper construction.

When observing the cosmopolitan, bustling, and sometimes hedonistic scenes of Madrid's daily life, it is difficult to imagine that until just a few decades ago, the dictator still held the city and the country in an iron grip. After Franco's death, Madrid awoke from a traumatic hibernation. The trail left by the *movida*, or movement, that drove away the shadows of the past with unbridled freedom and an intense zest for life, can still be seen today in the lively nightlife and bars, and in the indefatigable cultural life. After the revitalization of film, music and pop culture, Madrid is reinventing itself as a *city:* modern, green neighborhoods are emerging everywhere, urban wastelands are disappearing, and urban spaces that are choking in traffic, like the Paseo del Prado, are being redefined and transformed into pedestrian zones. The banks of

ni mucho menos en el arte, una bendición que colma la ciudad. Por tanto, no resulta extraño que en los últimos años los museos del Prado, el Thyssen-Bornemisza y el Centro de Arte Reina Sofía hayan erigido para sus excepcionales colecciones a nivel internacional soberbias edificaciones, que permiten combinar el sutil disfrute del arte con el apasionante atractivo de la arquitectura contemporánea. Pero eso no es todo: con las Cuatro Torres, en las afueras de la ciudad, Madrid apuesta fuerte en el certamen internacional de construcción de rascacielos.

Cuando hoy se observan los escenarios cosmopolitas, activos y a menudo hedonistas de la cotidianidad madrileña, resulta difícil concebir que hasta hace pocas décadas la dictadura aún controlaba con mano de hierro la ciudad y el país. Tras la muerte de Franco, Madrid despertó de un traumático letargo. Las huellas de la *movida* –que ahuyentó las sombras del pasado con una libertad desenfrenada y una estridente alegría de vivir– todavía pueden rastrearse en la animación de la vida nocturna y de los locales, del mismo modo que en la infatigable actividad cultural. Después de la revitalización del cine, la música y la cultura pop, ahora Madrid se reinventa como *ciudad:* por todas partes surgen barrios modernos y verdes, los yermos desaparecen, y espacios urbanos asfixiados por la circulación, como el Paseo del Prado, se redefinen para su uso como zonas de paseo. Las orillas del río Manzanares, a las que apenas se había prestado atención hasta hoy, pronto se dotarán con parques e instalaciones para el ocio.

A pesar de todo este dinamismo, el «antiguo» Madrid sigue presente por doquier. La ciudad, convertida en capital del imperio de los Habsburgo por Felipe II en 1561 y residencia de los Borbones desde 1700, convive con la familia real, los palacios y jardines reales y las espléndidas iglesias: el Madrid de los Habsburgo se concentra en torno a la magnífica plaza Mayor, que fue escenario de fiestas cortesanas, plaza de toros

the Manzanares River, until now scarcely noticed, will soon boast attractive parks and recreational facilities.

Despite the dynamism, the "old" Madrid is still present everywhere. Declared the capital city of the Habsburg Philip II's empire in 1561 and the residence of the Bourbons since 1700, Madrid lives with its royal family, its royal palaces and gardens, its splendid churches. The Madrid of the Habsburgs is concentrated around the grandiose Plaza Mayor; it was simultaneously the scene of courtly festivals,

El Palacio Real.

The Palacio Real.

La familia real.

The royal family.

La plaza Mayor.

The Plaza Mayor.

Vista del Parque Juan Carlos I.

View from the Parque
Juan Carlos I.

La plaza de España.

The Plaza de España.

Templo de Debod, en el Parque del Oeste. *Este templo egipcio fue desplazado de su emplazamiento original en el año 1961 para la construcción de la presa de Asuán; es un regalo del Gobierno egipcio a España, que participó ejemplarmente en la salvaguarda de los templos de Abu Simbel.*

The Temple of Debod in the Parque del Oeste.
The Egyptian temple had to make way for the building of the Aswan Dam in 1961; it is a gift from the Egyptian government to Spain, which played a crucial role in saving the temples of Abu Simbel.

El centro cultural CaixaForum y su «jardín vertical».

The CaixaForum art center with its "vertical garden."

y tribuna de autos de fe. En el barrio de los poetas, alrededor de la plaza de Santa Ana, todavía se respira la atmósfera del Siglo de Oro. Madrid debe al siglo XVIII sus amplios bulevares y espaciosas plazas engalanadas con esculturas. En la transición al siglo XX, la capital inició su ascenso como metrópoli financiera: los bancos y establecimientos comerciales suntuosos proliferaron en la calle de Alcalá y en la Gran Vía; por lo demás, los círculos culturales, cafés y salas de cine daban testimonio del ambiente eufórico de prosperidad de la época, que, sin embargo, pronto truncarían la Guerra Civil y la dictadura.

Con todo, la imagen cambiante de la ciudad sólo es una de las facetas de Madrid. Otra se refleja en sus colecciones: en las obras de los grandes artistas que los reyes españoles empezaron a reunir desde muy pronto, así como en los objetos que hicieron traer desde todos los rincones de sus territorios. Por ello, una gran parte de este libro está dedicada a los museos madrileños, que como un microcosmos abarcan la herencia cultural de Europa y el mundo.

La presente obra se propone acompañar al lector en una incursión por la nutrida historia artística y cultural de la capital española. Sus tres autores confían en haber plasmado en sus páginas la fascinación que sienten por Madrid.

a bull fighting arena, and a tribunal for the trials of heretics. The poet's quarter around the Plaza de Santa Ana still breathes the atmosphere of the *Siglo de Oro,* the Golden Age. Madrid has the 18th century to thank for its wide boulevards and the generous plazas adorned with sculptures. Near the turn of the 20th century, the ascent to business city began: banks and sumptuous corporate establishments appeared along Calle Alcalá and Gran Vía; in addition, cultural circles, cafés, and movie theaters attest to the euphoric spirit of a new beginning, soon to be cut short by civil war and dictatorship.

But the changing cityscape is just one facet of Madrid. The other is reflected in its collections: in the works of the great artists that the Spanish kings began to bring together very early, just as they brought objects from all corners of their realm. Thus a large part of this book is devoted to Madrid's museums, which are like a microcosm encompassing the cultural legacy of Europe and the world.

This volume would like to take the reader along on a journey of discovery through the abundant art and cultural history of the Spanish capital city. The three authors hope that they have expressed in these pages the fascination they feel for Madrid.

Vista de la ciudad desde la azotea del Círculo de Bellas Artes.

View of the city from the roof terrace of the Círculo de Bellas Artes.

Restos de la muralla del
siglo X en el Parque del Emir
Mohamed I, frente a la catedral
de la Almudena.

Remains of the wall from the
10th century in the Parque del
Emir Mohamed I in front of
the Almudena Cathedral.

I Orígenes de la ciudad

The Origins of the City

Durante el siglo XVI y comienzos del XVII, los primeros cronistas de Madrid se afanaron por conferir a la nueva sede de la corte el halo venerable de un origen antiguo. Así, la fundación de la ciudad se atribuyó al príncipe troyano Ocno Bianor, quien la llamó «Mantua», en honor a su madre Manto, y «Carpetana», para diferenciarla de la Mantua italiana que fundó posteriormente. Esta leyenda se apoyó en una reinterpretación de las tablas geográficas de Ptolomeo, que supuestamente demostraba que Mantua era un asentamiento celtibérico.

En realidad, la riqueza vegetal y animal del terreno atrajo a los pobladores al valle del río Manzanares al menos desde el Paleolítico Inferior, como así lo documentan los hallazgos arqueológicos del cerro de San Isidoro, en el este. Pero otros restos confirman que la existencia de un poblamiento estable

During the 16th and early 17th century, Madrid's first chroniclers strove to give the city, which had been elevated to the status of royal residence, an aura of time-honored historic origins. According to legend, the Trojan prince Ocno founded Madrid and named it "Mantua," after his mother Manto. He also referred to the city as "Carpetana," to distinguish it from the Italian city Mantua, that he founded afterwards. This legend was supported by a reinterpretation of Ptolemy's geographic charts, which apparently proved that "Mantua" was once a Celtiberian diocese.

Archeological finds in the eastern terraces of San Isidoro demonstrate that the landscape's diverse flora and fauna brought people to the Manzanares river valley from the lower Paleolithic, at the latest. However, archaeological evidence only indicates permanent settlement in Madrid's current city area along the ravine of San Pedrowhere Calle Segovia runs today, from around 2000 BC. Regardless of the enthusiastic reports of Roman flagstones and sarcophagi in the early city chronicles, a Roman settlement in Madrid's area of origin cannot be proved—although many relics of agrarian Roman culture have been found in what is now Madrid's southwestern district.

The actual founding of Madrid occurred during the rule of Muhammad I, Emir of Córdoba (ruled 852–886), who had a number of fortified small towns around Tolaitola (Toledo), including Mayrit. This name is probably derived from the Arabic term *mayra* (watercourse) and refers either to the previously mentioned ravine of San Pedro, or the area's plentiful underground water sources. The primary function of

Hachas de sílex del Paleolítico encontradas en el valle fluvial del Manzanares.

Flint axes from the paleolithic, found in the Manzanares river valley.

MUSEO ARQUEOLÓGICO NACIONAL

Cabeza de Silvano, hallada en una villa romana en Villaverde Bajo, cerca de Madrid
Alabastro, segundo tercio del siglo II, 17 × 12,6 × 11 cm

Head of Silvanus from a Roman villa in Villaverde Bajo near Madrid
Alabaster, second third of the 2nd century, 6¾ × 5 × 4¼ in

MUSEO DE LOS ORÍGENES

Fragmento de un mosaico tardorromano, dedicado a las cuatro estaciones, de una villa romana de Carabanchel. Detalle: representación del otoño.

Fragment from a late Roman mosaic of the four seasons from a Roman villa in the Carabanchel quarter. Detail: personification of autumn.

MUSEO DE LOS ORÍGENES

Fragmento de un mosaico tardorromano, dedicado a las cuatro estaciones, de una villa romana de Carabanchel. Detalle: guepardo amansado.

Fragment from a late Roman mosaic of the four seasons from a Roman villa in the Carabanchel quarter. Detail: tame cheetah.

MUSEO DE LOS ORÍGENES

ORÍGENES DE LA CIUDAD

en el área urbana actual a lo largo del barranco de San Pedro, por donde hoy discurre la calle Segovia, sólo se remonta a unos 2.000 años. A pesar de los informes entusiastas sobre lápidas y sarcófagos romanos de las crónicas antiguas de la ciudad, no se ha podido documentar un asentamiento romano en el núcleo originario de Madrid. En cambio, sí existen numerosos hallazgos de cultura rural romana en la zona suroeste de la capital.

La verdadera fundación de Madrid tuvo lugar durante el gobierno de Mohamed I, emir de Córdoba en 852-886, quien mandó fortificar una serie de pequeñas poblaciones alrededor de Tolaitola (Toledo), entre ellas Mayrit. Este nombre posiblemente derive del término árabe *mayra* (curso de agua), y hace referencia o bien al mencionado barranco de San Pedro o bien a las abundantes aguas subterráneas del lugar. El «ribat» (ciudad fronteriza fortificada) de Mayrit tenía sobre todo una función militar: proteger Toledo de los ataques de los cristianos del reino de León, que desde el norte llegaban a través de los pasos de la Sierra de Guadarrama. Al mismo tiempo, las nuevas fortalezas alrededor de Toledo reforzaban el control del emir sobre esta ciudad, una de las más importantes de Al-Ándalus (el territorio de la Península Ibérica dominado por los musulmanes) y que se había alzado en repetidas ocasiones contra el poder central del emirato en Córdoba, la última vez en el año 854.

Los cronistas musulmanes elogiaron Mayrit como una de las fortificaciones más invulnerables de Al-Ándalus, y alabaron el alcázar, que no se encontraba –como a menudo se supone– en el lugar del actual Palacio Real sino más al sur dentro del recinto fortificado. Además, esos historiadores mencionaron

the "Ribat" (fortified frontier town) of Mayrit was to protect Toledo against attacks by Christians from the kingdom of León, who came from the north through the nearby mountain passes of Sierra de Guadarrama. The fortifications around Toledo simultaneously increased the Emir's control over this city, one of the most important metropolis in Al-Andalus, the Muslim-controlled area of the Iberian peninsula, and which had repeatedly revolted against the Emirate's central power in Cordoba—for the last time in 854.

Arabian chroniclers celebrated Mayrit as one of the strongest fortifications in Al-Andalus. They also praised the castle, which was not located where the modern Royal Palace stands, as often thought, but to the south inside the fortified city center. They mentioned also a wall with moats and square turrets that enclosed an area of approximately 10 acres (see map p. 18).

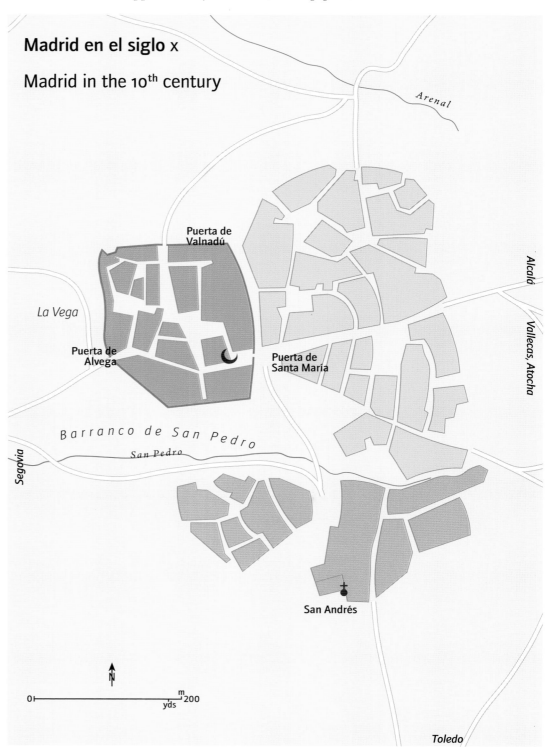

Madrid en el siglo x

Madrid in the 10ᵗʰ century

La muralla árabe

The Moorish fortification

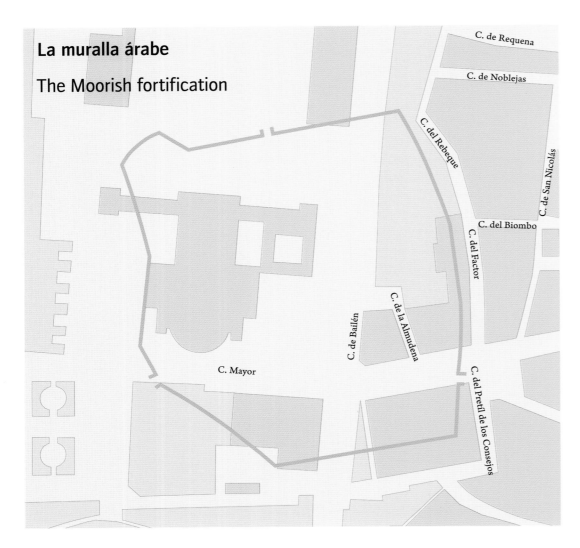

Manuscrito Hadit Bayad Wa-Riyad
fol. 19r: Tañedor de laúd y oyentes.
Comienzos del siglo XIII

Manuscrito Hadit Bayad Wa-Riyad
fol. 19r: Lutenist and audience.
Beginning of the 13th century

BIBLIOTECA APOSTÓLICA VATICANA,
ROMA/ROME

Cerámica árabe: Jarra con asa
Hallada en la Cuesta de la Vega,
siglos IX-XI, 8,7 × 15,9 cm

Arabian pottery: pitcher
Find from the Cuesta de la Vega,
9th–11th centuries, 3⅜ × 6¼ in

MUSEO DE LOS ORÍGENES

una muralla, con fosos y torres cuadrangulares, que abarcaba una superficie de unas cuatro hectáreas (véase el plano de arriba). Al este del recinto amurallado se extendía un amplio arrabal. Tres puertas permitían el acceso a la ciudad: al oeste, la Puerta de la Vega (llamada Alvega en los documentos medievales); al este, la conocida más tarde como Puerta de Santa María, y en un lugar no determinado de la sección norte de la muralla, la Puerta de la Sagra. Mayrit poseía todas las instituciones jurídicas y religiosas de una pequeña población árabe, incluida una mezquita mayor (así como posiblemente otros templos) en el lugar que ocupó después la iglesia de Santa María. Fue también patria de prestigiosos eruditos árabes, como el matemático y astrónomo Abu-al-Qasim Maslama (mediados del siglo X-1007), que enseñó en Córdoba. Durante el gobierno de Abderramán III (929-961), Mayrit se convirtió en «medina», es decir, fue elevada al rango de ciudad, y probablemente sus fortificaciones y murallas se ampliaron. La plaza fuerte de Mayrit fue atacada por los ejércitos cristianos de Ramiro II durante 932, y de Fernando I en 1046 o 1047, y en varias ocasiones fue el punto de concentración de las tropas musulmanas para emprender expediciones de castigo en los territorios cristianos del norte. Cuando el califato de Córdoba se desintegró a comienzos del siglo XI, Mayrit formó parte de la taifa de Toledo, hasta que fue tomada por Alfonso VI en 1085.

El gran crecimiento que experimentó la ciudad más tarde así como el desinterés por sus raíces musulmanas han hecho desaparecer casi por completo las huellas de este primer período de

Outlying settlements stretched to the east of the walled city center. Three gates provided access to the city center: on the west the Alvega, on the east the entrance later known as Santa María, and at an unknown place in the northern section of the wall, the Puerta de la Sagra. Mayrit had all the legal and religious institutions of an Arabian town, including a main mosque at the site of the later Santa María Church, and possibly other houses of worship. It was also home to famous Arabian academics including the mathematician and astronomer Abu-al-Qasim Maslama (mid-10th century–1007), who taught in Córdoba. Under Abd-al-Rahman III (ruled 929–961) Mayrit became a "medina." This meant it achieved city status and its fortifications and walls were probably expanded. Mayrit suffered heavy attacks by Christian armies under Ramiro II in 932, and Ferdinand I, in 1046 or 1047. It served several times as a rendezvous for Arabian troops, who undertook punitive expeditions to the north against the Christians. When the caliphate, or Islamic government, from Córdoba dissolved at the beginning of the 11th century, Mayrit formed part of the arabic *taifa* (little kingdom) of Toledo until it was taken over by Alfons VI in 1085.

The city's strong growth, combined with a disinterest in its Arabian roots, almost completely obliterated the evidence of this first period of Madrid. Archeological excavations in the old town revealed numerous underground silos, originally used to store grain and later for garbage, which contained remains of Arabian household ceramics. Some of these are now displayed

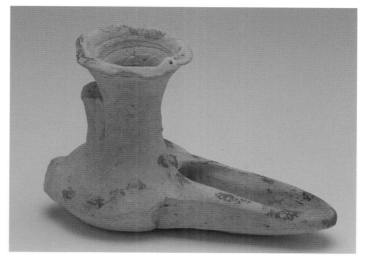

Madrid. Durante unas excavaciones arqueológicas en el casco antiguo de la capital, se descubrió un gran número de silos, utilizados en un principio para almacenar el grano y más tarde como basureros. En ellos se hallaron restos de cerámica musulmana de uso cotidiano, una parte de los cuales se encuentra en la actualidad en el Museo de los Orígenes. Durante la construcción de un mercado en la plaza de la Cebada en la década de 1960, se descubrió una supuesta necrópolis musulmana, pero no se estudió y –en caso de que realmente lo fuera– se destruyó. En la plaza de Oriente, en el curso de unas obras para construir un aparcamiento subterráneo a comienzos de la década de 1990, se hallaron los fundamentos de una torre de planta cuadrada (3,65 x 3,40 metros) de sílex y caliza, así como de mampostería y sillares de granito. Los expertos no han llegado a un acuerdo sobre si los restos de la torre –que se conservan en una cristalera en el garaje– son verdaderamente de la época musulmana o en realidad pertenecen a la muralla cristiana posterior, que discurría por este punto en dirección este-oeste.

El testimonio más importante de la época musulmana, y al mismo tiempo el monumento más antiguo de Madrid, es el fragmento de muralla situado al final de la calle Mayor en el parque del Emir Mohamed I. Este tramo de muralla del siglo IX, de 120 metros de largo y 2,40 metros de ancho, se descubrió en 1950, en 1954 fue declarado Monumento Histórico Nacional y en 1988 se restauró. La muralla presenta en la parte inferior grandes bloques de sílex y por encima un paramento de sillares de caliza dispuestos a soga y tizón (una soga y dos o tres

in the Museo de los Orígenes. When building the market on the Plaza de la Cebada in the 1960s, a Muslim necropolis was supposedly uncovered, but was not studied further and, if it existed, was later destroyed. During excavations for a garage under the Plaza Oriente in the 1990s, the foundations of a square tower twelve by eleven feet, made of flint and limestone was discovered, as well as quarry stone work with granite embellishments at the corners. The remains of the tower are today displayed in a cabinet in the garage; whether it is really from the Arabian time or from a later Christian wall, that ran from east to west through this location, is debatable.

A wall fragment at the end of the Calle Mayor in the Emir Mohammed I Park is the most important evidence from the Arabian period. It is also the oldest monument in Madrid. The 400-feet-long and eight-feet-wide section of the defensive wall from the 9th century was discovered in 1950, declared a National Historic Monument in 1954, and restored in 1988. The lower part of the wall consists of large rectangular flint blocks with limestone blocks above, typical of the construction of the caliphate's buildings in the 9th and 10th centuries (one stretcher brick and two or three header bricks). The wall segment survived only because it was used as the foundation for several later buildings. Consequently the wall's original height is unknown and parts of the exterior have been repaired with bricks. A small gate serves as the drainage for a stream. The tower on the northwest (left) end creates one side of the Alvega Gate mentioned above; the five other verifiable square towers

Plaza de Oriente, cimientos
de una torre en un garaje
subterráneo de la plaza.

Tower foundation in the
underground parking garage
under the Plaza de Oriente.

tizones), típico de las construcciones califales de los siglos IX y X. Este lienzo de muralla ha sobrevivido únicamente porque sirvió de fundamento a varias edificaciones posteriores; por ello su altura original se desconoce, y fragmentos del lienzo externo se completaron más tarde con ladrillo. Una pequeña puerta da salida a un arroyo. La torre del extremo noroeste (izquierdo) es una parte de la Puerta de la Vega mencionada anteriormente; los otros cinco torreones cuadrangulares detectados (de 3,30 a 2,40 metros de ancho), con zarpa en la base, apenas sobresalen de la línea del muro. Al sureste, la muralla discurre por debajo de un edificio de la década de 1960, el número 12 de la calle Bailén. A pesar de estar calificada de monumento, en este lugar se destruyeron numerosos fragmentos. Durante los últimos años se han excavado otros dos lienzos de muralla en la plaza de la Armería, frente a la catedral de la Almudena, pero todavía no están abiertos al público. Estos fragmentos, de un total de 60 metros de largo, 7 metros de altura y 3,20 metros de ancho, también están construidos con sílex y caliza y constan de seis torreones cuadrangulares, uno de ellos de sillares de

(between eight and eleven feet wide) with cantilevered bases project only slightly from the wall. The wall runs southeastward under a building from the 1960s, Calle Bailén 12. Despite its designation as a protected monument, extensive sections were destroyed here. Two further sections of the wall were uncovered in recent years in the Plaza Armería, in front of the Almudena Cathedral, but are still not accessible to the public. These sections, which are 200 feet long, 23 feet tall and 10½ feet wide, are also made of flint and limestone and have six square towers, only one with granite embellishments. Interestingly, a walkway runs alongside this entire wall fragment.

The Christian conquistadors added a second wall at the end of the 11th or beginning of the 12th century, which began south of the Alvega Gate at the third tower. This wall fragment is visible today from the eastern end of Emir Mohammed Park. Made of flint and limestone and with semicircular towers, the new wall encloses the considerably expanded city area of about 80 acres and probably incorporated the newly established castle in the northwest (see map p. 21). The path of the fortification is

Detalle de un conducto de drenaje para un arroyo
en el Parque del Emir Mohamed I.

Detail of a drainage pipe for a stream in the Parque del Emir Mohamed I.

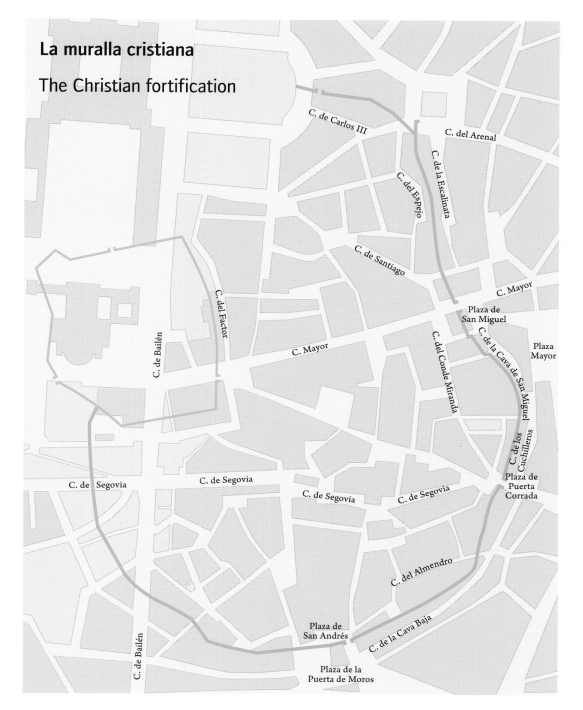

La muralla cristiana

The Christian fortification

C. de Carlos III
C. del Arenal
C. de la Escalinata
C. del Espejo
C. de Santiago
C. Mayor
C. del Factor
C. Bailén
C. Mayor
Plaza de San Miguel
C. del Conde Miranda
C. de la Cava de San Miguel
Plaza Mayor
C. de los Cuchilleros
C. de Segovia
C. de Segovia
C. de Segovia
C. de Segovia
Plaza de Puerta Corrada
C. del Almendro
Plaza de San Andrés
C. de la Cava Baja
C. de Bailén
Plaza de la Puerta de Moros

Parque del Emir Mohamed I, detalle de los cimientos de una torre de la muralla.

Parque del Emir Mohamed I, detail of the tower foundations in the wall.

Fragmentos de la muralla.

Wall fragments.

CALLE DE BAILÉN 12.

Huellas de la muralla cristiana en un edificio moderno. Su planta reproduce el trazado de la muralla.

Traces of the Christian city wall next to a new building. Its layout follows the path of the wall.

CALLE DE LA ESCALINATA 9-11.

Restos de la muralla cristiana.

Remains of the Christian wall.

CALLE DE LOS MANCEBOS 3.

granito. Un elemento interesante es el adarve ininterrumpido que discurre a lo largo de esta sección de la muralla.

A finales del siglo XI o principios del XII los conquistadores cristianos introdujeron un segundo cerco de muralla, que empezaba en la tercera torre al sur de la Puerta de la Vega. Hoy se ven fragmentos de este muro en el extremo oriental del parque del Emir Mohamed I. La nueva muralla, de sílex y caliza y provista de torres de planta semicircular, abarcaba una superficie urbana más extensa que la anterior, de unas 33 hectáreas, y posiblemente integraba el nuevo castillo establecido en el noroeste (véase el plano de la pág. 21). El curso de esta fortificación se refleja, por ejemplo, en las calles Cava Baja y Cava de San Miguel, cuyas casas se construyeron en los siguientes siglos sobre las cavas (fosos) cegadas. Los pocos restos de muralla conservados han sobrevivido por debajo y entre estas edificaciones, y en la mayoría de los casos no son visibles. Algunos fragmentos, sin embargo, aparecen en la fachada del número 3 de la calle de los Mancebos y en los sótanos del número 10 de la calle Cava Baja y el número 3 de la plaza de Isabel II. En la calle del Espejo número 10 (visible desde la calle de la Escalinata números 9-11) se ha conservado un insólito testimonio de la muralla cristiana: un edificio nuevo reproduce el curso de la antigua fortificación y el torreón semicircular. La herencia musulmana también se ha conservado en otros lugares, aunque no tanto en forma de restos materiales sino más bien en los nombres de lugares y curso de calles, además de en la memoria colectiva.

reflected along streets like the Cava Baja and the Cava de San Miguel, where homes were built on the filled-in moats. Few remaining wall fragments survived under and between these structures and in most cases they are not visible. However some parts project from the exterior walls of Calle de los Mancebos 3, and in the cellars of the buildings at Cava Baja 10 and Plaza de Isabel II 3. In the Calle del Espejo 10 (visible from Calle de la Escalinata 9–11) an unusual trace of the Christian wall survives. Here, the footprint of a new building takes up the course of the old wall and the semicircular tower. The Arabian legacy of Madrid survived in a similarly subtle way at other locations: less in the form of tangible remains, but rather in the names of places, course of streets, and in the collective memory.

Antigua iglesia parroquial de Santa María la Antigua, en el barrio de Carabanchel, siglo XIII. Es el único templo que se conserva íntegramente en estilo románico-mudéjar en la región de Madrid.

The former parish church Santa María la Antigua in the Carabanchel quarter from the 13th century. It is the only completely preserved sacred building in the Mudéjar-Romanesque style in the Madrid region.

II Madrid: pequeña villa castellana (1085-1561)

The Castilian Small Town Madrid (1085–1561)

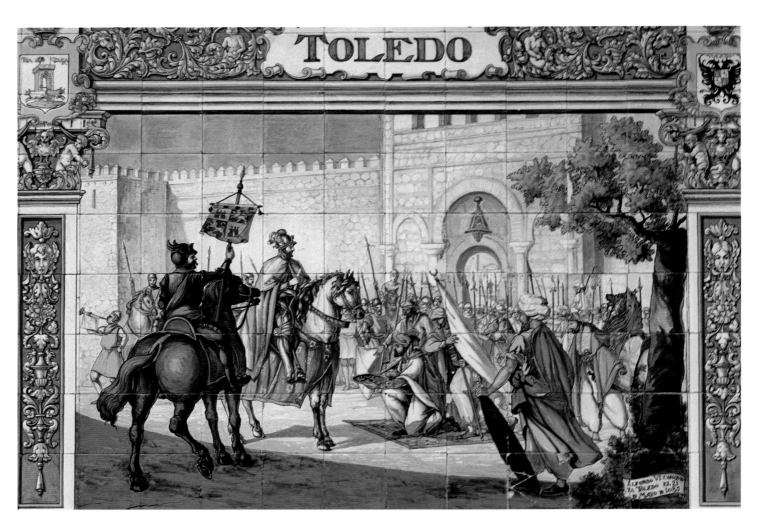

Conquista de Toledo por Alfonso VI en 1085
Azulejo moderno, 1929

The conquest of Toledo in 1085 by Alfonso VI
Modern ceramic tile, 1929

PLAZA DE ESPAÑA, SEVILLA

El paso de Madrid de plaza fuerte musulmana a villa cristiana no fue resultado de una reconquista entendida como ofensiva cultural, como afirman relatos posteriores, sino de un frío cálculo político: en 1085, Alfonso VI, rey de León, negoció la entrega de Toledo con Alcadir, soberano de esta taifa. A cambio prometió apoyo a Alcadir en la toma del reino de Valencia. De este modo pasó a manos cristianas la taifa de Toledo con todos sus baluartes, entre ellos también Madrid, pese a que la fortificación madrileña había resistido con éxito varios ataques cristianos. Los combatientes musulmanes tuvieron que retirarse a Al-Ándalus; sin embargo, la población civil pudo permanecer y conservar sus propiedades, lengua y religión. En el transcurso del siglo XII, Madrid fue un bastión situado en la zona fronteriza, a lo largo del Tajo, entre los cristianos y los musulmanes, y sufrió violentos ataques. De ahí que entre la población no dominase la alta nobleza o el clero, sino la caballería. Madrid, además, no pertenecía a ningún gobernante de la nobleza, sino que era una villa de realengo (es decir, del rey), lo que determinó en gran parte su destino.

El Fuero municipal de 1202 recoge diez parroquias. Se trata de los edificios más antiguos conocidos de la ciudad, aunque casi todos fueron destruidos o reformados en el transcurso de los siglos posteriores. En 1999 se descubrieron restos de la cabecera de Santa María de la Almudena y se dejaron a la vista protegidos por una cubierta de cristal. En un plano urbano del año 1656, esta iglesia presenta una torre de planta cuadrada, que posiblemente fue en origen un minarete, ya que Santa María era

Madrid's transition from Muslim stronghold to Christian town was the result of pragmatic, political calculation, not the *reconquista* or cultural offensive declared in later accounts. In 1085, Alfonso VI, king of León, negotiated the surrender of Toledo with Alcadir, the ruler of this *taifa*, or Muslim principality. In exchange he promised to support Alcadir in conquering the kingdom of Valencia. Thus Toledo and all its fortified communities, including Madrid, fell to the Christians, despite Madrid's previous success in resisted several Christian attacks. The Muslim warriors had to retreat to Al-Andalus, however the civilian population was allowed to remain, and to retain its possessions, its language, and its religion. In the course of the 12th century Madrid remained at the front lines of fighting along the Tagus River, and experienced many fierce attacks between Christians and Muslims. For this reason, the knights, rather than the nobility or the clergy, dominated the city's population. Madrid did not belong to the noblemen, but rather to the royal family, a fact that shaped its destiny.

The city charter of 1202 lists ten parish churches—these are Madrid's oldest known buildings. However, nearly all of them were destroyed or rebuilt in the following centuries. In 1999, the remains of the apse of Santa María de la Almudena were discovered and displayed under a protective glass wall. On a city map from 1656, this church is shown to have a square tower that possibly originally served as a minaret, as Santa María acted as the largest mosque in Muslim Madrid. After Alfonso VI conquered Madrid, one of his first official acts was

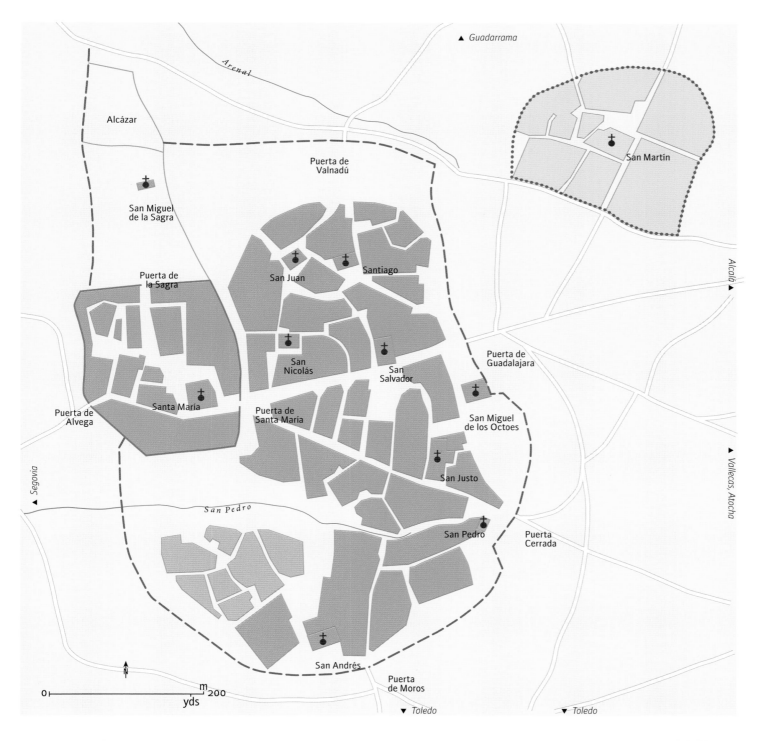

▲ Guadarrama

Arenal

Alcázar

Puerta de
Valnadú

San Martín

San Miguel
de la Sagra

Puerta de
la Sagra

San Juan

Santiago

Alcalá ►

Puerta de
Guadalajara

San Nicolás

San Salvador

Puerta de
Alvega

Santa María

Puerta de
Santa María

San Miguel
de los Octoes

Vallecas, Atocha ►

San Justo

◄ Segovia

San Pedro

San Pedro

Puerta
Cerrada

San Andrés

Puerta
de Moros

0   m 200
yds

▼ Toledo   ▼ Toledo

Madrid en el siglo XII
—— *Muralla árabe*
--- *Muralla cristiana*

Madrid in the 12th century
—— *Moorish wall*
--- *Christian wall*

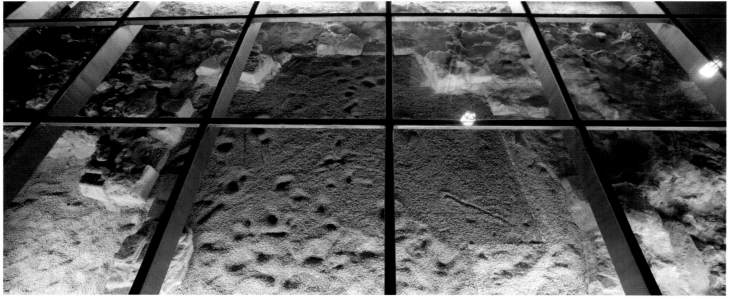

Restos de la cabecera de Santa María de la Almudena, que desde 1999 se muestran bajo una cubierta de cristal colocada a nivel del suelo.

Remains of the choir of Santa María de la Almudena, that have been displayed here in an in-ground showcase since 1999.

Vista del presbiterio
de San Nicolás.

View of the presbytery
in San Nicolás.

Artesonado mudéjar de la
nave central de San Nicolás.

The Mudéjar ceiling above the
main aisle in San Nicolás.

Torre de San Nicolás.

The tower of San Nicolás.

la mezquita mayor del Madrid musulmán. Una de las primeras medidas de Alfonso VI en la plaza conquistada fue la consagración de la antigua mezquita como iglesia cristiana, lo que convirtió a Santa María de la Almudena hasta su derribo en 1869 en la iglesia más antigua, y por ende la primera, de Madrid.

La torre de la iglesia de San Nicolás, del siglo XII, sí ha llegado hasta nuestros días, aunque ésta no fue nunca un minarete, pues a partir de 1085 no volvieron a construirse mezquitas en la población. La torre es de estilo mudéjar, manifestación artística surgida de la combinación de elementos estilísticos árabes y cristianos empleada por los maestros de obras musulmanes que vivían en territorio cristiano. Está construida en ladrillo y en cada una de sus caras presenta tres niveles de arquerías ciegas, con arcos de herradura en las superiores. Además, en ella se abren tres saeteras –sólo visibles desde el interior–, con sendos arcos ciegos de herradura, cuyo objeto posiblemente era iluminar la escalera. El cuerpo del campanario y el chapitel se introdujeron en el

to have the mosque consecrated as a Christian church. Thus, until its demolition in 1869, Santa María was the first, and oldest, church in Madrid.

The tower of the 12th-century church of San Nicolás still stands, though it never served as a minaret, since no mosques were built in the town after 1085. The tower is in the Mudéjar style, an artistic genre mixing Christian and Arabic stylistic elements that was developed by Muslim master builders living under Christian rule. It was built in brick and each facade is embellished with three levels of blind arches, the uppermost of which are horseshoe arches. Three vertical window slits, visible only from inside, each with blind horseshoe arches, likely provided light for the staircase. The bell tower and the spire were added in the 17th century. Inside the church there are further examples of the Mudéjar style: a pointed horseshoe arch near the entrance to the apse, a door with plaster ornamentation in the south wall of the apse, and, of great artistic quality, the framework of the nave, which dates from around 1600. The gothic ribbed vault of the apse, from the 15th century, shows that at the time Christian stylistic elements were consciously selected for the most sacred spaces.

The San Pedro church has a similar tower, also made of brick, but here the ornaments were more restrained. Only two simple friezes lead towards the bell tower, which is decorated with round arches, built in 1769. Light also reaches the interior here

THE CASTILIAN SMALL TOWN MADRID

San Pedro el Viejo.

MADRID: PEQUEÑA VILLA CASTELLANA

siglo XVII. En el interior de la iglesia se pueden admirar otras manifestaciones del estilo mudéjar: el arco de herradura peraltado de entrada al ábside, la puerta con decoración de estuco en el muro meridional del ábside y –de gran calidad artística– el armazón de la nave, que data de 1600. La bóveda de crucería gótica del ábside, del siglo XV, muestra que en la misma época ya se empleaban conscientemente elementos «cristianos» para el espacio más sagrado.

La iglesia de San Pedro posee una torre similar, también de ladrillo, aunque en este caso la ornamentación tiene un carácter más sobrio: sólo dos sencillos frisos marcan la transición hacia el cuerpo del campanario, que está decorado con arcos de medio punto y data del año 1769. El interior de la torre recibe luz a través de vanos enmarcados por arcos de herradura. En 1665-1675 Francisco Sanz uniformizó su interior introduciendo un orden toscano; su aspecto externo, en cambio, se mantuvo heterogéneo. La capilla de Francisco de Luján, descendiente de una importante familia madrileña, conservó su bóveda nervada del siglo XV; el sepulcro de alabastro de Fray Antonio de Luján, hermano de Francisco, que estuvo en la capilla, se puede visitar actualmente en el Museo Arqueológico. El nombre de

through openings behind horseshoe arches. Francisco Sanz redesigned the interior of the church between 1665 and 1675, introducing a uniform Tuscan style, while the exterior remained heterogeneous. The chapel, which was designed by Francisco de Luján, a descendant of one of Madrid's leading families, received its ribbed arch in the 15th century. The alabaster tomb previously found here, by Francisco's brother, Brother Antonio de Luján, is now on display at the Museo Arqueológico. The name of the chapel, Cristo de las Lluvias, refers to belief that when a bell was rung in the church, it could summon rain or drive away storms. San Pedro was also mentioned in the city charter from 1202, although the church originally stood further east. It was rebuilt by Alfonso XI, who ruled from 1312 to 1350, to commemorate the Battle of Algeciras in 1345.

After the Battle of Navas de Tolosa in 1212, the Christians advanced further south towards Andalusia. Madrid thus lost some of its military importance, however the city continued to grow and enjoyed an increasing popularity with the Castilian kings. From the 14th and 15th centuries, the royal entourage spent more time here, not least because of the royal hunting grounds of El Monte del Pardo (see p. 360). And after 1309,

La plaza de la Villa con la
Casa de los Lujanes y la Casa
de Cisneros.

The Plaza de la Villa with
Casa de los Lujanes and
Casa de Cisneros.

**Casa de Cisneros, fachada
de la calle Sacramento.**

Casa de Cisneros, facade
facing the Calle Sacramento.

la capilla del Cristo de las Lluvias alude a la creencia de que la campana que repicaba en el pasado en la iglesia podía propiciar las lluvias o conjurar las tormentas. La parroquia de San Pedro se menciona también en el Fuero de 1202, aunque en aquella época la iglesia estuvo situada más al este; en 1345, Alfonso XI (rey 1312-1350) la mandó construir de nuevo en su emplazamiento actual en memoria de la batalla de Algeciras.

Tras la batalla de las Navas de Tolosa (1212), los cristianos avanzaron más hacia el sur. Aunque con ello Madrid perdió su importancia militar, experimentó un desarrollo progresivo y disfrutó de una creciente popularidad entre los reyes castellanos, que a partir de los siglos XIV-XV residieron cada vez con mayor asiduidad en la villa, a lo que también contribuyó el coto de caza real del monte de El Pardo (véase pág. 360). A partir de 1309, las Cortes se convocaron con frecuencia en Madrid, signo de su importancia ascendente.

Desde el siglo XII, Madrid estuvo gobernada por un concejo. Los descendientes de los caballeros, que formaron grandes clanes, dominaron el concejo y en consecuencia la vida pública y económica de la ciudad. El concejo se reunía en la iglesia de San Salvador, en la plaza de San Salvador (hoy plaza de la Villa), primero en el exterior y a partir de 1348 en una sala sobre el pórtico. Hoy sólo una placa conmemorativa en el número 80 de la calle Mayor recuerda que la iglesia fue derruida en 1842. A partir de 1619, el concejo se reunió en una casa situada al oeste de la plaza, pero hasta 1629 no obtuvo permiso para erigir en este lugar un ayuntamiento, que se empezó a construir en 1644,

Madrid was regularly selected as the location for the parliament, a sign of its growing importance.

From the 12th century, Madrid was governed by a city council. The descendants of the knights, who formed large clans, controlled the council and thus the public and economic life of the city. The council met in the San Salvador church on the San Salvador Plaza, today the Plaza de la Villa. They originally met in the forecourt, and after 1348 moved to a hall above the portico. Today the only reminder that the church was demolished in 1842 is a commemorative plaque at Calle Mayor 80. After 1619, the council held its meetings in a house on the western side of the plaza, but did not receive a permit to build a city hall at that location until 1629. Work began in 1644, using plans by Juan Gómez de Mora and the building was completed by 1696. This served as the seat of the city government until its move to the Palacio de Comunicaciones in 2007 (see page 54).

This power center attracted eminent families, who built their stately homes around San Salvador Plaza. The Torre y Casa de los Lujanes, on the east side, belonged to the de Luján family, who built several mansions in Madrid, including the one next to San Andrés, now the city's historical museum, the Museo de los Orígenes. The mighty tower of the Torre y Casa de los Lujanes was erected at the beginning of the 15th century and on its north side, facing the Calle del Codo, has a door with a horseshoe arch. Until the 19th century the tower was the highest civil building, towering over the whole city. Álvaro

según los planos de Juan Gómez de Mora, y se terminó en 1696. Ésta fue la sede de la corporación municipal hasta 2007, cuando se trasladó al Palacio de Comunicaciones (véase pág. 54).

Este centro de poder atrajo a las familias eminentes, que construyeron sus casas señoriales en torno a la plaza de San Salvador. La Torre y la Casa de los Lujanes, en la parte oriental, pertenecieron a la familia Luján, que construyó varios palacetes en Madrid, por ejemplo el situado junto a San Andrés, que hoy alberga el Museo de la Ciudad. La robusta torre, que se construyó a principios del siglo XV, presenta en la fachada norte, la que da a la calle del Codo, una puerta con un arco de herradura. En el siglo XIX esta torre todavía era la construcción civil más alta de la ciudad, y descollaba sobre el conjunto urbano. La casa señorial contigua, construida en torno a un patio interior central, fue encargada por Álvaro Luján en 1494; el escudo de armas de la familia destaca en su portada gótica. La Casa de Cisneros cierra la plaza de la Villa por el sur. En origen, su fachada principal estuvo orientada a la calle Sacramento, donde presenta una puerta de arco de medio punto con el escudo de armas familiar y, por encima, un balcón flanqueado por columnas y coronado por un frontón triangular. Benito de Cisneros, sobrino del influyente cardenal Francisco Jiménez de Cisneros, hizo construir el palacio en 1575. En 1910, la Casa de Cisneros, al igual que la de los Lujanes, fue sometida a una restauración profunda, a cargo de Luis Bellido, después de que el ayuntamiento las adquiriera. En la Casa de Cisneros, Bellido realizó una fachada completamente nueva hacia la plaza de la

de Luján had the adjacent mansion, which was built around a central courtyard in 1494 and displayed a family crest on the gothic facade. The Casa de Cisneros encloses the south side of the plaza. Its main facade originally faced the Calle Sacramento. Here, the round-arched entry with the family crest stood below a balcony flanked by columns and crowned by a triangular gable. Benito de Cisneros, nephew of the influential cardinal Francisco Cisneros, built the palace in 1537. Like

ANÓNIMO

Retrato de Beatriz Galindo
Óleo sobre tabla, siglo XVI,
65,3 × 50,5 cm

ANONYMOUS

Portrait of Beatriz Galindo
Oil on wood, 16ᵗʰ century,
25¾ × 19⅞ in

MUSEO FUNDACIÓN LÁZARO
GALDIANO

Portal del antiguo Hospital
de la Concepción, en la
Ciudad Universitaria.

Portal of the former Hospital
de la Concepción in der
Ciudad Universitaria.

Escalera del antiguo Hospital
de la Concepción, en la
Real Academia de Ciencias
Morales y Políticas.

Stairs from the former
Hospital de la Concepción
in the Real Academia de
Ciencias Morales y Políticas.

Detalle de la escalera.
Detail of the stairs.

Villa, y comunicó la casa con el ayuntamiento mediante un pasaje volado. Pese a toda la fantasía de su reconstrucción, Bellido prescindió del revoque en la fachada, dejando de nuevo a la vista la mampostería, el ladrillo y el granito, elementos típicos de la arquitectura madrileña.

La oligarquía ascendente de Madrid no sólo se interesó por la construcción de palacios urbanos sino también por las actividades relacionadas con la beneficencia religiosa. No era infrecuente que damas distinguidas, como la humanista Beatriz Galindo (1465-1534), fundaran conventos de monjas. Beatriz, hija de un noble salmantino venido a menos, alcanzó tal fama por sus conocimientos de latín que la reina Isabel la Católica la convirtió en su preceptora y consejera. Su matrimonio con el secretario real Francisco Ramírez la llevó a Madrid, donde en 1499 fundó el Hospital de la Concepción y en 1512, el colindante convento de la Concepción Franciscana. Con anterioridad, en 1509, había hecho erigir el convento de la Concepción Jerónima, donde se retiró más tarde y vivió hasta su muerte. De estas obras sólo han sobrevivido las escaleras del hospital, con sus soportes ricamente decorados, y la portada. Esta última muestra –enmarcadas por un alfiz– las esculturas de san Joaquín y santa Ana, flanqueadas por los santos Onofre y Francisco de

the Luján Palace, the Casa de Cisneros was bought by the city council and renovated by Luís Bellido in 1910. Bellido gave the Casa de Cisneros a completely new facade facing the Plaza de la Villa and connected it to the city hall via a bridge. Despite all the imagination of his reconstruction, he avoided plasterwork, leaving the quarry stone, bricks, and granite visible, elements that came to typify architecture in Madrid.

The up and coming oligarchy of Madrid were not just involved in constructing city palaces; they were also interested in church-related and charitable endowments. It was not unusual for distinguished women, such as the humanist Beatriz Galindo (1465–1534), to found convents. The daughter of impoverished nobility from Salamanca, she achieved such fame through her knowledge of latin that Queen Isabella

Sepulcro de Beatriz Galindo.

Tomb of Beatriz Galindo.

MUSEO MUNICIPAL

Sepulcro de Francisco Ramírez.

Tomb of Francisco Ramírez.

MUSEO MUNICIPAL

Asís, así como los blasones reales; por debajo se abre el vano de la puerta, que adopta la forma de un arco de herradura con grandes dovelas y que remite al arquitecto mudéjar del hospital, el «maestro Hazán». La prolija decoración de los sepulcros de Beatriz Galindo y de su esposo, que se realizaron para el convento de las jerónimas, da testimonio del refinado gusto artístico de la erudita. En vida recibió el apodo de «La Latina», que en época posterior pasó a designar a todo el barrio alrededor del antiguo hospital.

Mientras que el origen de muchos conventos de monjas fueron las fundaciones particulares, los conventos de monjes que se erigieron en la villa y sus alrededores surgieron de la iniciativa de las propias órdenes. Si bien su objetivo primordial era mostrar su presencia, sus nuevas fundaciones tuvieron como efecto secundario un impulso significativo del desarrollo urbano. Después de los benedictinos de San Martín (antes de 1125), se establecieron los franciscanos (San Francisco, 1217) en el sur y los dominicos (Santo Domingo, 1218) en el norte. Las órdenes mendicantes gozaban en esta época de la protección especial de la casa real. En cambio, los jerónimos empezaron a disfrutar del favor real en el curso de los siglos XV y XVI, cuando prácticamente se convirtieron en la orden por antonomasia de los Habsburgo. La orden tuvo su sede en el convento de San Jerónimo que Enrique IV fundó en 1464 al noroeste de Madrid, a orillas del Manzanares. Pero sus instalaciones pronto se trasladaron a un lugar más favorable al este de la ciudad, donde Enrique Egas erigió la iglesia de los Jerónimos (finalizada en 1505), con dos claustros, de los cuales el meridional sobrevivía en estado ruinoso y en 2007 fue integrado en la ampliación del Museo del Prado (véanse págs. 104-111). Durante los siglos XVI-XIX, los príncipes herederos prestaron juramento como futuros reyes en su iglesia, que ha actuado hasta hoy como sede de ceremonias reales. El emperador Carlos V (Carlos I de España) se hizo instalar en el convento varias estancias, que ofrecieron a los Habsburgo un refugio adonde poder retirarse. En 1636, el convento y la iglesia constituyeron el punto de partida para la construcción del Palacio del Buen Retiro (véanse págs. 56-59). De los estragos de la Guerra de la Independencia (1808-1814) sólo quedó a salvo la iglesia, que presenta un estilo isabelino tardogótico, aunque las bóvedas de crucería no son de sillares sino de ladrillo, una particularidad propia de la arquitectura mudéjar.

brought her to court as a tutor and advisor. Her marriage to the royal secretary Francisco Ramírez brought her to Madrid, where she founded the Hospital de la Concepción in 1499 and the adjacent Franciscan convent Concepción Franciscana. Previously, in 1509, she had built the Concepción Jerónima convent, where she retired and lived until her death. Of these structures only the hospital's staircase, with its richly decorated supports, and the entrance have survived. The entrance displays, framed by the panels of a Moorish arch, sculptures of St Joachim and Santa Anna, flanked by the saints Onuphrius and Francis of Assisi, as well as the royal coat of arms. These stand below a horseshoe arch that correspond to the Mudejar architecture of the hospital, by the master builder Haçan. The tomb of Beatriz Galindo and her husband in the Hieronymite convent attest to her fine artistic tastes. In her lifetime she received the sobriquet La Latina, which was later applied to the entire quarter around the former hospital.

While the founding of convents is traceable primarily to private endowments, additional monasteries, built by the orders themselves, arose in the city and its environs. While their primary aim was to give themselves a presence, they also served to boost urban development. After the Benedictine monastery of San Martín was erected, before 1125, the Franciscans built the San Francisco Monastery in the south of the city in 1217 and the Dominicans the Santo Domingo Monastery in 1218 in the north. The mendicant orders enjoyed the special protection of the Royal House at this time. By contrast the Hieronymites finally gained the favor of the kings during the course of the 15th and 16th centuries, when they practically became the order of the Spanish Habsburgs par excellence. In Madrid the order operated from the San Jerónimo Monastery that Henry IV founded northwest of the city on the banks of the Manzanare in 1464. But soon the monastery was moved to a more favorable location east of the city. There Enrique Egas erected the monastery church with two cloisters in 1505. The southern cloister survived in a ruined state and was converted to an annex of the Prado Museum in 2007 (see pp. 104–111). From the 16th to the 19th centuries the hereditary princes swore their oaths here and it is still the location for royal ceremonies. Charles V had several rooms converted into a refuge to which the queen could retire. In 1636 the monastery and church were the inspiration for the construction of the palace Buen Retiro (see pp. 56–59).

El lado oeste, con el cuerpo longitudinal, de la iglesia del convento de San Jerónimo.

San Jerónimo monastery church, west side with nave.

Vista del interior de la iglesia de los Jerónimos.

San Jerónimo monastery church, interior view.

Restos del claustro del convento de San Jerónimo, que hoy día forma parte del Museo del Prado (véase pág. 105).

Remains of the cloister of San Jerónimo, today a part of the Prado Museum (see p. 105).

El edificio actual fue renovado a mediados y fines del siglo XIX, y se introdujeron las torres orientales, el pórtico con los relieves del tímpano y la escalinata situada delante. También el interior se remozó por completo y se decoró con esculturas procedentes de otros lugares.

Otro medio, si cabe más directo, para que la oligarquía pudiera ostentar públicamente su posición de poder era la fundación de capillas familiares. Un ejemplo es la capilla del Obispo, que está situada junto a la antigua parroquia de San Andrés. Fue encargada hacia 1518 por el asesor real Francisco de Vargas, descendiente de una de las familias de más abolengo de la ciudad, para alojar la reliquia más importante de Madrid: el arca funeraria de san Isidro (véase pág. 41), un sarcófago de madera que contenía los restos incorruptos del santo local, decorado con dieciséis escenas de sus milagros y los de su esposa (santa María de la Cabeza), así como con representaciones de las Vírgenes madrileñas de Atocha y Almudena. El sarcófago es uno de los vestigios más antiguos –y venerados– del Madrid medieval, y se muestra actualmente en la catedral de la Almudena. Aunque tradicionalmente se ha considerado un regalo de Alfonso VIII (rey 1158-1214), las representaciones, hoy

Only the church remained untouched by the devastation of the War of Independence in 1808. It shows a late Isabelline Gothic style and the ribbed vaulting is made of bricks, rather than stone, in keeping with the Mudéjar building style. The modern building was renovated during the mid-to-late 19th century, when the eastern towers, the portico with its tympanum relief, and the projecting staircase were added. The interior was also completely redesigned and supplied with pictures and sculptures from other places.

A different, and somewhat more direct, means of displaying one's position of power in the oligarchy, was the endowment of private family chapels, like the Capilla del Obispo next to the San Andrés church. The royal advisor Francisco de Vargas, who came from one of the most prominent families in the city, built the chapel in 1518 to display the most important artifact of Madrid, the shrine of San Isidro (see p. 41). The wooden sarcophagus contains the intact remains of the saint and is decorated with 16 vibrant depictions of his miracles and those of his wife, Santa María de la Cabeza. It also displays the virginal figures of Madrid, the Virgen de Atocha and the Virgen de la Almudena. It represents the oldest and the most

Sarcófago de madera
de San Isidro, con escenas de
la vida milagrosa del santo
*Madera revestida con pergamino,
pintada, tercer cuarto del siglo
XIII, 100 × 225 × 83 cm*

Sarcophagus of San Isidro with
scenes of the Saint's miracles
*Wood with parchment, painted,
third quarter of the 13th century,
39¼ × 88⅝ × 32¾ in*

CATEDRAL DE LA ALMUDENA

muy dañadas, hacen pensar que se realizó en el tercer cuarto del siglo XIII. Cuando en 1541 las reliquias se trasladaron a San Andrés, el hijo de Francisco, el obispo Gutierre de Vargas, la transformó en una capilla funeraria familiar. El obispo encargó el retablo del altar a Francisco Giralte, el escultor español más eminente de la época, lo que prueba el creciente aumento de las ambiciones artísticas de la ciudad. Además, Giralte realizó los cenotafios de los padres de Gutierre, a ambos lados del retablo, así como el sepulcro del obispo, que incluye varias figuras. Por su parte, el retablo (terminado en 1551), una obra en madera con diez escenas de la infancia y la Pasión de Cristo y figuras de veinte santos, constituye la obra artística madrileña

revered reference to the middle ages in Madrid, and is today displayed in the Almudena Cathedral. Although traditionally seen as a gift from Alfonso VIII, who ruled from 1158–1214, the badly damaged pictures suggest it was probably made in the third quarter of the 13th century. After the shrine was returned to San Andrés in 1541, Francisco's son, bishop Gutierre de Vargas, converted the structure to a family tomb. He commissioned Francisco Giralte, the leading Spanish sculptor of his time, to complete the altar screen in 1551 and his commission demonstrates the city's growing artistic ambitions. In addition, Giralte also made two tombs on either side of the altar screen for Gutierre's parents, along with his wall tomb with

Detalle: a la izquierda, Juan de Vargas, amo de Isidro, a caballo; a la derecha, dos ángeles aran el campo mientras Isidro reza.

Detail: on the left is Isidor's master Juan de Vargas, mounted; on the right two angels plow the field while Isidor prays.

Detalle: Isidro y su esposa con la olla que se llenaba milagrosamente cuando un mendigo aparecía ante su puerta.

Detail: Isidor and his wife with the pot, that is miraculously filled when a beggar appears at the door.

Sepulcro de Gutierre de Vargas, en la capilla del Obispo.

Tomb of Gutierre de Vargas in the Capilla del Obispo.

más valiosa del siglo XVI, que sobrevivió como por obra de un milagro a la Guerra Civil.

En la primera mitad del siglo XVI, Madrid fue ganando cada vez más significación política y económica entre las ciudades castellanas. En 1528, el emperador Carlos V residió una larga temporada en Madrid y convocó allí las Cortes. Además, encargó una reforma completa del Alcázar (1536-1560), que llevó a término su hijo Felipe II. Con ello se sentaron las bases para la elección de Madrid como sede de la corte en 1561.

accompanying figures. The wood altar screen with ten scenes from Christ's childhood, the Passion of the Christ, and the figures of 20 saints, represents the most valuable work of art from 16th-century Madrid, which miraculously survived the devastation of the Civil War.

In the first half of the 16th century, Madrid continued to gain political and commercial importance among the Castilian cities. In 1528, Charles V remained in Madrid for a long time and convened his court here. In addition, he commissioned an extensive renovation of the Alcázar royal palace between 1536–1560, which his son Philip II continued. This set the course for the selection of Madrid as the royal residence in 1561.

Sepulcro de Inés de Carvajal.

Tomb of Inés de Carvajal.

CAPILLA DEL OBISPO

Sepulcro de Francisco de Vargas.

Tomb of Francisco de Vargas.

CAPILLA DEL OBISPO

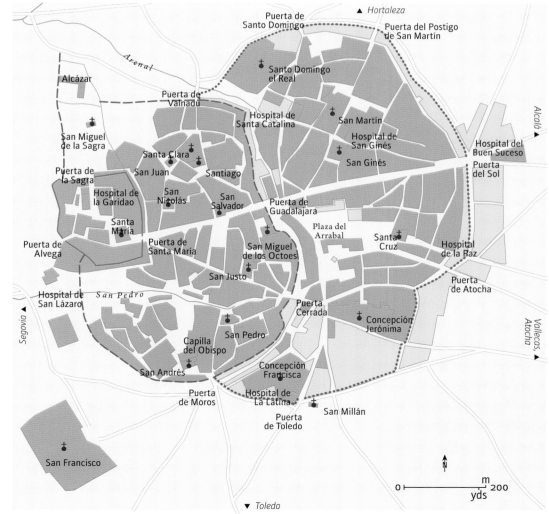

Madrid hacia 1535

—— *Muralla árabe*

--- *Muralla cristiana*

······ *Muralla exterior*

Madrid around 1535

—— *Moorish wall*

--- *Christian wall*

······ *Outer city wall*

El Palacio de Uceda.

The Palacio de Uceda.

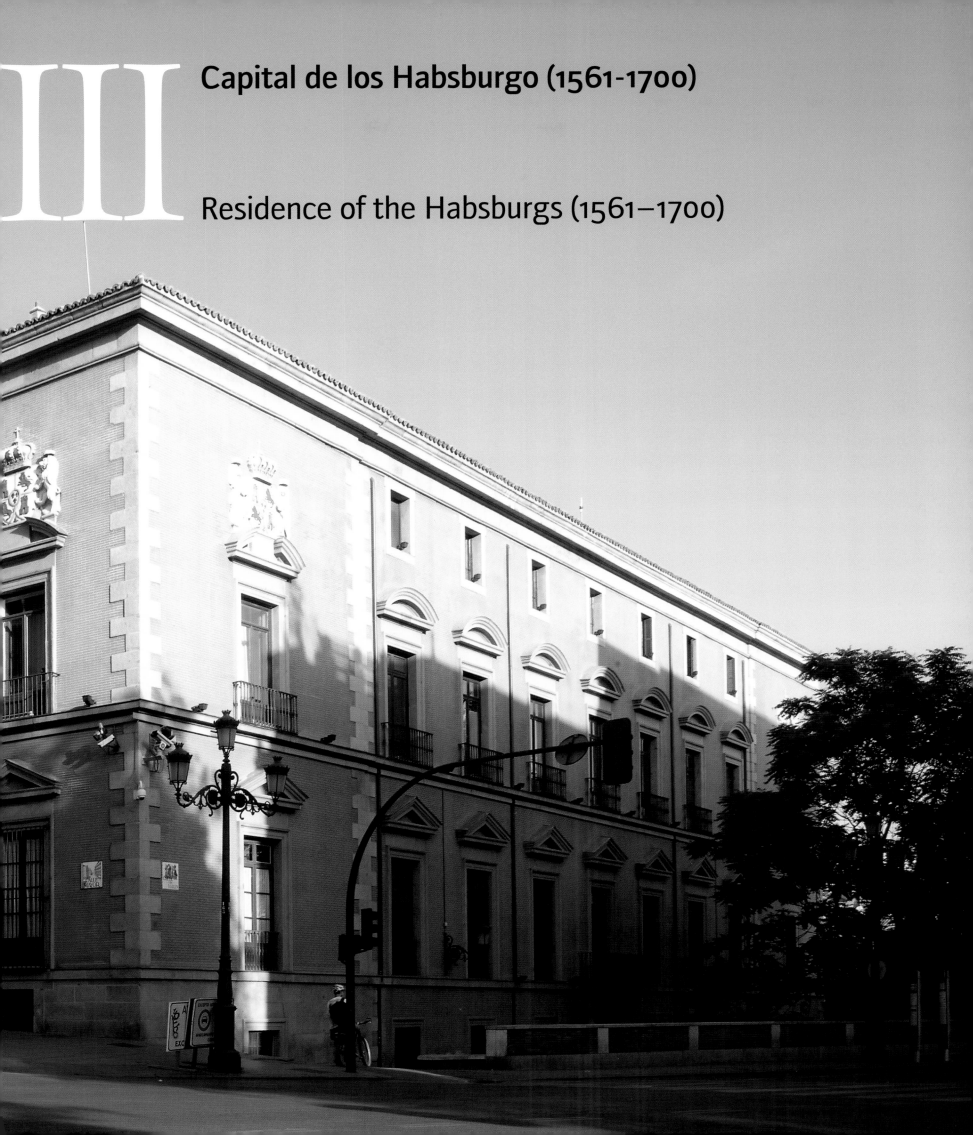

III

Capital de los Habsburgo (1561-1700)

Residence of the Habsburgs (1561–1700)

ANTON VAN DER WYNGAERDE

Vista de Madrid

Acuarela, hacia 1562, 38,2 × 128,5 cm

NATIONALBIBLIOTHEK, VIENA/VIENNA

View of Madrid

Watercolor, c. 1562, 15 × 50⅝ in

FÉLIX CASTELLÓ

Vista del Alcázar desde el suroeste

Óleo sobre lienzo, hacia 1630-1640,

50 × 108 cm

MUSEO DE HISTORIA

View of the Alcázar from the Southwest

Oil on canvas, c. 1630–1640,

19¾ × 42½ in

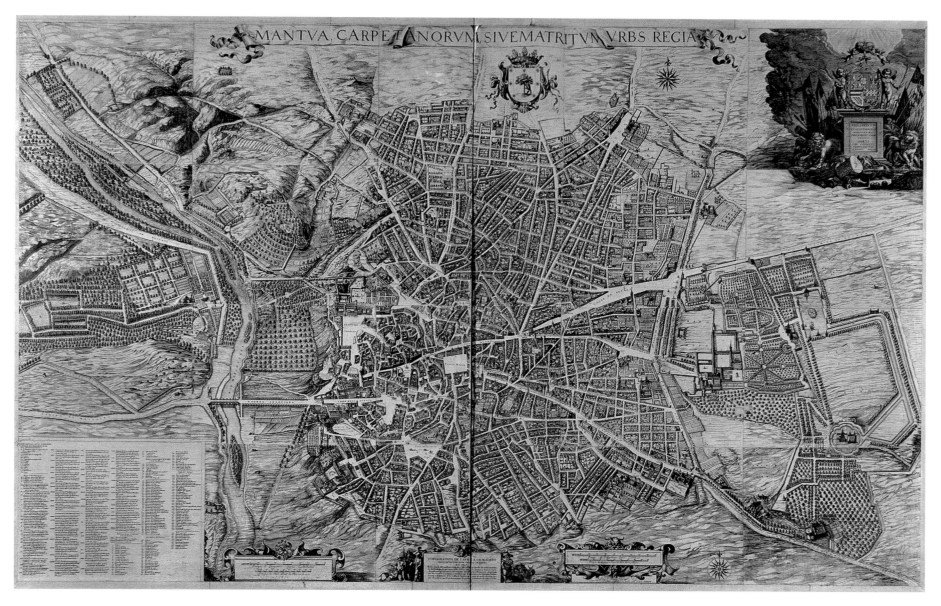

El 11 de mayo de 1561, las autoridades municipales madrileñas escucharon con expectación el anuncio de una instrucción de Felipe II en la que se disponía el traslado inminente de la corte real a Madrid. Este acontecimiento de importancia indudable en la historia de la ciudad se vio en un primer momento como situación interina. De hecho, entre 1600 y 1606, durante el reinado de Felipe III, la corte se estableció en Valladolid, antes de regresar definitivamente a Madrid y de que la ciudad fuese ratificada como capital permanente. Los motivos exactos de la decisión de Felipe II se desconocen. Al parecer, ya barajaba la idea cuando en 1556-1559 adquirió los terrenos que rodeaban al palacio madrileño. Tras su regreso de Flandes en 1559, Felipe II se vio obligado a establecerse en Castilla, la fuente de su poder económico y militar. La elección de la capitalidad recayó en la pequeña ciudad de Madrid, entre otras razones por su situación céntrica con respecto a una red de palacios reales de Castilla central que Felipe había hecho restaurar con anterioridad, y por su cercanía a la colosal obra arquitectónica de El Escorial, cuya ubicación también había decidido el monarca en 1561 (véanse págs. 370-375). Además, Madrid marcaba casi con exactitud el punto geográfico central de la Península Ibérica y reunía, por tanto, ventajas infraestructurales y valor simbólico. La ciudad no era

On 11 May 1561, the Madrid city council members listened to the proclamation of an order by Philip II in which the upcoming move of the royal court to the city of Madrid was announced. This undoubtedly important event in Madrid's history at first appeared to be a temporary situation. In fact Philip III's court stayed in Valladolid between 1600 and 1606, before it finally returned to Madrid and the city was confirmed as the permanent capital. The exact motives for Philip's decision are unknown. However, he apparently was considering the idea as early as 1556–1559, when he acquired land surrounding the Madrid castle. After his return from Flanders in 1559, Philip was forced to reside in Castile, as this was where the source of his financial and military power was situated. Among other factors, the choice of residence fell to the small town of Madrid because it lay at the center of a network of royal castles in central Castile that Philip had previously remodeled. It was also near the huge architectural project of El Escorial (see pp. 370–375), whose location he chose in 1561. In addition, Madrid is at nearly the exact geographic center of the Iberian Peninsula and thus unites infrastructural advantages with symbolic meaning. The city was neither the seat of religious institutions (like Toledo) nor powerful guilds (like Segovia), but was small and therefore malleable—which is

PEDRO TEIXEIRA

Plano de Madrid
Kupferstich, 1656, 285 × 180 cm,
consta de 20 hojas individuales.

City map of Madrid
Copper engraving, 1656,
112¼ × 70⅞ in, spread over
20 sheets.

SALOMON SAURY, AMBERES/ANTWERP

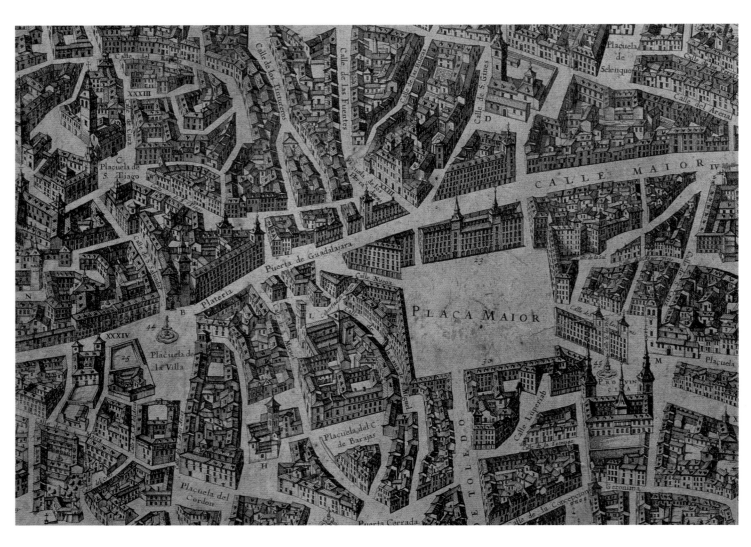

La plaza Mayor, del plano de Pedro Teixeira.

The Plaza Mayor from Pedro Teixeira's city map.

sede de instituciones religiosas (como Toledo) ni de gremios importantes (como Segovia), es decir, era pequeña y maleable –como se desprende también de la propuesta hecha al rey de rebautizar la ciudad como Felipa o Felípica–. El traslado de la corte en 1561 supuso para la ciudad, que entonces contaba con 20.000 habitantes, un aporte de población de 25.000 personas; hacia 1597, los habitantes eran ya unos 90.000. El área urbana creció de 134 (en 1565) a 282 hectáreas (hacia 1600), y el número de casas pasó de 2.520 (1563) a 7.590 (1597). Posteriormente, la expansión y la estructura de la ciudad se mantuvieron en general constantes hasta bien entrado el siglo XIX.

La sede y emblema de los regentes de la Casa de Habsburgo en Madrid era el Alcázar. Después de la conquista de la ciudad en 1085, los gobernantes cristianos construyeron una nueva fortaleza, a la que en el siglo XV se dotó con un fastuoso salón real y una capilla (1434). Felipe II continuó las reformas: hacia 1557, se habían instalado galerías en el patio interior y se había duplicado el cuadrilátero originario del edificio, de cuatro alas con patio. Ya antes de 1561, incluso desde Bruselas y Londres, el rey dispuso la adquisición de algunos terrenos colindantes con el Alcázar para contar con un área palaciega donde poder instalar unos jardines. A comienzos del siglo XVII se erigió una nueva fachada principal orientada hacia el sur. Éste es el estado en el que se puede ver el Alcázar en el plano urbano de Teixeira de 1656, donde se aprecian la espaciosa área del palacio, con jardines, los patios interiores, el parque occidental de palacio, la Torre Dorada (a la izquierda)

also evident in the fact that someone recommended the king change its name to Felipa or Felípica. The arrival of the court in 1561 brought an estimated 25,000 additional people to a city with 20,000 inhabitants. By 1597, the population was already approximately 90,000. The city area grew from 330 acres in 1565 to 695 acres around 1600, the number of houses from 2520 in 1563 to 7590 in 1597. The dimensions and structure of the city remained relatively constant thereafter until well into the 19th century.

The seat and symbol of the Habsburg's authority in Madrid was the Alcázar. After the conquest of Madrid in 1085, the Christian rulers erected a new castle that received a magnificent royal hall and in 1434 a chapel. Philip II continued the renovations: in 1557, he had the interior courtyard fitted with galleries and doubled the size of both the original square of the four-wing complex and the interior courtyard. As early as 1561, and also while he was in Brussels and London, the king purchased several lots adjacent to the Alcázar, to accommodate a royal area and a palace park. At the beginning of the 17th century he erected a new main southern facade. This is the stage at which you can see the Alcázar on Teixeira's city map from 1656: here you can see the spacious palace area with gardens, interior courtyards, and the western palace park, the Torre Dorada (left) with Philip II's adjacent private garden, the main southern facade—whose entrance was not actually in the middle as on the map, but rather to the east—and the western and southern bounded square in front of the Alcázar. The dark

colindando con el jardín privado de Felipe II, la fachada principal meridional –que en realidad no tenía la entrada tan centrada como la muestra el plano, sino mucho más al este–, y la plaza delantera del Alcázar, cerrada por el sur y el oeste. A comienzos del siglo XVIII, la oscura residencia «medieval» no consiguió despertar grandes simpatías en el rey Borbón Felipe V, quien prefirió alojarse en el palacio de recreo del Buen Retiro y aprovechó el incendio que destruyó el Alcázar el 24 de diciembre de 1734 para construir en su lugar una nueva residencia real acorde con los tiempos (véanse págs. 56-59).

Al principio, la reacción del concejo madrileño ante el nuevo estatus fue vacilante. Finalmente, en un escrito de autoría desconocida de hacia 1565, tal vez influido por el arquitecto de la corte asentado en Madrid Juan Bautista de Toledo, se propuso al rey proveer la capital con todo aquello que ennobleciera la sede de la monarquía: catedral, seminario conciliar, hospital, ayuntamiento, construcciones de aprovisionamiento y almacenamiento de víveres, así como una nueva plaza mayor. Gran parte de estas propuestas destinadas a construir una capital se llevó a cabo en las siguientes décadas por iniciativa de la corte.

Junto a proyectos infraestructurales como el nuevo puente de Segovia (1574-1588, Gaspar de Vega y Juan de Herrera), la reforma de la plaza Mayor fue la empresa más ambiciosa. Esta plaza, casi triangular y con una fuerte pendiente hacia el sur, surgió en el transcurso de los siglos XV y XVI entre la muralla de la ciudad y las confluencias de los caminos que llegaban de Toledo y Atocha. Cuando la corte se instaló en Madrid, se hizo ineludible embellecer ese foro de creciente importancia, tarea que emprendió un comité de comprometidos burócratas en la década de 1580, siguiendo los planos y la dirección de Juan de Valencia. Este arquitecto hizo demoler los edificios que sobresalían y remozó uniformemente las fachadas de las casas colindantes para unificar los frentes norte y este de la plaza. En 1617-1622, en una segunda fase de obras, Juan Gómez de Mora transformó el triángulo en un rectángulo perfecto, alineando el lado sur y, principalmente, el oeste. Los balcones de hierro homogéneos, el empleo del ladrillo sin revoque y las pilastras de granito garantizaron el aspecto uniforme de las fachadas de cinco alturas. Gracias a la elevación y adoquinado del pavimento, también se logró regularidad en el plano horizontal. Al igual que en la anterior fase de remodelación de la plaza, la iniciativa de esta reforma partió de la monarquía y la municipalidad, aunque se financió con la ayuda de los propietarios de las casas limítrofes. La homogeneidad y las formas rectilíneas de la plaza Mayor siguen llamando la atención hoy día. Del caos de angostas calles laberínticas con notables diferencias de pendiente se extrajo un espacio nivelado perfectamente rectangular, cuyas fachadas regulares sólo estaban interrumpidas por las confluencias de las calles. Esta uniformidad simbolizaba el orden que Felipe II quería imprimir al reino. En este céntrico escenario de la ciudad no sólo se celebraban mercados, sino también eventos de diversa índole a los que asistían hasta 50.000 espectadores: representaciones teatrales en la festividad del Corpus, corridas de toros, autos de fe, ejecuciones o espectáculos de fuegos artificiales. En estas ocasiones los balcones estaban reservados a los miembros de la corte o

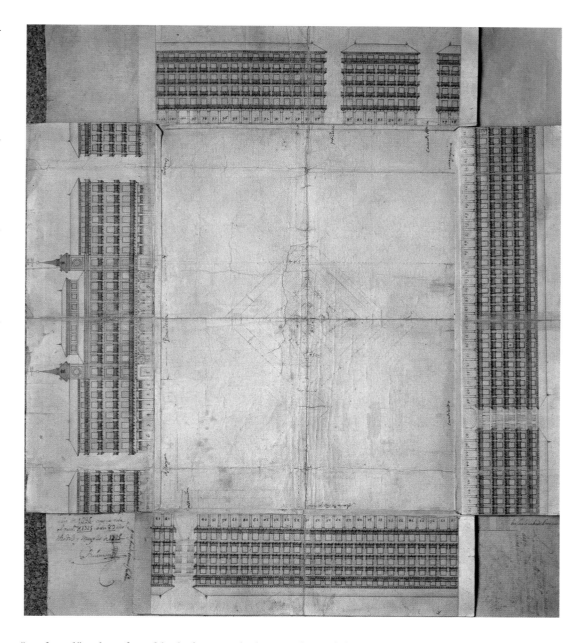

"medieval" palace found little favor with the Bourbon Philip V at the beginning of the 18th century. He preferred to stay at the Buen Retiro recreational palace and took advantage of the destruction of the Alcázar during a fire on 24 December 1734 to create a new, modern palace in its place (see pp. 56–59).

Initially, the Madrid city council reacted tentatively to the new status. Eventually an anonymous writ from around 1565, which was possibly influenced by the court architect living in Madrid, Juan Bautista de Toledo, proposed to the king to equip the new residence with everything that could ennoble the seat of the monarchy: a cathedral, a seminary, a hospital, a city hall, provisions and warehouse buildings for foodstuffs, as well as a new main plaza. The majority of these suggestions for the construction of a residency were implemented in the following decade, primarily through initiatives of the court.

Besides infrastructure projects like the new bridge (Puente de Segovia 1574–1588, Gaspar de Vega and Juan de Herrera) the transformation of the Plaza Mayor was the most ambitious project. This nearly triangular plaza, sloping steeply down on its south side, was constructed during the 15th and 16th centuries between the city wall and the meeting point of the roads from Toledo and Atocha. After the arrival of the court it was

JUAN GÓMEZ DE MORA

Alzado de la plaza Mayor
1636

Elevation for the Plaza Mayor
1636

se alquilaban a espectadores, siguiéndose una estricta jerarquía según el rango social, con el rey en la cúspide en el balcón de la Casa de la Panadería. Este edificio municipal constaba de despacho y almacén de pan en la planta baja, estancias reales con balcón en el piso superior y viviendas en el resto de plantas. Ocupaba una posición destacada en la plaza Mayor, acentuada arquitectónicamente con soportales de granito en la planta baja, el escudo real y torres laterales rematadas con chapiteles.

necessary to beautify this increasingly important forum, a task undertaken by a committee of committed bureaucrats in the 1580s, following plans by Juan de Valencia and under his direction. The architect demolished buildings that jutted out into the plaza and renovated the adjacent facades to unite the northern and eastern sides of the plaza. In a second phase of building between 1617 and 1622, Juan Gómez de Mora transformed the triangular plaza into a perfect rectangle by straightening its

southern and especially the western sides. Uniform iron balconies, unfinished bricks, and granite pilasters guarantee the cohesiveness of the facades of the five-story houses. Thanks to the elevation and cobbling of the pavement, horizontal regularity was also achieved. As with the previous building phase, the impetus for this phase came from both royal and civic directions, but was financed by the owners of properties on the square. The uniformity and straight lines of the Plaza Mayor are still noticeable today. From the confusion of the narrow labyrinthine streets with pronounced differences in grade, an exactly rectangular level space was cut, with regular facades interrupted only by the streets entering the plaza. Such uniformity symbolized the order that Philip II wanted to impose on the kingdom. In this central stage of the city there were not only markets, but also diverse events with up to 50,000 spectators: theater productions in connection with Corpus Christi festivities, bull fights, inquisition trials, executions, and fireworks displays. For these events the balconies would be assigned to members of the court, or in some cases rented to the spectators following a strict hierarchy according to social status, with the king on the balcony of the Casa de la Panadería as the focus. This municipal building consisted of storage and sales rooms for bread on the ground floor, royal rooms on the first floor, and flats on the upper storeys. It was

Plaza Mayor, lado norte, con la Casa de la Panadería.

Plaza Mayor, north side with the Casa de la Panadería.

a focal point of the Plaza Mayor, a location that was architecturally emphasized by the granite arcades on the ground floor, the royal crest, and the adjacent towers with pitched roofs. The Casa de la Panadería was completed by Francisco de Mora in 1607 following plans by Juan de Valencia, while Carlos Franco added the colorful facade paintings in 1992. The bronze equestrian statue of Philip II (1610–1614, Pietro Tacca), which came to Madrid as a political gift from the Medicis in 1616, has stood in the center of the Plaza Mayor since 1848. The Plaza Mayor acquired its current appearance (the reduction of the facades to three stories and the closure of the street entrances) through a reconstruction undertaken between 1790–1830 by Juan de Villanueva following a fire.

The Habsburgs' most imposing building in Madrid is the Cárcel de Corte, which they wanted to provide a dignified setting for the "Sala de Alcaldes de Casa y Corte," an important royal justice agency. In accordance with this intention, Juan Gómez de Mora 1629 designed a "palace" of brick with granite details, two interior courtyards, and a monumental staircase. Two corner towers on the facade frame a central portal with Doric columns, the royal coat of arms, and a statue of the archangel Michael in judgment on the tympanum. The building's monumental stature and the royal coat of arms unmistakably announce the central authority. In addition, the building is consistent with the royal building style: the floor plan with two courtyards, the imperial staircase, as well as the high corner towers with pitched roofs, had all been part of the Habsburgs' architectural repertoire since Philip II.

While the courtly initiatives created spectacular buildings as a sign of royal presence, the city council conducted its meetings in a makeshift building on the Plaza de la Villa from 1561. It was not until 1629 that they received permission for the construction of a worthy city council building (and city jail) on the west side of the plaza that was built between 1644 and 1696 following plans by Gómez de Mora. Because the city council was increasingly populated by members of the court in the course of the 17th century, the Madrid city hall can not be seen as an expression of the city's self-determination. It's architecture mimics royal models: the facade facing the plaza is dominated by two corner towers with pitched roofs, the entrances are austerely designed, while the ornamentation was not added until the last phase of construction.

The high nobility erected their palaces near the Alcázar; almost all of the palaces fell victim to the changeable fates of their owners. One of the largest, the Palacio del Duque de

La Casa de la Panadería fue terminada en 1607 por Francisco de Mora según los planos de Juan de Valencia; la colorista decoración pictórica de la fachada la realizó Carlos Franco en 1992. En el centro de la plaza Mayor se alza la escultura ecuestre en bronce de Felipe III (1610-1614, Pietro Tacca), un regalo de signo político de los Médici que llegó a Madrid en 1616. La plaza adquirió su aspecto actual (reducción de las fachadas a tres niveles, cerramiento de las confluencias de las calles) tras la reconstrucción dirigida por Juan de Villanueva en 1790-1830, después de que un incendio la destruyese.

La obra más imponente de los Habsburgo en Madrid es la Cárcel de Corte, con la que se quiso dotar a la capital de una sede digna para la Sala de Alcaldes de Casa y Corte, una importante institución judicial. Acorde a la función, Juan Gómez de Mora proyectó en 1629 un «palacio» de ladrillo con detalles en granito, dos patios interiores y una monumental escalinata. Dos torres esquineras en la fachada enmarcan el portal central, con columnas de orden dórico, el escudo de armas real y una

Uceda was built by Alonso de Turillo in 1613 for the Duke of Uceda, who was a favorite, i.e. essentially the leader of the government, of King Philip III between 1618 and 1621. The palace is strongly influenced by the royal castle in its dimensions and in its floor plan, with two interior courtyards separated by a chapel in the central wing and corner towers with spires, which have now disappeared. The minimal, flat ornamentation and strict geometry also follow the unadorned building style of El Escorial, this is particularly obvious in the two main entrances. The fall of the Duke of Uceda in 1621 slowed the construction, which from this point occurred in segments and not according to the original plan.

Uceda's successor as favorite during the reign of Philip IV, the Count-Duke of Olivares, had a royal apartment at the Los Jerónimos monastery (see p. 38) converted to a magnificent recreational palace—the Buen Retiro. It was his goal to provide a fitting location near Madrid with luxurious gardens for elaborate celebrations and the display of royal art works

escultura del arcángel justiciero san Miguel sobre el tímpano.
La monumentalidad del edificio y los blasones reales procla-
man la autoridad central. Además, el edificio sigue el estilo de
la arquitectura regia: la planta con dos patios, la escalera imperial y las torres cantoneras con los chapiteles forman parte del
repertorio arquitectónico de los Habsburgo desde Felipe II.

Mientras que gracias a la iniciativa palatina se ejecutaron
obras excepcionales como símbolo de la presencia real, el concejo madrileño se reunía desde 1561 en una vivienda provisoria
en la plaza de la Villa. En 1629 obtuvo el permiso para construir un ayuntamiento digno (y cárcel municipal) en el lado
occidental de la plaza, que se erigió según los planos de Gómez
de Mora en 1644-1696. Como durante el siglo XVII el concejo
estuvo integrado cada vez por más miembros de la corte, el
ayuntamiento de Madrid no puede verse como expresión de
la autoafirmación municipal. Su arquitectura imita modelos
regios: la fachada que da a la plaza está dominada por dos torres
laterales con remates piramidales; los portales hacen gala de
una rigurosa composición, mientras que los ornamentos se
introdujeron en su mayor parte en la última fase de la obra.

La alta nobleza buscó la proximidad del Alcázar para levantar sus palacios, la mayoría de los cuales fueron víctima del sino
cambiante de sus propietarios. Uno de los mayores, el Palacio
del duque de Uceda, fue construido por Alonso de Turillo en 1613
para el duque, quien entre 1618 y 1621 fue valido (una especie de
jefe de Gobierno) del rey Felipe III. La construcción emula claramente la arquitectura del palacio real en sus dimensiones, su

Portal del ayuntamiento.

Portal of the city hall.

Pasaje volado entre el ayuntamiento y la Casa de Cisneros (construido por Luis Bellido y González, 1915).

Skywalk between city hall and Casa de Cisneros (built by Luis Bellido y González, 1915).

to divert both the young king and the high aristocracy from matters of state. Alonso Carbonell constructed the building in a very short time, between 1630 and 1633, probably based on Giovanni Battista Crescenzi's ideas. El Buen Retiro was destroyed in the War of Independence in 1808. Only a park made from the gardens (see pp. 269–273), a series of paintings made for the Hall of Realms (see p. 105), and one wing of a building and a ball room remain. On Jusepe Leonardo's painting (see p. 56) and Teixeira's city map we see the situation

planta –con dos patios interiores separados por una capilla situada en el ala central– y sus torres en las esquinas (hoy desaparecidas) rematadas con chapiteles. Por otro lado, la reducida ornamentación poco prominente y el riguroso geometrismo estaban inspirados en el sobrio vocabulario arquitectónico de El Escorial, como se pone de manifiesto claramente en los dos portales principales. La caída del duque de Uceda en 1621 supuso una ralentización de la obra, que a partir de ese momento sólo se fue ejecutando parcialmente y que no se concluyó según los planos originales.

En 1630, el sucesor de Uceda como valido durante el reinado de Felipe IV, el conde-duque de Olivares, hizo transformar unos aposentos reales anexos al convento de los Jerónimos (véase pág. 38) en un magnífico palacio de recreo: el Buen Retiro. Su meta era poder contar con un lugar de carácter representativo y lujosos jardines en las inmediaciones de Madrid, donde dar fiestas dispendiosas y presentar los objetos artísticos reales, para que el joven monarca y la alta aristocracia pudieran abstraerse de los asuntos de Estado. El complejo fue construido con gran premura entre 1630 y 1633, posiblemente conforme a las ideas de Giovanni Battista Crescenzi. El Buen Retiro sufrió graves daños en la Guerra de la Independencia de 1808; de él sólo quedaron el parque del mismo nombre surgido de los jardines (véanse págs. 269-273), una serie pictórica realizada para el Salón de Reinos (véase pág. 105), así como un ala del edificio y el salón de baile. En el cuadro de Jusepe Leonardo (véase abajo) y en el plano urbano de Teixeira se puede ver su estado en 1637 y 1656, respectivamente: en el extremo derecho se encuentran la entrada occidental y la torre del convento de los Jerónimos; a la izquierda, el cuadrilátero con torres en las esquinas con los característicos chapiteles en torno a un gran patio interior, y más a la izquierda otro patio aún mayor. Un muro bajo rodeaba la amplia área del palacio y los jardines hasta las capillas (en la

JUSEPE LEONARDO
DE CHAVACIER

**Vista del Real Sitio
del Buen Retiro**

*Óleo sobre lienzo, 1636-1637,
130 × 305 cm*

View of the Real Sitio
del Buen Retiro

*Oil on canvas, 1636–1637,
51¼ × 120 in*

MUSEO DE HISTORIA

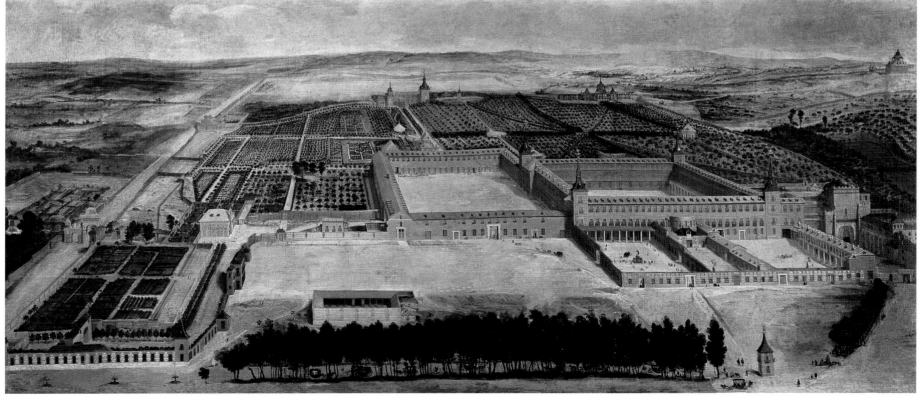

**Antigua ala norte del palacio
de recreo del Buen Retiro.**

Former north wing of the
Buen Retiro pleasure palace.

parte central del fondo del cuadro). Mientras que los sobrios exteriores fueron edificados con materiales económicos, Olivares hizo decorar los interiores con obras de arte, mobiliario y tapices lujosos. Según se ha indicado anteriormente, además del ala norte ha sobrevivido el Casón, un salón de baile adosado al ala oriental que fue construido en 1637 por Alonso Carbonell y se reformó en profundidad en el siglo XIX. Frente al Casón, una puerta de piedra, diseñada para el palacio en 1680 por Melchor de Bueras con ocasión de la llegada de la reina María Luisa de Orleáns, adorna la entrada al Retiro. Cuando se instaló su sucesora, Mariana de Neoburgo, la puerta volvió a utilizarse, adaptándose los blasones según convenía.

La paulatina apropiación de los símbolos de identidad municipales por parte de la corte allí afincada se pone claramente de manifiesto en el conjunto de la capilla de San Isidro-San Andrés. Supuestamente, el labrador Isidro (hacia 1080-1130) vivió en el antiguo Palacio de los Vargas, junto a la iglesia parroquial de San Andrés; sus restos incorruptos fueron hallados en 1170 en el cementerio de San Andrés y se trasladaron a la iglesia, y, desde entonces, gozan en Madrid de una creciente devoción. En 1535, el asesor real Francisco de Vargas se hizo con el sepulcro y los restos y mandó erigir la capilla del Obispo, justo al lado de la

in 1637 and 1656 respectively: on the far right are the western entrance and the Los Jerónimos monastery tower, left of that is the square with corner towers and the characteristic tower roofs surrounding a large interior courtyard, and further left there is an even larger interior courtyard. A low wall encloses the sprawling area including the gardens all the way to the chapels (in the central background of the painting). While the undecorated exterior was made with inexpensive building materials, Olivares had the interior appointed with luxurious art work, furniture, and rugs. As mentioned above, aside from the north wing, the Casón also remains, a ballroom by Alonso Carbonell from 1637 attached to the east wing, which was radically remodeled in the 19th century. Opposite the Casón a stone gate decorates the entrance to the Retiro Park. This was designed by Melchor de Bueras in 1680 for the royal entry of Queen Marie Louise of Orleans. When her successor, Marianne von Neuburg, entered the city in 1690, the gate was used again and the coat of arms appropriately re-carved.

The creation of the complex of the Capilla de San Isidro-San Andrés made it clear that the resident court was gradually adopting the city's symbols of identity. The farmhand Isidro (c. 1080–1130) supposedly lived in the former Vargas Palace

**Casón del Buen Retiro,
fachada este.**

Casón del Buen Retiro,
east facade.

**Capilla de San Isidro,
fachada sur, con la cúpula.**

Capilla de San Isidro, south
facade with cupola.

**Antigua puerta del Palacio del
Buen Retiro; desde 1922 sirve
de entrada al parque del Retiro.**

Former triumphal gate to the
Buen Retiro Palace, since 1922
at the entrance to Retiro Park.

Casón del Buen Retiro,
fachada oeste.

Casón del Buen Retiro,
west facade.

Vista del interior de la
capilla de San Isidro.

Interior view of the
Capilla de San Isidro.

SEBASTIÁN HERRERA BARNUEVO

Proyecto, no realizado, para el altar de la capilla de San Isidro

Aguada, 1660

Unrealized design for the altar of the Capilla de San Isidro

Wash ink drawing, 1660

BIBLIOTECA NACIONAL

Vista de la capilla de San Isidro desde San Andrés.

View from San Andrés into the Capilla de San Isidro.

ANÓNIMO

El patrón de Madrid, san Isidro, y su esposa, santa María de la Cabeza

Xilografía, siglo XVII

ANONYMOUS

The patron saint of Madrid, San Isidro, and his wife Santa María de la Cabeza

Woodcut, 17th century

BIBLIOTECA MUNICIPAL

Xilografía Anónima, Siglo XVIII

iglesia (véanse págs. 40-43). La pugna posterior entre Vargas y la parroquia por las reliquias fue simultáneamente un conflicto de clases, que concluyó en 1541 con el regreso de los restos a San Andrés y la clausura de la puerta que comunicaba la iglesia y la capilla. Tras la canonización de san Isidro en 1622, Gómez de Mora proyectó un santuario con el carácter representativo que correspondía al patrón de la ciudad: la capilla de San Isidro. No obstante, las obras se iniciaron en 1643 según los planos de Pedro de la Torre, a quien, a su vez, las dificultades económicas apenas si le permitieron ir más allá de la cimentación. La construcción siguió adelante, con los planos modificados

next to the parish church San Andrés. His undecayed corpse was uncovered in the San Andrés cemetery in 1170 and transferred to the church. Since then he has enjoyed increasing devotion in and around Madrid. In 1535, the king's advisor Francisco de Vargas took possession of the sarcophagus and the remains and erected the Capilla de Obispo for them right next to the church (see pp. 40–43). The fight over the remains that ensued between Vargas and the parish church was also a class conflict that ended in 1541 with the return of the remains to San Andrés and the sealing up of the door between the church and the chapel. After Isidro's canonization in 1622, Gómez de

Vista del interior de la capilla de San Isidro, con decoración de estuco.

Interior view of the Capilla de San Isidro with stucco décor.

Capilla de San Isidro, portal lateral, relieve con milagros del santo.

Capilla de San Isidro, side portal, relief with the miracles of the saint.

Portal oriental de la capilla de San Isidro.

Eastern side portal of the Capilla de San Isidro.

Monasterio de las Descalzas Reales, fachada de la iglesia.

Monastery Descalzas Reales, facade of the church.

Serie de tapices «Triunfo de la Eucaristía», basada en cartones de Rubens.

Rug series "Triumph of the Eucharist" after cartoons by Rubens.

MUSEO DEL MONASTERIO DE LAS DESCALZAS REALES

Monasterio de las Descalzas
Reales, capilla del Milagro.

Monastery Descalzas Reales,
Capilla del Milagro.

Cristo yacente

Madera pintada, hacia 1563-1568

Painted wood, c. 1563–1568

IGLESIA DEL MONASTERIO
DE LAS DESCALZAS REALES

por Juan de Villarreal, cuando el rey forzó la expropiación de terrenos vecinos y la ayuda económica de diversas ciudades (incluso de México y Perú). El 15 de mayo de 1669 los restos fueron trasladados en solemne procesión a la nueva capilla. El santo, que en origen sólo contó con una devoción local, había sido acaparado definitivamente como protector de la monarquía. En la Guerra Civil, la capilla ardió y sólo quedaron en pie sus fundamentos; las amplias tareas de restauración concluyeron en 1998. Hoy, el inmueble consta de tres espacios cuadrangulares sucesivos: a la derecha de la entrada se halla el crucero original de la iglesia de San Andrés; en el centro, el atrio; y, por último, se accede a la capilla propiamente dicha, de planta centralizada y con las esquinas achaflanadas. La hábil puesta en escena hace que la mirada se desvíe desde el reducido crucero, a través del oscuro atrio, hasta la mayestática capilla, iluminada sólo cenitalmente por las ventanas de la cúpula. La rica decoración de estuco dorado contrasta de manera efectista con las columnas y muros negros, y constituye el primer ejemplo de la exuberancia del Barroco pleno en Madrid. Hacia el exterior, la capilla se muestra más discreta, a modo de sobrio cubo monumental de ladrillo, con una ventana en cada una de sus caras y pilastras dobles colosales de granito en las esquinas. Sobre la

Mora designed a fittingly prestigious location for the city's patron saint, the Capilla de San Isidro. Although construction began in 1643 following plans by Pedro de la Torre, they barely progressed beyond the foundations due to financial difficulties. Not until the king forcibly appropriated neighboring plots of land, and compelled financial help from various cities (even from Mexico and Peru), did construction continue, using modified plans by Juan de Villarreal. On 15 May 1669, the remains were brought into the new chapel during a ceremonial parade. The saint, originally venerated only locally, was now recognized as the patron of the monarchy. The chapel was burned down to its foundations in the Civil War and the huge task of restoration was completed in 1998. Today the building complex consists of three square rooms that flow from one to another: to the right of the entrance lies the original crossing from San Andrés church, in the middle is the entrance hall, and finally one enters the actual chapel, a central building with beveled corners. Skilful staging guides the eye from the small crossing through the dark entrance hall to the majestic chapel, lit only from above by the windows of the dome. The richly-gilded plaster ornamentation contrasts effectively with the black columns and walls, and is the first example of high

pesada cornisa se alza el tambor octogonal –con ornamentos poco prominentes de ladrillo– sobre el que se asienta la cúpula, que está coronada por una linterna.

Durante el siglo XVII, en paralelo al debilitamiento político de la monarquía, disminuyeron las intervenciones reales en la estructura urbana; ahora serán las órdenes religiosas las que más contribuirán a definir la imagen de la ciudad. Si hacia 1500 sólo existían 12 parroquias y cuatro conventos, desde 1561 el número de los edificios religiosos creció vertiginosamente. En el plano de Teixeira de 1656 hay registradas 13 iglesias parroquiales y cuatro parroquias filiales, 31 conventos de monjes y 26 de monjas, 18 capillas de hospitales, así como otras cuatro capillas. En los siguientes 100 años sólo se les sumaron dos parroquias filiales y tres conventos. Los numerosos edificios conventuales entorpecían el desarrollo de su entorno, ya que las casas colindantes no debían superar su altura ni abrir ninguna ventana del lado en que se hallaban para respetar visualmente la clausura. Sólo algunos de esos edificios sobrevivieron a la desamortización de los bienes de la iglesia de 1836, que afectó sobre todo a los conventos de monjes, pero permiten hacerse una idea de la abrumadora presencia de la arquitectura religiosa en el paisaje urbano de la época.

Una imagen auténtica de lo que eran los conventos de monjas de la época se ofrece en el monasterio de las Descalzas Reales, que hoy sigue albergando a clarisas descalzas. Juana de Austria, hija del emperador Carlos V, donó el palacio de fines del siglo XV en el que había nacido para fundar un convento donde residir después de quedarse viuda. Antonio Sillero

baroque opulence in Madrid. On the outside, the chapel appears restrained, as a monumental, simple brick cube with a single window per side and colossal double granite pilasters on the corners. Above the heavy cornice is the octagonal tambour (dome base), covered with inconspicuous brick ornamentation, higher again is the dome which is crowned by a lantern.

During the course of the 17th century, royal changes to the city structure abated as the political power of the monarchy decreased; it now fell to the religious orders to exercise increasing influence over the cityscape. While there were just twelve parish churches and four monasteries in Madrid around 1500, the number of religious buildings grew rapidly after 1561. Teixeira's city map from 1656 shows 13 parishes plus four affiliated parishes, 31 monasteries and convents, 18 hospital chapels, as well as four chapels. In the next 100 years, only two more affiliated parishes and three cloisters were added. The numerous convent buildings restricted the development in the surrounding areas. In order to maintain isolation the convents insisted that adjacent buildings could not be higher than them nor have any windows facing them. Only a few of these religious buildings survived the Desamortisation (the expropriation of the church's belongings) that culminated in 1836, primarily affecting the monasteries of monks. However, the surviving buildings convey the impression of the oppressive presence of religious architecture in the cityscape of that time.

The Descalzas Reales, a still functioning convent of the order of the Poor Clares, provides an authentic insight into the

Interior de la iglesia del monasterio de la Encarnación.

Interior view of the monastery church La Encarnación.

reformó el palacio en 1556-1559, aunque el portal, el vestíbulo, el claustro (acristalado en el siglo XVIII) y la escalera principal pertenecen a la construcción original. En 1564, Juan Bautista de Toledo erigió la iglesia, cuya fachada –que no presenta más adorno que el escudo de armas real– está estrechamente emparentada con la de El Escorial, diseñado por Toledo en esta misma época (véase pág. 370, abajo). El interior, con una única nave, cabecera recta y tribuna para las monjas, fue remozado en el siglo XVIII en estilo neoclasicista. Cerrado herméticamente hacia el exterior, el inmueble incluye en la actualidad dos claustros, la sección propiamente dicha del monasterio y el huerto. El monasterio se empleaba como residencia y lugar de retiro de damas distinguidas de la Casa de Habsburgo, tales como Juana, su hermana María de Austria (también nacida en el palacio y viuda del emperador Maximiliano II) o la archiduquesa Margarita, hija de esta última. El origen dinástico de las nobles moradoras del monasterio lo ilustra la galería de retratos habsbúrgicos. Estas poderosas damas siguieron ejerciendo influencia política en la clausura, llevaron valiosas obras de arte al monasterio y donaron numerosas capillas lujosamente ornamentadas. Pompeo Leoni, por ejemplo, concibió una escultura (1574) en mármol de la fundadora, Juana, de rodillas para su suntuosa capilla funeraria en la iglesia. La hermana Ana Dorotea, hija ilegítima del emperador Rodolfo II, hizo decorar con pinturas ilusionistas la escalera principal, de comienzos del siglo XVI. La opulenta arquitectura ilusoria y el fingido balcón «real», con retratos de Felipe IV y de su familia, son obra de

world of a aristocratic cloister. Juana, the daughter of Charles V, donated the late 15th century palace in which she was born to the order, so it could serve as a convent that she could use as a widow's residence. Antonio Sillero remodeled the Palace between 1556 and 1559, leaving the original entrance, vestibule, the cloister (glazed in the 18th century), and the main staircase. In 1564, Juan Bautista de Toledo built the church, with an unadorned facade decorated only with the royal coat of arms, which is very similar to the Escorial that Toledo planned at the same time (see p. 370 f.). The interior space with its single nave, straight choir, and nun's gallery was renovated in neoclassical style in the late 18th century. Hermetically sealed from the exterior, the complex today consists of two cloisters, the actual convent wing, and the vegetable gardens. The convent served as a place to live and retire for distinguished female members of the Habsburg family, such as Juana, her sister Maria of Austria (who was also born in the palace and was the widow of Emperor Maximilian II) and her daughter, the archduchess Margaret. The dynastic origins of these royal convent inhabitants is clear in the gallery of portraits of the Habsburgs. The powerful women exerted political influence even from within the convent, brought valuable art objects to the convent, and endowed numerous chapels with expensive appointments. For example, Pompeo Leoni created the kneeling marble tomb statue of the founder Juana (1574) for her ostentatiously decorated funeral chapel in the church. Sister Ana Dorotea, illegitimate daughter of Emperor Rudolf II, had the main staircase

Colección de reliquias del monasterio de la Encarnación.

Relic collection in the monastery La Encarnación.

Retablo (Ventura Rodríguez, 1755)
con la tabla de La Anunciación
(Vicente Carducho, 1616)

Main altar (Ventura Rodríguez,
1755) with the panel
painting of the Annunciation
(Vicente Carducho, 1616)

IGLESIA DEL MONASTERIO
DE LA ENCARNACIÓN

GREGORIO FERNÁNDEZ

Cristo flagelado
Madera pintada, 1620

Christ at the Whipping Post
Painted wood, 1620

IGLESIA DEL MONASTERIO
DE LA ENCARNACIÓN

Dionisio Mantuano, Francisco Ricci, Claudio Coello y José Jiménez Donoso. Esta decoración, terminada en 1684, transformó el ámbito de la escalera en un fantasioso espacio aparentemente público. Entre las numerosas capillas llama la atención la del Milagro, con sus opulentos frescos ilusionistas de Ricci y Mantuano, que fue donada por el hijo ilegítimo de Felipe IV, Juan José de Austria, para su hija ilegítima. De la intensa devoción de las monjas es testimonio la figura yacente de Cristo (1568) de Gaspar Becerra, con su exacerbado realismo. En las procesiones de Viernes Santo, la Hostia consagrada se muestra en una custodia empotrada en el costado y la figura se pasea en procesión alrededor del convento. Las esculturas yacentes de Cristo gozaban de especial veneración en la Castilla de la temprana Edad Moderna, y hallaron su culminación en las tallas

decorated with trompe-l'œil paintings. The opulent trompe-l'œil architecture and the simulated "royal" balcony with a likeness of Philip IV and his family was painted by Dionisio Mantuano, Francisco Ricci, Claudio Coello, and José Jiménez Donoso. This decoration, completed before 1684, transformed the staircase into an apparently public fantasy space. Among the many chapels the Capilla del Milagro (Chapel of the Miracle) with its opulent trompe-l'œil frescoes by Ricci and Mantuano stands out. Juan José de Austria, the illegitimate son of Philip IV, endowed this chapel for his own illegitimate daughter. The extremely realistic reclining Christ figure (*Cristo yacente,* before 1568) by Gaspar Becerra attests to the intense piety of the nuns. During Good Friday processions, the sacred host, or communion bread, is put in a monstrance embedded

El retablo del altar mayor de Antón de Morales (1622-1625), con la tabla de La última cena de Vicente Carducho.

The main altar by Antón de Morales (1622–1625) with the panel painting of the Last Supper by Vicente Carducho.

La iglesia del monasterio de las Carboneras (construido por Miguel de Soria, 1615-1625) conserva gran parte de su decoración original.

The monastery church Las Carboneras (built by Miguel de Soria, 1615–1625) for the most part retains its original décor from the 17th century.

de Gregorio Fernández. En Madrid se conservan ejemplos en los monasterios de El Pardo (véanse pág. 360 y s.), el Sacramento, la Encarnación y San Plácido, este último con una obra excepcional.

Al igual que el monasterio de las Descalzas Reales, el de la Encarnación tiene su origen en una donación real y sigue funcionando en la actualidad. El monasterio, fundado en 1611 por la reina Margarita de Austria, estuvo regentado en un primer momento por la agustina descalza Mariana de San José (1568-1628), que había sido inspirada por la reforma carmelita de Teresa de Ávila. La estrecha relación con la casa real se pone de manifiesto en la ubicación del convento, que en el pasado colindaba con el Alcázar, así como en el antiguo puente de conexión que permitía a la familia real acceder a

in the chest of the figure and carried around the convent. Such *Cristos yacentes* enjoyed special devotion in early modern Castile and peaked with the wood sculptures by Gregorio Fernández. Examples in Madrid are kept in the monasteries of El Pardo (see p. 360 f.), Sacramento, Encarnación, and—with an outstanding work—San Plácido.

Like the Descalzas Reales, La Encarnación (The Incarnation) was originally founded by a royal endowment and is still a functioning convent. The cloister, founded in 1611 by Queen Margaret of Austria, was initially presided by the Discalced Augustinian Mariana de San José (1568–1628), who was inspired by Teresa of Ávila's reform of the Carmelites. The close relationship to the royal house is visible in the location of the cloister, which at one point was adjacent to the Alcázar, as well

San Isidro el Real, vista desde la plaza Segovia Nueva.

San Isidro el Real, seen from the Plaza de Segovia Nueva.

San Isidro el Real, entrada de la fachada principal.

San Isidro el Real, main entrance at the main facade.

su tribuna en la iglesia para participar en los actos religiosos de Estado. Acorde con los deseos de reforma, la arquitectura de la iglesia, consagrada en 1616, se inspiró en la sobriedad de los templos carmelitas. Se desconoce hasta qué punto pudo haber integrado ideas propias el arquitecto carmelita Alberto de la Madre de Dios al ejecutar los planos de Juan Gómez de Mora. En cualquier caso, la Encarnación sirvió de arquetipo no sólo en Madrid sino también en toda España. La fachada de granito de la iglesia mira a una plaza cuadrangular que forman los edificios del convento. A través de tres arcos de medio punto se accede al atrio; por encima de ellos se sitúan tres ventanas enrejadas, un relieve de la Anunciación (1617, Antonio Riera) y dos escudos reales dispuestos simétricamente. La fachada está enmarcada por pilastras planas sin capiteles y coronada por un frontón triangular donde se abre un vano circular. El interior, que presenta una única nave con transepto corto, cúpula sobre el crucero y cabecera plana en el altar mayor –al que las monjas pueden mirar desde un coro propio a través de una reja situada en el lado izquierdo–, fue transformado en 1753-1767 por Ventura Rodríguez en un opulento conjunto neoclasicista. Las estrictas reglas de la orden no permitían, como en el caso de las Descalzas Reales, que las damas prominentes de la corte ingresaran en la institución con sus posesiones. Pese a todo, el monasterio ostenta valiosos relicarios, así como importantes obras de arte, entre ellas las impresionantes figuras de *Cristo yacente* y *Cristo flagelado* de Gregorio Fernández.

Madrid debe a los jesuitas la mayor de sus iglesias del siglo XVII: San Isidro el Real. Justo después de la elección de la capital en 1561, la orden se estableció en la ciudad en el lugar actual y construyó un sencillo colegio con templo. En 1597, María de Austria puso a disposición los medios necesarios para construir una nueva iglesia de carácter representativo dedicada al jesuita san Francisco Javier, que fue construida entre 1622 y 1661 y ostenta el escudo de armas de la donante en la entrada principal. Los planos originales del arquitecto jesuita Pedro Sánchez fueron ejecutados tras su muerte en 1633 por el también jesuita Francisco Bautista, que introdujo sus propias ideas. En contraste con la severidad del estilo arquitectónico de los Habsburgo, Bautista empleó un lenguaje igualmente expresivo pero mucho más monumental. Así, las dimensiones de la iglesia, su ejecución completa en granito y el orden colosal romano (columnas y pilastras que recorren todo el frontal) empleado en la fachada están en consonancia con las pretensiones y necesidades de representatividad de la orden en la sede de la corte. El interior, que presenta una ingente nave principal con capillas laterales y un transepto corto, se ajusta, como era de esperar, al modelo de la iglesia matriz de los jesuitas en Roma, Il Gesú, aunque su cabecera es plana y más corta y no posee capillas en el transepto. En las pilastras dobles, Bautista utilizó un orden de columnas desarrollado por él mismo a partir de ovas jónicas y hojas de acanto corintias. En 1766, Carlos III decretó la expulsión de los jesuitas de España; su iglesia madrileña se dedicó entonces al patrón de la ciudad, san Isidro, y allí se trasladaron sus reliquias, que se encontraban en la capilla de San Andrés. A partir de 1885 y hasta la conclusión de la catedral de la Almudena, San Isidro hizo de catedral provisional.

as in the former connecting bridge, by which the royal family reached its gallery in the church to participate in religious acts of state. The architecture of the cloister church, consecrated in 1616, followed the simplicity of the Carmelite churches in line with the efforts for reform. The degree to which Carmelite architect Alberto de la Madre de Dios could incorporate his own ideas while implementing the designs by Juan Gómez de Mora remains unclear. However, La Encarnación served as a model in Madrid and throughout all of Spain. The granite facade of the church faces a rectangular forecourt made up of convent buildings. One reaches a foyer through three round arches, above which there are three barred windows, a relief of the Annunciation (1617, Antonio Riera), and two royal coats of

San Isidro el Real, panorámica del interior con vista del altar mayor.

San Isidro el Real, interior with a view to the main altar.

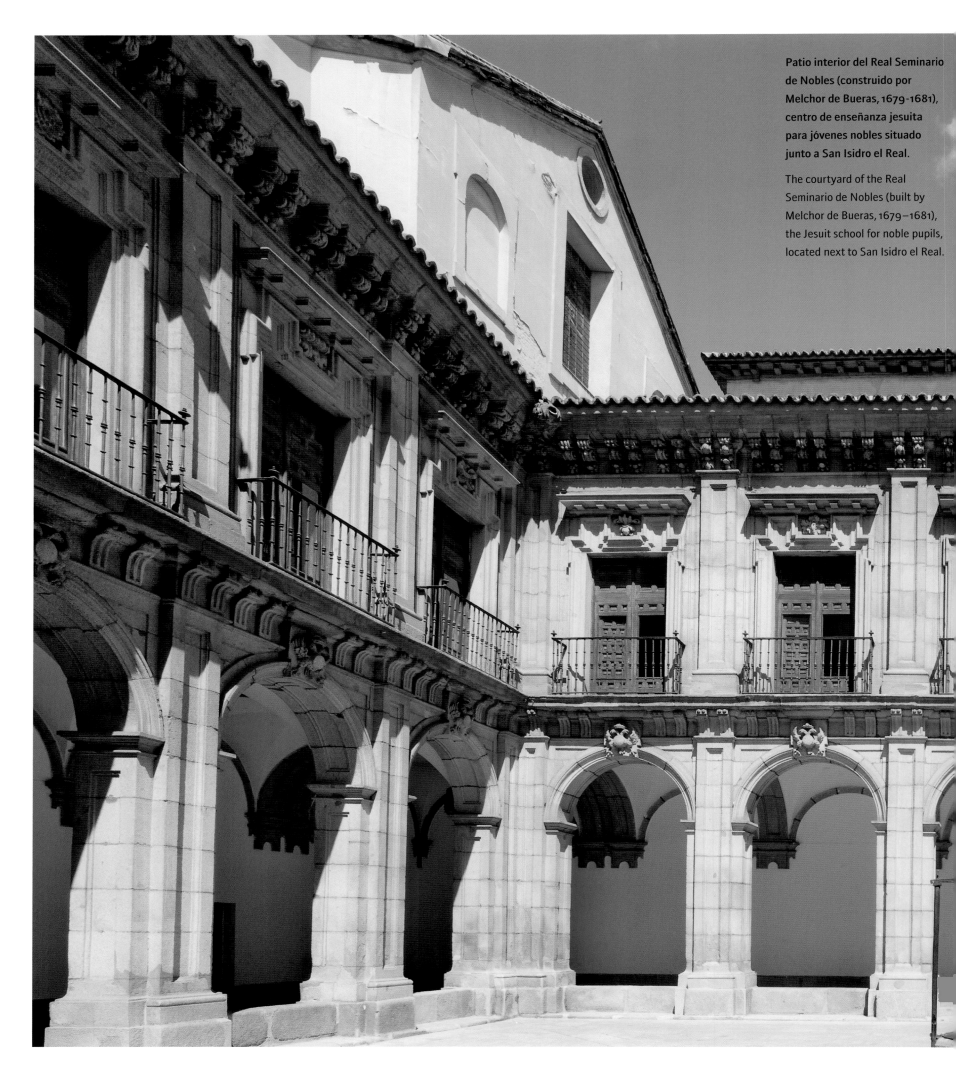

Patio interior del Real Seminario de Nobles (construido por Melchor de Bueras, 1679-1681), centro de enseñanza jesuita para jóvenes nobles situado junto a San Isidro el Real.

The courtyard of the Real Seminario de Nobles (built by Melchor de Bueras, 1679–1681), the Jesuit school for noble pupils, located next to San Isidro el Real.

Detalle del patio interior.

Detail of the courtyard.

**Detalle de un capitel de
San Isidro el Real.**

Detail of a capital in
San Isidro el Real.

San Antonio
de los Alemanes.

San Antonio de los Alemanes,
vista del interior en dirección
al altar mayor.

San Antonio de los Alemanes,
view to the main altar.

La apoteosis celestial de san
Antonio, fresco de la cúpula de
San Antonio de los Alemanes.

The Apotheosis of Saint
Anthony, cupola painting in
San Antonio de los Alemanes.

San Antonio de los Alemanes, pintura mural con escenas de la vida de san Antonio de Padua.

San Antonio de los Alemanes, wall painting with scenes from Saint Anthony of Padua's life.

Durante la Guerra Civil, el fuego la redujo a los cimientos, y la iglesia volvió a edificarse, modificada, a partir de 1940.

San Antonio de los Alemanes ocupa una posición excepcional en el contexto de la arquitectura religiosa madrileña. Construida en 1624-1633 como iglesia del contiguo hospital de los portugueses, fundado en 1606, estaba consagrada al santo portugués Antonio de Padua, por lo que en un principio se llamó San Antonio de los Portugueses. Tras la independencia de Portugal en 1640, en 1668 la reina Mariana de Austria puso el hospital y la iglesia a disposición de los miembros de la corte de

arms, all arranged symmetrically. Flat pilasters without capitals frame the facade that is crowned by a triangular gable with round windows. During the years from 1753 to 1767, Ventura Rodríguez converted the interior space, which consists of a single nave with a short transept, a dome above the crossing, and a flat high altar, which the nuns could see from their own choir through a screen on the left side, into an opulent classical ensemble. The strict rules of the order did not allow prominent ladies of the court to enter the convent with their belongings, as was done in Descalzas Reales. Nevertheless, this convent also possesses valuable reliquaries as well as famous artworks, among them the penetrating figures of a *Cristo yacente* and the *Christ at the Whipping Post (Cristo flagelado)* by Gregorio Fernández.

Madrid has the Jesuits to thank for its largest church from the 17th century, San Isidro el Real. Shortly after the selection of Madrid as the capital in 1561, the order established itself in the city at its current location and constructed a humble theological college with a chapel. In 1597, the Emperor's widow, Maria of Austria, provided funds for a new, fitting church dedicated to the Jesuit Saint Francis Xavier, which was built between 1622 and 1661 and presents the coat of arms of the benefactress on the main entrance. The original plans of the Jesuit architect Pedro Sánchez were carried out after his death in 1633 by another Jesuit, Francisco Bautista, who also introduced his own ideas. In contrast to the austerity of the Habsburg building style, Bautista used an equally expressive

San Antonio de los Alemanes, altar mayor
(Miguel Fernández, 1765) con la figura de san
Antonio de Padua de Manuel Pereira (1631).

San Antonio de los Alemanes, main altar (Miguel
Fernández, 1765) with the statue of Saint
Anthony of Padua (Manuel Pereira, 1631).

Cúpula del crucero de la Capilla del
Cristo de los Dolores de la V.O.T.

Crossing cupola in the Capilla del
Cristo de los Dolores de la V.O.T.

TEODORO ARDEMANS

**El arrebato de san Francisco
en el carro de fuego**

Saint Francis steps into
the Chariot of Fire

*CAPILLA DEL CRISTO DE LOS
DOLORES DE LA V.O.T.*

**Capilla del Cristo de los
Dolores, vista del altar
a través de la nave.**

Capilla del Cristo de los
Dolores, view throught the
aisle to the main altar.

**Capilla del Cristo de los
Dolores, altar mayor, Cristo
de los Dolores (Anónimo,
hacia 1635, coloreado en
1643 por Diego Rodríguez).**

Capilla del Cristo de los
Dolores, main altar, Ecce Homo
(Man of Sorrows, anonymous,
ca. 1635, 1643 composed in
color by Diego Rodríguez).

Iglesia del monasterio de San
Plácido, vista del altar mayor.

Monastery church San Plácido,
view of the main altar.

GREGORIO FERNÁNDEZ

Cristo yacente

1620-1625

*IGLESIA DEL MONASTERIO
DE SAN PLÁCIDO*

but more monumental building style. Thus the dimensions of the church, built entirely of granite, and the colossal Roman order (with columns and pillars running the whole length of the front) of the main facade reflect the order's aim and need to express status in the residence. The interior with its mighty main nave, retracted side chapels, and short transept unsurprisingly follows the model of the Jesuit mother church Il Gesú in Rome, though it has a shorter and straight choir and no transept chapels. Bautista used a specially formulated column design with Ionic egg and darts and Corinthian acanthus leaves for the double pilasters. In 1766, Charles III banished the Jesuits from Spain, had their church re-consecrated to the city patron Isidro, and had his remains brought here from the Capilla San de Andrés. After 1885, San Isidro served as a substitute cathedral until the completion of the Almudena Cathedral. The church burned down to its foundations during the Civil War and was rebuilt in a different form after 1940.

The church San Antonio de los Alemanes occupies a special position in the religious architecture of Madrid. Built between 1624 and 1633 as the church for the adjacent hospital for the Portuguese founded in 1606, it was dedicated to Saint Anthony of Padua and was originally called San Antonio de los Portugueses after the saint, who was born in Portugal. After Portugal gained independence in 1640, Queen Marianna of Austria put the church and hospital at the disposal of the German members of court. Pedro Sánchez designed an effective room on an elliptical floor plan whose uninterrupted walls seemed to dissolve into a flat dome. The trompe-l'œil paintings by Francisco Ricci and Juan Carreño de Miranda (around 1660) as well as Luca Giordano (after 1692) take this idea of

CAPITAL DE LOS HABSBURGO

origen alemán. Sobre una planta elipsoidal, Pedro Sánchez proyectó un espacio muy efectista que parece diluirse en una cúpula plana sin solución de continuidad. De manera consecuente, las pinturas ilusionistas murales de Francisco Ricci y Juan Carreño de Miranda (de hacia 1660) y Luca Giordano (a partir de 1692) urden también este concepto de la arquitectura que se niega a sí misma, y recubren las superficies interiores casi en su totalidad. La planta oval, tomada del Barroco temprano romano, no se ve en ningún otro edificio madrileño del siglo XVII. En cambio, los pintores adoptaron con entusiasmo las innovaciones de los frescos de efecto ilusionista que Angelo Michele Colonna y Agostino Mitelli habían introducido desde Bolonia en 1658. Los interiores antaño blancos de iglesias y palacios se cubrieron hasta fines del siglo XVIII con gran profusión de color, pinturas ilusionistas que ampliaban hasta el infinito la arquitectura real y de las que sólo quedan algunos testimonios.

Francisco Bautista concibió (junto con Sebastián de Herrera Barnuevo) para la Tercera Orden franciscana la pequeña capilla del Cristo de los Dolores (1662-1668) al lado del convento de San Francisco el Grande. Estimulado por el hecho de que muchos colegas artistas pertenecían a esta orden laica, Bautista logró una virtuosa pieza arquitectónica. La reducida capilla consta de rectángulos de dimensiones variables (atrio, nave de tres tramos, crucero y presbiterio), todos ellos con

Iglesia de las Calatravas, vista del crucero en dirección al altar mayor.

Monastery church Calatravas, view into the crossing to the main altar.

Fachada de la iglesia de las Calatravas, renovada y modificada por Juan Madrazo en 1886.

The facade of the monastery church Calatravas renovated and altered by Juan Madrazo in 1886.

Cúpula de la iglesia de las Calatravas.

Cupola of the monastery church Calatravas.

abovedamientos distintos. En su interior, la mirada se desvía a través de los diferentes espacios hasta el altar mayor, con un baldaquín de madera diseñado por Bautista bajo el que una talla más antigua del Cristo de los Dolores abraza a una cruz.

Además de los arquitectos de la corte y municipales, en Madrid también trabajaron arquitectos de órdenes religiosas, como el agustino recoleto Lorenzo de San Nicolás, autor de un difundido tratado de arquitectura (*Arte y uso de la Arquitectura*, Madrid, 1633-1664). De las 16 iglesias que en un tiempo hubo del agustino en Madrid, sólo se conservan dos. En la iglesia del convento de benedictinas de San Plácido (1641-1661) proyectó un monumental espacio interior, con una nave principal corta, pilares achaflanados en el crucero e iluminación procedente de la gran cúpula sin tambor. Entre la rica decoración original destaca *La Anunciación* (Claudio Coello, 1667) del altar mayor, concebida de modo teatral. En la iglesia del antiguo convento de las Calatravas (1670-1678), el arquitecto acentúa de modo similar el crucero, bajo la mayestática cúpula, al que se accede

self-negating architecture consistently further and cover the interior surface almost completely. The oval form adopted from the Roman early Baroque was otherwise absent in Madrid in the 17th century. In contrast, the painters enthusiastically adopted the innovations of the trompe-l'œil fresco painting introduced by Angelo Michele Colonna and Agostino Mitelli of Bologna in 1658. The formerly white interiors of churches or palaces acquired comprehensive colorful trompe-l'œil paintings until the end of the 18th century, which infinitely expanded the actual architecture, but of which very few survived.

Francisco Bautista (together with Sebastián de Herrera Barnuevo) designed the small Capilla del Cristo de los Dolores (1662–1668) for the Franciscan Tertiaries, next to the San Francisco el Grande monastery. Spurred on by the situation where many artist colleagues belonged to lay orders, Bautista achieved here an architectural masterpiece. The small chapel consists of a row of alternating large rectangles (foyer, a nave flanked by two side aisles, cross and presbytery), which all have

LUCA GIORDANO

**Santiago Apóstol en
la batalla de Clavijo**

*Óleo sobre lienzo,
sobre bastidor, 1695,
588 × 372 cm*

Saint James in the
Battle of Clavijo

*Oil on canvas, 1695,
231¹/₂ × 146¹/₂ in*

IGLESIA DEL CONVENTO
DE LAS COMENDADORAS
DE SANTIAGO

Iglesia del monasterio de las Comendadoras de Santiago, vista de la cúpula desde el crucero.

Convent church Comendadoras de Santiago, view into the cupola seen from the crossing.

Iglesia del monasterio de las Comendadoras de Santiago, vista de la magnífica cúpula.

Convent church Comendadoras de Santiago, view into the magnificent cupola.

directamente desde la calle por una entrada lateral. Gracias a la planta, una fusión de las cruces griega y latina, en el interior surge, como en San Plácido, un espacio central monumental. El altar mayor (1720-1724), de José Benito Churriguera, resulta asombroso por su delirante ornamentación, aunque estructuralmente se adapta de manera excepcional al crucero.

El de las Comendadoras de Santiago fue un convento femenino, algo menos rígido, de la Orden de Santiago en el que podían ingresar las nobles esposas de sus miembros. En 1667, Manuel y José del Olmo presentaron los planos de la iglesia del convento (decorada también por ellos en 1697), que posee uno de los interiores más bellos de la ciudad. La planta de cruz griega, con brazos redondeados y cúpula alta, poco frecuente en Madrid, posiblemente está en relación con los caballeros de la Orden de Santiago, que eran quienes empleaban la iglesia, mientras que las monjas sólo podían asistir a las celebraciones religiosas desde el coro occidental enrejado destinado a ellas. En una orden militar, un edificio de planta centralizada despertaba asociaciones con la iglesia de la Santa Cruz de Jerusalén, y satisfacía

different types of vaults. The eye is led through the various rooms to the high altar—a wood filigree canopy designed by Bautista, under which is found an older sculpture of the triumphant Christ with a cross.

Aside from the court and city architects, other architects from the religious orders also built in Madrid, like the Discalced Augustine Lorenzo de San Nicolás, author of a widely read architectural abstract (*Arte y uso de la Arquitectura*, Madrid 1633/64). Of his 16 church buildings in Madrid only two remain. In the cloister church Benedictinas de San Plácido (1641–1661) he created a monumental space with a short main nave, beveled crossing pillars, and lighting from the large dome without a tambour. Of the original rich decoration, the theatrically composed Annunciation in the high altar (Claudio Coello, 1667) stands out. In the former cloister church Las Calatravas (1670–1678) the architecture similarly emphasizes the cross under a majestic dome, which is accessible directly from the street via a side entrance. By way of the floor plan, a mixture of Latin and Greek crosses, a monumental central space arises

Iglesia del monasterio de las Comendadoras de Santiago, vista interior de la sacristía restaurada.

Convent church Comendadoras de Santiago, interior view of the restored sacristy.

Iglesia del monasterio de las Comendadoras de Santiago, fachada principal.

Convent church Comendadoras de Santiago, main facade.

Pila en una estancia contigua a la sacristía.

Fountain in a side altar of the sacristy.

las necesidades rituales de los caballeros, que en el ingreso de un nuevo miembro se reunían en círculo en torno al Maestre. La fachada, en cambio, con sus dos torres laterales con chapiteles, sillería en las esquinas y una entrada con tres arcos de medio punto, sigue el modelo de las fachadas de las iglesias de la primera mitad del siglo XVII. En 1745, Francisco de Moradillo construyó la elegante sacristía, donde los caballeros se preparaban para los rituales de la orden que se celebraban en la iglesia.

as in San Plácido. The high altar (1720–1724) by José Benito Churriguera impresses with its exuberant ornamentation, but structurally fits excellently with the crossing.

The Comendadoras de Santiago was a convent of the Knights of Santiago, somewhat less rigid, to which noble women could retire. In 1667, Manuel and José del Olmo laid the foundation of the cloister church that they also built and that has one of the most beautiful interiors in the city. The floor plan of a Greek cross with a rounded transept and high dome was seldom found in Madrid. It was possibly used in relation to the Knights of Santiago, who used the church while the nuns could attend the church services only by way of the barred western nuns' choir. The central structure is reminiscent of a military order like the Church of the Holy Cross in Jerusalem and also met the ritual needs of the knights, who gathered around the governor in a circle to accept new members. In contrast, the facade with the two corner towers and pitched roofs, square corners, and three-arched entrance follows the church facade model from the first half of the 17th century. Francisco de Moradillo added the elegant sacristy, where the knights could prepare for rituals of the order in the church, in 1745.

IV El Prado

The Prado

El Museo del Prado desde el Paseo del Prado.

The Museo del Prado from the Paseo del Prado.

El antiguo observatorio real.

The former royal observatory.

Cuando en 1785 el arquitecto Juan de Villanueva recibió el encargo de Carlos III de diseñar un museo en el emblemático Paseo del Prado, era imposible prever que el edificio albergaría una de las pinacotecas más importantes del mundo. De hecho, lo que se dispuso entonces fue la construcción de un gabinete de historia natural, que, con el Jardín Botánico, iniciado según el diseño de Francesco Sabatini y concluido en 1781 bajo la dirección de Villanueva, conformaría un complejo dedicado a las ciencias en las inmediaciones del Hospital Real (hoy el Museo Nacional Centro de Arte Reina Sofía). Mientras que el Jardín Botánico se destinaría a la presentación de especies vivas de la Península Ibérica y de las colonias americanas, en el gabinete se pretendía exhibir la flora preservada por desecación y medios químicos. En el marco de este proyecto caracterizado por el espíritu de la Ilustración, en 1790 Villanueva también recibió el encargo de construir, supervisado por el astrónomo Jorge Juan, un observatorio astronómico como parte del complejo dedicado a las ciencias.

Con el gabinete de historia natural se pretendía superar ampliamente el papel de los gabinetes de curiosidades y rarezas existentes. El objetivo era que aunara tres funciones: las colecciones y su exhibición debían combinarse con una academia de ciencias naturales con laboratorio e instalaciones didácticas, y un gran salón de juntas, y todo ello para la instrucción pública. Con este fin Villanueva diseñó un edificio que presenta un aspecto homogéneo y simultáneamente refleja estas tres funciones diferentes en cada uno de sus cuerpos. Para el gabinete –esto es, la función expositiva– se reservó la galería

When Charles III commissioned architect Juan de Villanueva to build a museum on the emblematic Paseo de Prado in 1785, it was impossible to predict that the building would one day become one of the world's most important art galleries. The commission was specifically for the construction of a Museum of Natural Sciences. Alongside the Botanical Gardens, the museum would create a scientific complex near the Royal Hospital (today the Museo Nacional Centro de Arte Reina Sofía). The Botanical Garden, which was originally designed by Francesco Sabatini and completed by Villanueva in 1781, was dedicated to living plants from the Iberian Peninsula and the American colonies. The Museum of Natural Sciences would display plants preserved by drying or chemicals. In the framework of creating a scientific complex, a project influenced by the spirit of the Enlightenment, Villanueva was also commissioned to build the royal observatory under the guidance of the astronomer Jorge Juan.

The Museum of Natural Sciences was to go far beyond the existing cabinets of curiosities. The objective was to unite three functions: the collection and its display would be combined with a research institute with a laboratory and also with lecture rooms, all designed to educate the public. To meet these needs, Villanueva created a building that appeared homogeneous, but reflected these three different functions in a single structure. He dedicated the gallery on the upper floor of the north-south axis of the building to the museum, or display function. This gallery was directly accessible via a ramp on the north (today the Goya Entrance). The research institute was on the ground

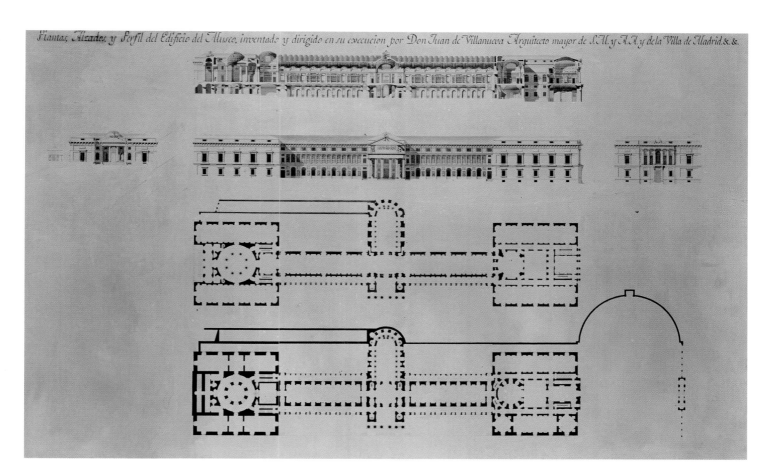

Flantas, Alzados, y Perfil del Edificio del Musco, inventado y dirigido en su execucion por Don Juan de Villanueva Arquitecto mayor de S.M. y A.A. y de la Villa de Madrid. &. &.

JUAN DE VILLANUEVA

Plano

1785

Floor plan

1785

FRANCISCO DE GOYA

Retrato de Juan de Villanueva

Óleo sobre lienzo, 1800-1805,
90 × 67 cm

Portrait of Juan de Villanueva

Oil on canvas, 1800–1805,
35 3/8 × 26 3/8 in

REAL ACADEMIA DE BELLAS
ARTES DE SAN FERNANDO

CARLOS VARGAS MACHUCA

El Real Museo visto desde
el Paseo del Prado

1824

Royal Museum from
Paseo del Prado

1824

REAL ACADEMIA DE BELLAS
ARTES DE SAN FERNANDO

de la planta alta del eje norte-sur del edificio. A ella se podía acceder directamente a través de una rampa en el norte (hoy la Puerta de Goya) que mantenía la pendiente del terreno. La academia se encontraba en la planta baja y, por tanto, sólo era accesible desde el sur (hoy la Puerta de Murillo). El cuerpo de planta basilical con el salón de juntas, proyectado para fines académicos y conferencias, se hallaba también en la planta baja; este volumen corta la alineación de las galerías y sobresale visiblemente por el este. El acceso a esta zona se efectuaba a través del imponente portal con columnas del Paseo del Prado (hoy la Puerta de Velázquez).

La independencia de las tres funciones del edificio se acentuó todavía más con los accesos independientes a cada una de las zonas. Pese a todo, predomina la impresión de homogeneidad.

floor and was therefore only accessible from the south (today the Murillo Entrance). The area for teaching and lectures, designed with the footprint of a basilica and containing a great hall, was also on the ground floor. It was accessible through a grand colonnaded entrance on the Paseo del Prado (today the Velázquez Entrance).

Separate entrances to the individual areas underscored the independence of the building's three functions. But above all, a sense of integration emerges. This is achieved in part through the symmetry of the five important parts of the structure: the two rectangular parts of the structure in the north and south and the two long galleries are reflected in the central basilica. In addition, the building exhibits a sense of progression both architecturally and in terms of content if, instead of being

Esto se consigue, por un lado, gracias a la simetría de los cinco cuerpos fundamentales: los dos volúmenes cuadrangulares, al norte y al sur, y las dos galerías alargadas son simétricos respecto a la basílica central. Por otro lado, el edificio muestra una dimensión arquitectónica y de contenido ascendente si, en lugar de contemplarse desde la fachada monumental del Paseo del Prado, se observa de norte a sur desde el interior de los distintos cuerpos. Así, el cuerpo norte, con su rotonda de columnas y la cúpula artesonada, puede interpretarse como vestíbulo, es decir, como ámbito de acceso y distribución, al que sigue –en ritmo ascendente– el cuerpo basilical central: un templo para difundir el mensaje de las ciencias. A ellos se suma, en el extremo sur –como punto culminante por así decirlo–, un cuerpo de cuatro alas alrededor de un patio central (la planta típica de los palacios), sede del centro de estudios botánicos donde hacer acopio de nuevos conocimientos.

El diseño de las fachadas de Villanueva da testimonio de su predilección por las columnas exentas. Seis robustas columnas dóricas sustentan el arquitrabe de la entrada principal, y columnas jónicas jalonan la galería superior formando, en parejas, el antecuerpo de la entrada norte, a través del cual se llega a la rotonda, inspirada en el Panteón romano y el Museo Pio-Clementino del Vaticano, que asimismo presenta ocho columnas jónicas. La fachada meridional, que constituye la conexión con el Jardín Botánico, está decorada en el nivel superior con seis columnas corintias de fustes acanalados.

Aunque el edificio, exceptuando la zona oriental del cuerpo central, se concluyó en 1808, la ocupación de España por los franceses ese mismo año y la posterior Guerra de la Independencia, que se prolongó hasta 1814, impidieron su utilización según los planes previstos. Las tropas francesas causaron destrozos parciales en el edificio Villanueva, ya que lo emplearon como cuartel de la caballería y retiraron los revestimientos de plomo del tejado para fabricar balas de fusil.

observed from the monumental facade of the Paseo de Prado, the building is viewed from north to south, from inside the different areas. In this way, the northern part of the building, with its colonnaded rotunda and the coffered dome, can be seen as a vestibule following the shape of the central basilica—a temple from which to spread the message of the sciences. Adjoining this on the south, as a focal point, is the four-winged layout surrounding an interior courtyard typical of a palace, where new knowledge is discovered at the site of the Botanical Institute.

The design of the facade attests to Villanueva's preference for free-standing columns. Six impressive Doric columns support the architrave of the main entrance. Ionic columns mark out the upper gallery and form, in pairs, the approach to the north entrance. From here you can reach the rotunda, inspired by the Roman Pantheon and the Vatican Museo Pio Clementino, which also displays eight ionic columns. The south facade, which provides access to the Botanical Garden, is decorated on its upper level with six fluted Corinthian columns.

The building was completed in 1808, except for the eastern area of the central structure. However, the French occupation of Spain the same year and the War of Independence that lasted until 1814 prevented its use in the manner originally intended. The French troops partly destroyed Villanueva's building, using it as barracks for their cavalry regiments and tearing off the roof's lead covering to make bullets.

Rotonda con columnas.

Rotunda with columns.

El Prado se convierte en museo de arte

El 19 de noviembre de 1819, El Prado fue abierto oficialmente al público como Real Museo de Pinturas y Esculturas. Sin embargo, de los 1.510 cuadros que por aquel entonces se encontraban en el antiguo gabinete de historia natural, sólo se exhibían 311 obras de pintores españoles en la rotonda y en la galería septentrional del piso superior. La víspera de la inauguración, la *Gaceta de Madrid* había informado del deseo expreso del rey Fernando VII y de su segunda esposa, María Isabel de Portugal, entonces ya fallecida, de hacer accesible al pueblo la colección internacional de obras pictóricas de los Reales Sitios. A la muestra de pintura española inaugurada se sumarían en fases posteriores de la rehabilitación del museo, según se dijo, los cuadros italianos, flamencos, holandeses, alemanes y franceses. Las obras, entre ellas 40 de Velázquez, otras tantas de Murillo y 28 de Ribera, pudieron visitarse a diario, de nueve de la mañana a dos del mediodía la primera semana después de la inauguración y, posteriormente, todos los miércoles, aunque sólo si no llovía, para evitar que entrara barro y humedad en el museo.

Con la inauguración del Prado en 1819 se hizo realidad un proyecto de crear un museo abierto al pueblo formulado por primera vez exactamente una década antes. José Bonaparte, nombrado rey de España por su hermano Napoleón después de las abdicaciones forzadas de Carlos IV y de su hijo Fernando VII, en un decreto real hecho público el 21 de diciembre de 1809 había manifestado su intención de instituir un museo para hacer accesibles al público las obras españolas. Con ello José Bonaparte siguió la política de instaurar museos públicos en los centros de poder de la Europa ocupada por los franceses iniciada con la fundación del Musée Napoléon en el Louvre en 1793. Así, los museos que ya habían sido creados en 1808 en Ámsterdam y en Kassel y en 1809 en Milán encontrarían ahora en Madrid una réplica con las obras de conventos, iglesias y palacios reales y nobiliarios saqueados.

Cuando el estado ruinoso del convento de Nuestra Señora del Rosario –en el que en un primer momento las tropas francesas almacenaron las obras saqueadas– ya no pudo garantizar su adecuada conservación, los cuadros se trasladaron al Palacio de Buenavista (hoy el Cuartel General del Ejército de Tierra), que originariamente había pertenecido a los duques de Alba. Pero como este edificio tampoco satisfacía las exigencias de un museo, ya que presentaba una techumbre en malas condiciones, todas las miras se centraron en el edificio Villanueva, previsto para el gabinete de historia natural. El traslado no se llevó a

JOSEPH FLAUGIER

Retrato de José I Bonaparte
1808

Portrait of Joseph Bonaparte
1808

MUSEU NACIONAL D'ART DE CATALUNYA, BARCELONA

The Prado Becomes an Art Museum

On 19 November 1819, the Prado was officially opened to the public as the Royal Painting and Sculpture Museum. However, of the 1510 paintings in the former Museum of Natural Sciences at that time, only 311 works of Spanish painting were displayed in the rotunda and upper level of the northern gallery. On the day before the opening, the newspaper *Gaceta de Madrid* reported the explicit wishes of King Ferdinand VII and his deceased second wife, Maria Isabella of Portugal, to make the works of international painters, formerly in royal palaces, pleasure palaces, and country houses, available to the people. It was said that during the course of the museum's restoration paintings from Italian, Flemish, Dutch, German, and French painters would join the works of the Spanish School for the opening show. The paintings, including 40 each by Velázquez and Murillo and 28 by Ribera, were on display daily from 9 a.m. until 2 p.m. during the first week of the opening, and on every Wednesday thereafter. The museum only opened when it did not rain so moisture and mud did not enter the museum.

When the Prado opened in 1819, it fulfilled a plan to provide a public museum that had been formulated exactly a decade earlier. Joseph Bonaparte, installed by his brother Napoleon as the king of Spain after the forced abdication of Charles IV and his son Ferdinand VII, expressed his aim of creating a public museum exhibiting Spanish art in a royal decree issued on 21 December 1809. In this, Joseph Bonaparte followed the policy instituted in 1793, with the founding of the Musée Napoléon in the Louvre, to open public museums in the power centers of French-occupied Europe. Like the museums created in 1808 in Amsterdam and Kassel and in 1809 in Milan, the museum in Madrid contained works plundered from monasteries, churches, and royal and aristocratic palaces.

When the dilapidated Nuestra Señora del Rosario Monastery, where the works taken by French soldiers were first stored, could no longer guarantee adequate safekeeping, the paintings were moved to the Buenavista Palace (today the headquarters of the land forces), originally the property of the Dukes of Alba. A damaged roof meant the building could not fulfill the requirements of a museum and the planned Villanueva-designed Museum of Natural Sciences came under consideration. The only reason this did not happen was that Joseph Bonaparte had to leave Madrid after the Spanish won the Battle of Salamanca in 1812.

Ferdinand VII, held in French Bayonne by Napoleon, was installed as king and at the end of the war on 13 May 1814 he triumphantly entered Madrid. He quickly adopted the idea of the Academy of Fine Arts of creating an art gallery in the Buenavista Palace, using the works the French troops had gathered in July 1814. In addition, he promised to add his own works from the royal palaces, which led to its opening as the Royal Painting and Sculpture Museum in the former Museum of Natural Sciences, instead of as the Museum of the Academy. The decision of Ferdinand, who had little interest in the arts, to provide a public museum with his own works and also to bear the costs of restoration, maintenance, and personnel, seems to

cabo sólo porque, tras la victoria de los españoles en la batalla de Salamanca, José Bonaparte tuvo que abandonar Madrid en el año 1812.

Fernando VII, confinado en la ciudad francesa de Bayona por Napoleón, fue nombrado rey, y finalizada la guerra hizo su entrada triunfal en Madrid el 13 de mayo de 1814. Ya en julio de 1814 se apropió de la idea de la Real Academia de Bellas Artes de San Fernando de crear un museo de arte en el Palacio de Buenavista con las obras reunidas por las tropas francesas. Además, prometió enriquecerlo con obras propias de los Reales Sitios, lo que condujo a que el museo inaugurado en 1819 en el antiguo gabinete de historia natural no fuese llamado Museo de la Academia sino Real Museo de Pinturas y Esculturas. La decisión del rey –en realidad poco interesado en cuestiones artísticas– de dotar un museo público con obras propias y asumir los costes de restauración, mantenimiento y personal, al parecer estuvo impulsada por su entorno más inmediato, básicamente por su esposa María Isabel de Braganza, que quedó inmortalizada en un retrato póstumo de Bernardo López como iniciadora del museo. Otros acicates fueron la política museística napoleónica, así como el hecho de que la pintura española se había convertido en foco del interés artístico internacional a través de los extranjeros que llegaron a España durante la Guerra de la Independencia y de los cuadros que durante la época de Napoleón se trasladaron a Francia.

Como Villanueva falleció en 1811, su discípulo Antonio López Aguado asumió en 1818 la dirección de los trabajos de rehabilitación, que duraron un año y medio hasta su inauguración y que, debido a la constante ampliación de la colección y la necesidad que ello supuso de poner a punto nuevas secciones del edificio, se prolongaron hasta 1828. Su utilización como museo de arte exigía una presentación en consonancia, que se llevó a la práctica con un programa escultórico a mediados del

be based on a direct influence in his personal environment— primarily that of his wife Maria Isabella, who appeared posthumously in a painting by Bernardo López as the initiator of the art museum. Other incentives included the Napoleonic museum policy and the fact that Spanish painting had become the focus of international interest as a result of foreigners who

ANÓNIMO (ESPAÑA)

Vista histórica del Palacio de Buenavista
1816

ANONYMOUS (SPAIN)

Historical view of the Buenavista Palace
1816

MUSEO MUNICIPAL

Puerta del Palacio de Buenavista situada en la calle Alcalá.

Calle Alcalá Gate to the Buenavista Palace.

**El rey Fernando VII
con manto real**
*Óleo sobre lienzo, hacia 1814,
206 × 143 cm*

King Ferdinand VII
in Royal Robes
*Oil on canvas, c. 1814,
81⅛ × 56¼ in*

Doña María Isabel de Braganza
*Óleo sobre lienzo, 1829,
254 × 172 cm*

Oil on canvas, 1829, 100 × 67¾ in

**Relieve de Ramón Barba
sobre la entrada principal.**

Relief by Ramón Barba in the
tympanum at the main portal.

Detalle de las esculturas de la fachada principal: figuras alegóricas y jarrones.

Detailed view of the sculptures on the main facade: allegories and vases.

siglo xix. El escultor Ramón Barba realizó el relieve rectangular que corona la entrada principal, en el que las Bellas Artes, guiadas por Minerva, rinden homenaje a Fernando VII por su mecenazgo artístico. En la planta baja las ventanas están flanqueadas por hornacinas con figuras alegóricas y jarrones, y sobre ellas se encuentran medallones con relieves de una selección de personalidades artísticas: la pintura está representada por Bartolomé Esteban Murillo, Diego Velázquez, José de Ribera, Juan de Juanes, Claudio Coello y Francisco de Zurbarán; la escultura, por Alonso Berruguete, Alonso Cano, Gaspar Becerra, Gregorio Fernández y Manuel Álvarez de la Peña; y la arquitectura, por Juan Bautista de Toledo, Pedro Machuca, Juan de Herrera, Pedro Pérez y Ventura Rodríguez.

Las tres puertas del museo están realzadas por esculturas exentas de los pintores españoles más significativos. La representación de Murillo de Sabino Medina se colocó en 1871 en la fachada sur, orientada al Jardín Botánico. En la puerta principal, en el Paseo del Prado, se instaló en 1899 la monumental escultura sedente de Velázquez realizada por Aniceto Marinas. La estatua de Goya de Mariano Benlliure (1902) tuvo originariamente otro destino, pero en 1945 fue colocada en su ubicación actual, entre la fachada norte del Museo y el Hotel Ritz.

Como consecuencia del destronamiento de Isabel II en 1868 por las fuerzas progresistas, en 1869, cincuenta años después de su inauguración, el Real Museo de Pinturas y Esculturas pasó a llamarse Museo Nacional de Pinturas y Esculturas, nombre que a su vez, en 1920, durante el reinado de Alfonso XIII, se sustituyó por el actual: Museo Nacional del Prado. En 1985, el Prado fue adscrito al Ministerio de Cultura como organismo autónomo, y en el año 2003 experimentó un cambio estatutario, pasando a ser un organismo público, con el fin de permitir al museo una política financiera y de personal más eficiente.

came to Spain during the War of Independence and the paintings Napoleon took to France.

As Villanueva died in 1811, his protégé Antonio López Aguado, took over the renovations in 1818. It took a year and a half for the museum to open and work dragged on until 1828 as the constantly expanding collection required new sections of the building be developed. The application as an art museum required an appropriate representation, which was achieved with a sculpture program in the mid-19th century. The sculptor Ramón Barba completed a rectangular relief, in which Ferdinand VII is praised as benefactor of the fine arts associated with Minerva, that crowned the main entrance. On the lower floor niches containing allegorical figures and vases frame the windows, and above them are medallions representing artistic figures in relief. Bartolomé Esteban Murillo, Diego Velázquez, José de Ribera, Juan de Juanes, Claudio Coello, and Francisco Zurbarán represent painting, while Alonso Berruguete, Alonso Cano, Gaspar Becerra, Gregorio Fernández, and Manuel Álvarez de la Peña exemplify sculpture. Juan de Toledo, Pedro Machuca, Juan de Herrera, Pedro Pérez, and Ventura Rodríguez embody architecture.

The museum's three entrances are enhanced by freestanding sculptures of the most important Spanish painters. The figure of Murillo, by Sabino Medina, was placed on the South facade facing the botanical garden in 1871. In 1899, the main entrance on the Paseo del Prado received the monumental seated figure of Velázquez by Aniceto Marinas. The statue of Goya by Mariano Benlliure (1902) was originally intended for another use, but came to its current location between the northern facade of the museum and the Hotel Ritz in 1945.

As a result of Isabella II's dethronement by the progressive forces in 1869 and 50 years after its opening, the Royal Painting and Sculpture Museum was renamed the National Painting and Sculpture Museum. This title was changed again in 1920, under the reign of Alfonso XIII, to its current name, Museo Nacional del Prado. In 1985, the Prado became an autonomous institution directly responsible to the Ministry of Culture and in 2003 its status changed to that of a public company, which should allow the museum to act more efficiently in its finance and personnel policies.

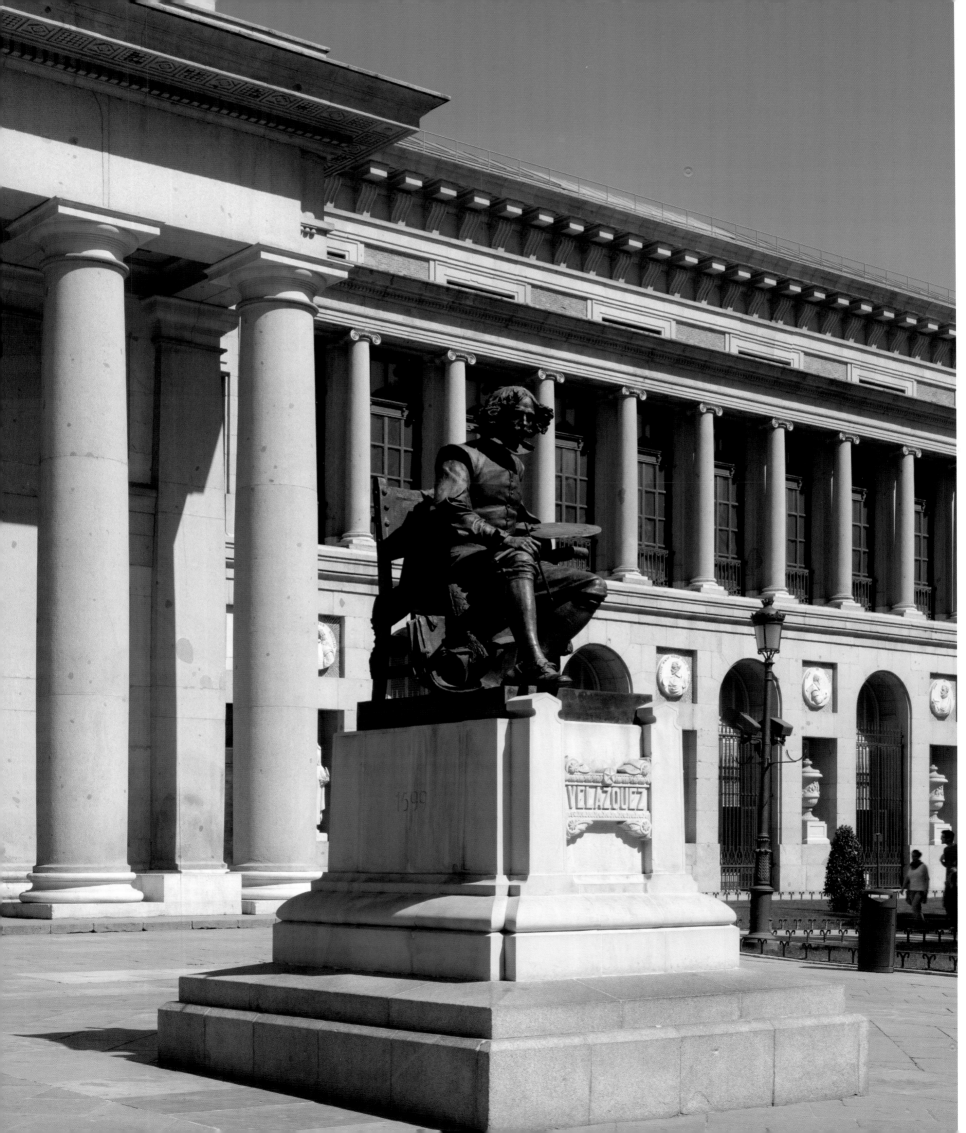

Estatua de Velázquez
en el exterior del museo.

Statue of Velázquez
at the museum.

Estatua de Goya en el
exterior del museo.

Statue of Goya at the museum.

Transformaciones y ampliaciones del Prado

El rápido crecimiento de la colección por continuas incorporaciones procedentes del patrimonio real, de la fusión con el Museo de la Trinidad en 1872 y de donaciones, legados y adquisiciones, hizo necesarias numerosas medidas arquitectónicas en el edificio Villanueva cuando éste ya estaba funcionando como museo. Inmediatamente tras su inauguración en 1819, la institución fue preparada de forma sucesiva hasta 1828 para la ampliación de sus fondos. Veinte años después de que Antonio López Aguado concluyese la restauración de los daños que había sufrido el edificio de su maestro durante la Guerra de la Independencia y lo amoldase a las necesidades de un museo de arte, entre 1847 y 1852 el arquitecto Narciso Pascual y Colomer colocó una tribuna sostenida con columnas de acero a media altura del cuerpo basilical (que originalmente

Transformation and Expansion of the Prado

The collection's rapid growth, due to frequent additions from royal holdings, the merger with the Museo de la Trinidad in 1872 and through gifts, bequests, and acquisitions, made several architectural adjustments in the Villanueva building necessary, even while it was operating as a museum. From its opening in 1819 until 1928, the building was continually preparing to keep pace with the expansion of its inventory. Twenty years after Antonio López Aguado restored the damages suffered during the War of Independence, and adapted the building to meet the requirements of an art museum, between 1847 and 1852, architect Narciso Pascual y Colomer added a stage. This was supported by steel columns that stood at half the height of the original two-storey basilica. Natural light illuminated both the upper and lower areas. While the lower level was reserved for

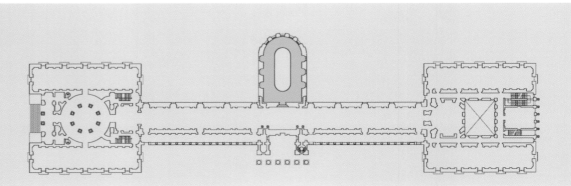

se alzaba sobre dos pisos), dividiéndolo en dos ámbitos, uno inferior y otro superior, iluminados con luz natural. La parte baja se destinó a la escultura, mientras que en la superior, o «Sala de la reina Isabel II», se expusieron cuadros valiosos, independientemente del país de procedencia. Esta tribuna, que discurría a lo largo de la pared, fue objeto de fuertes críticas, ya que sólo permitía contemplar una mínima parte de las obras exhibidas, que cubrían la sala en toda su altura. Por ello, entre 1880 y 1892, Francisco Jareño subdividió definitivamente la basílica en dos plantas, cerrando el vacío entre las dos salas que dejaba la tribuna; esta medida hizo necesario que se abrieran ventanas en la parte inferior. También el lucernario tuvo que dejar paso a ventanas. Por lo demás, la rampa que había permitido el acceso al piso superior en el norte se sustituyó por una escalinata monumental, y se construyeron sendos pabellones exentos al este de los cuerpos septentrional y meridional.

sculptures, especially valuable paintings were displayed in the "Hall of Queen Isabella II", regardless of their national heritage. The stage that ran along the wall was strongly criticized, as it allowed viewing of only a fraction of the works, which reached the ceiling of the room. As a result, Francisco Jareño divided the basilica area between 1880 and 1892, creating an upper and a lower level by adding a floor, an adjustment which required the addition of windows on the lower level. The skylight had to yield to windows. In addition, the ramp that allowed the entrance to the northern upper floor through the esplanade was removed in favor of a monumental stairway, and pavilions were constructed east of the northern and southern sections of the building.

Between 1918 and 1921, Fernando Arbós y Tremanti created new rooms between the rectangular building segments and the apse on the east facade. This was, in a strict sense, the first expansion of the display area. Then, between 1943 and 1946

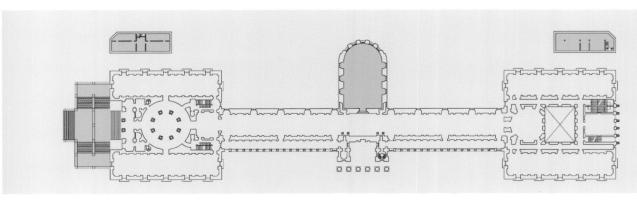

FRANCISCO JAREÑO Y ALARCÓN

Plano de 1880-1892.

Floor plan from 1880–1892.

La creación de nuevas salas entre los cuerpos cuadrangulares y el ábside en la fachada este por parte de Fernando Arbós y Tremanti en 1918-1921 constituyó, en sentido estricto, la primera ampliación de la superficie expositiva. De 1943 a 1946 Pedro Muguruza sustituyó la escalera monumental de Jareño por la existente en la actualidad, que también permite el acceso directo a la planta baja.

Las nuevas salas museísticas construidas por Fernando Chueca Goitia y Manuel Lorente Junquera entre 1954 y 1956 en la fachada este constituyeron la segunda ampliación, y de 1964

Pedro Muguruza replaced Jareño's monumental stairway with the staircase still standing today, which also allows direct access to the ground floor.

Fernando Chueca Goitia's and Manuel Lorente Junquera's construction of additional display rooms on the east side between 1954 and 1956 constituted the second expansion. Between 1964 and 1968, José María Muguruza Otaño enclosed the interior courtyards created by Arbós y Tremanti's expansion, creating additional exhibition space. An annex was then added to the Eastern end of the building in 1977 to air

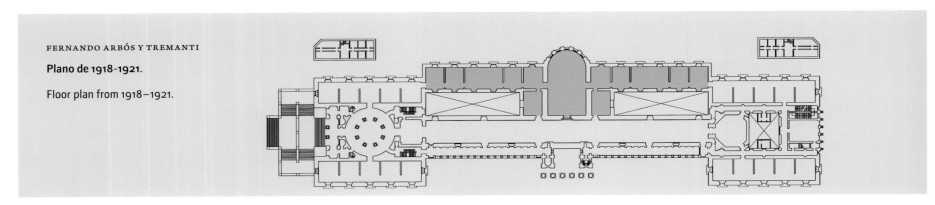

FERNANDO ARBÓS Y TREMANTI

Plano de 1918-1921.

Floor plan from 1918–1921.

El Casón del Buen Retiro.

The Casón del Buen Retiro.

Sala expositiva del Casón del Buen Retiro.

Exhibition room in the Casón del Buen Retiro.

a 1968 José María Muguruza Otaño cerró los patios interiores surgidos con la ampliación de Arbós y Tremanti para ganar superficie museística. En 1977, en la parte oriental del edificio se construyó un anexo para la climatización de todo el edificio, y de 1981 a 1983 José María García de Paredes transformó la planta baja de la basílica en un auditorio.

Entre 1996 y 1999 Dionisio Hernández Gil y Rafael Olalquiaga restauraron el tejado, respetando el diseño original de Villanueva. El traslado de los despachos a un edificio en la calle Ruiz de Alarcón permitió ganar la tercera planta del cuerpo

condition the entire building. And José María García de Paredes converted the basilica on the ground floor to an auditorium between 1981 and 1983.

Dionisio Hernández Gil and Rafael Olalquiaga restored the roof, respecting Villanueva's original design, between 1996 and 1999. By moving office space to a building in the Calle Ruiz de Alarcón, the third floor of the southern part of the building could be incorporated as exhibition space for Goya's rug designs. In 1971, the acquisition of Casón, the ballroom of the former Buen Retiro Palace, to the east of the Villanueva

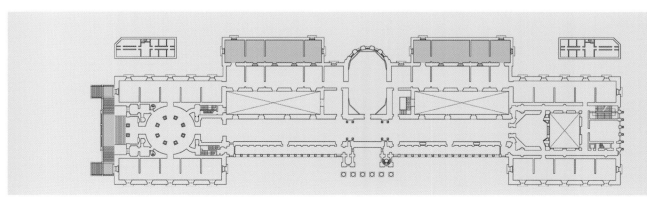

PEDRO MUGURUZA

Plano de 1943-1946

Ampliación de Fernando Chueca Goitia y Manuel Lorente, plano de 1954-1956

Floor plan from 1943–1946

Expansion by Fernando Chueca Goitia and Manuel Lorente, floor plan from 1954–1956

meridional para exponer los cartones de Goya. En 1971, aunque sin medidas arquitectónicas, la adquisición del Casón, el edificio del salón de baile del Palacio del Buen Retiro, situado al este del edificio Villanueva, supuso una ampliación de la institución. Hasta el comienzo de los largos trabajos de restauración en 1997, que finalizaron en 2008 con su inauguración

building, constituted not a structural but an institutional expansion of the Prado. Until the beginning of extensive renovation in 1997, that ended with its opening as a research center in 2008, paintings of the 19th and 20th centuries were displayed here. Picasso's monumental painting *Guernica* was also shown here between 1981 and 1992.

JOSÉ MARÍA MUGURUZA

Plano de 1964-1968.

Floor plan from 1964–1968.

como Centro de Estudios, en el Casón se exhibió la pintura de los siglos XIX y XX, así como entre 1981 y 1992 el *Guernica*, el cuadro monumental de Picasso.

Parte este del ampliado edificio Villanueva.

The east side of the expanded Villanueva building.

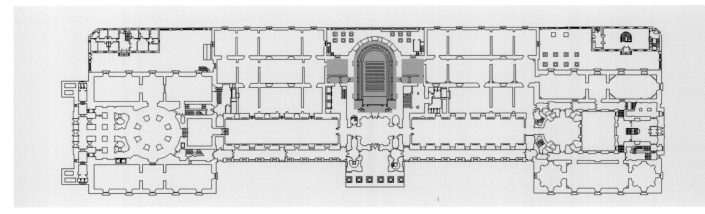

JOSÉ MARÍA GARCÍA DE PAREDES

Plano de 1981-1983.

Floor plan from 1981–1983.

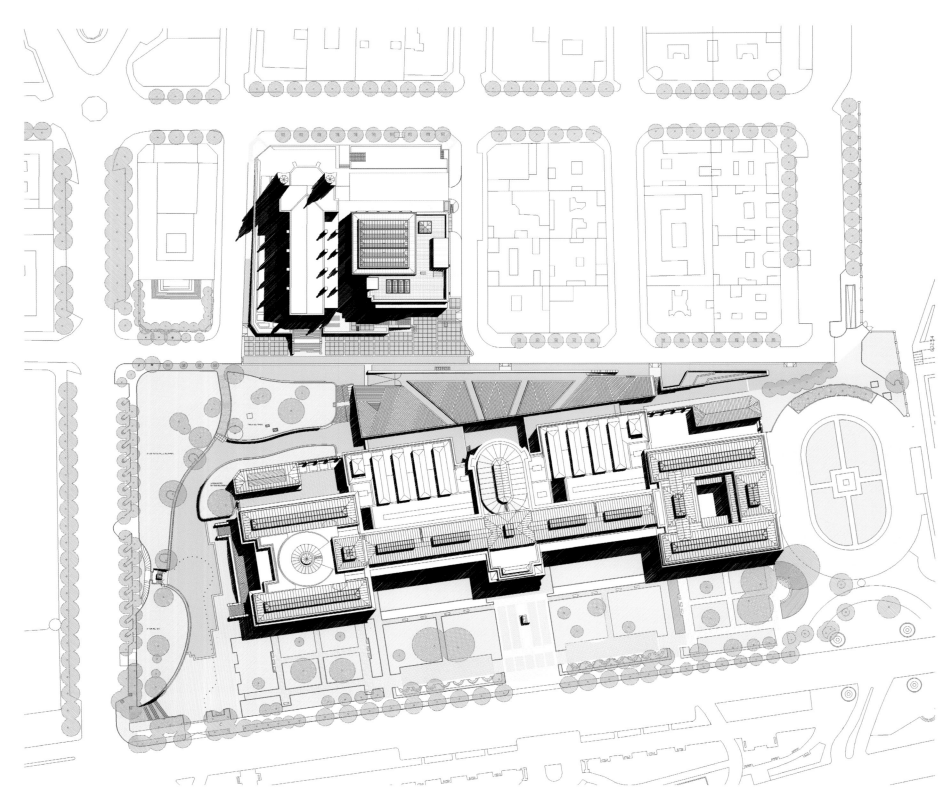

La ampliación del Prado de Rafael Moneo

En la década de 1980 se quiso remediar la crítica falta de espacio en el edificio Villanueva trasladando parte de la colección a otros inmuebles. Pero después de que el Palacio de Villahermosa –que hoy alberga el Museo Thyssen–, el Palacio de Buenavista –utilizado como Cuartel General del Ejército de Tierra– y el edificio del antiguo Ministerio de Fomento –en la actualidad Ministerio de Medio Ambiente y Medio Rural y Marino– rehusaran ser utilizados como ampliación del Prado, en la década de 1990 todos los esfuerzos se volvieron a concentrar en el entorno directo e histórico situado al este del edificio Villanueva. Además del Casón del Buen Retiro (antiguo salón

Rafael Moneo's Expansion of the Prado

During the 1980s, the acute lack of space in the Villanueva building meant it was necessary for parts of the collection to be moved to other buildings. However, the Villahermosa Palace, currently home to the Thyssen Museum, the Buenavista Palace, now the headquarters of the land forces, and the former Development Ministry, today the Environmental Ministry, all refused to act as extensions to the Prado. Then the focus turned to the historic area immediately to the east of the Villanueva building. The idea was to incorporate the Salón de Reinos (Hall of Kingdoms) as exhibition space, in addition to the nearby Casón del Buen Retiro (formerly the

El claustro de los Jerónimos antes de la restauración.

The Hieronymite cloister before restoration.

El Salón de Reinos, que albergó en años pasados el Museo del Ejército.

The Salón de Reinos in the former Museo del Ejército.

de baile), ya utilizado por el Prado, se pensó en ganar superficie expositiva en el otro único resto existente del Palacio del Retiro, el Salón de Reinos, empleado como Museo del Ejército. Por primera vez, en la discusión en torno a la ampliación del Prado empezó a considerarse el claustro de la iglesia de los Jerónimos, que se encontraba en un estado lamentable.

Los acontecimientos se aceleraron con el informe redactado en 1994 por la dirección del Prado sobre la absoluta necesidad de ampliar las superficies de exhibición y de depósito del museo, consensuado por los principales partidos políticos. En marzo de 1995 se convocó un concurso arquitectónico, cuya condición de base era la inserción del Casón, del Salón de Reinos y del claustro de los Jerónimos. Se presentaron más de 700 arquitectos y, pese a que fueron seleccionados diez proyectos para una segunda ronda, el concurso fue declarado desierto. Los trece arquitectos de prestigio internacional que componían el jurado consideraron que los diseños presentados no ofrecían una verdadera solución a las exigencias planteadas por el Prado. En 1997, después de que el Ministerio de Cultura llegó a un acuerdo definitivo con el arzobispado para emplear el claustro de los Jerónimos como espacio de base de la ampliación del Prado, se convocó un segundo concurso restringido a los diez finalistas del primero, que ganó Rafael Moneo, arquitecto

ballroom) which the Prado already used. This hall was serving as an army museum, and was the single remaining remnant of the Retiro Palace. For the first time, the cloister—which was in a deplorable condition—south of the church of the destroyed Hieronymite convent, entered the discussion surrounding the Prado expansion.

Things finally began to happen when a report about the absolute necessity of expanding the display and storage space of the museum, which the Prado leadership published in 1994, was taken up in a multi-party accord. Over 700 architects submitted bids for the architectural contract whose basic requirement was the integration of the Casón, the Salón de Reinos, and the Hieronymite cloister. Although ten projects were selected for the final decision, the bidding process was declared invalid because the jury of 13 internationally recognized architects did not see adequate solutions to the Prado's requirements among the projects presented. The Ministry of Culture and the archbishop agreed in 1997 that the Hieronymite cloister should be the foundation of the Prado expansion, and there was a bidding contest among the ten finalists from the first contest. The Prizker Architecture Prize holder Rafael Moneo won. Moneo had to make some changes to his design—for example he dispensed with a glass

galardonado con el Premio Pritzker. Con todo, Moneo tuvo que realizar algunos cambios, como prescindir de una cubierta acristalada en beneficio de parterres ajardinados en el tramo de unión entre el antiguo y el nuevo edificio, antes de que su proyecto fuese aceptado oficialmente en marzo de 2000.

Con el desmontaje del claustro en marzo de 2001 se pusieron en marcha las obras del llamado Campus del Museo del Prado. El proyecto también incluye el Salón de Reinos, en el ala norte del antiguo Palacio del Buen Retiro, y el Casón, el salón de baile del palacio, ahora con los frescos de la bóveda de Luca Giordano restaurados. Mientras que en el Casón se ha creado un Centro de Estudios, los planes para el Salón de Reinos aún no se han concretado. La incorporación de las obras del siglo XIX que antes estuvieron en el Casón –y mucho tiempo en los depósitos del museo– a la colección permanente del edificio Villanueva, con los trabajos de reforma de antiguos despachos, depósitos y talleres que ello requiere, previsiblemente habrá concluido en 2012. Así, en febrero de 2009, para la reestructuración definitiva en el curso de los cuatro próximos años de una nueva planta, se aprobaron 192,5 millones de euros, que, sin embargo, no contemplan la rehabilitación del Salón de Reinos. Uno de los principales objetivos de la reestructuración es facilitar a los visitantes un recorrido coherente por la colección desde el Romanticismo hasta el arte de comienzos del siglo XX. El Prado recibió 2,7 millones de visitantes en el año 2008 y se espera un incremento notable de público.

La inauguración oficial del Cubo de Moneo en octubre de 2007 supuso un aumento de superficie de 15.715 metros cuadrados, más del 50% con respecto a la antigua superficie útil del Prado de 28.600 metros cuadrados. Los costes de esta ampliación se triplicaron de la suma calculada inicialmente en 42,6 millones de euros a 152 millones.

El edificio de ampliación, denominado comúnmente Cubo de Moneo, satisface las exigencias de la convocatoria del

roof over the wing connecting the old and new buildings in favor of landscaped flowerbeds—before his plan was officially accepted in March of 2000.

Work on the Prado Campus began in March 2001 with the dismantling of the cloister. The project also included the north wing of the old Buen Retiro Palace, the Salón de Reinos and the former ballroom of the Casón del Buen Retiro, with restored ceiling frescoes by Luca Giordano. While a research center was set up in the Casón, the plans for the Salón de Reinos were still not cast in stone. The incorporation of the 19th-century paintings formerly found in the Casón and stored for a long time in the museum depot into the Villanueva building's permanent collection, and the remodelling of former offices, store rooms, and work rooms that this requires, are scheduled for completion by 2012. In February 2009, a new budget of €192.5 million was approved for the final four years of restructuring. This budget does not include the restoration of the Salón de Reinos. A main concern of the restructuring is to offer visitors a coherent circuit through the collection from the Romantic Age to the art of the early 20th century. The Prado received 2,7 million visitors in 2008 and expects a marked increase in its audience. The official opening of the Moneo cube in October 2007 brought the formerly 308,000-square-foot Prado an additional 50 percent area (169,155 square feet). The costs for the expansion also tripled, from an initial estimate of €42.6 million, to €152 million.

The annex known as the Moneo cube fulfilled the requirements of the second bidding contest to create a free-standing building that did not interfere with the historic structure of the Villanueva complex. Instead, it brings the Prado a large step closer to its history, as the Velázquez Entrance, closed for years in favor of the northern Goya Entrance, once again functions as the main entrance. Through it one enters the "basilica" which serves as a distribution hall and is also designated as

El cubo de la ampliación de Rafael Moneo ante la iglesia de los Jerónimos.

The cube of the new building by Rafael Moneo in front of the church of San Jerónimo.

Esculturas de la Sala de las Musas.

The sculptures in the Sala de las Musas.

segundo concurso arquitectónico de crear un volumen exento sin intervenir en la estructura histórica del complejo Villanueva. Más bien ha conseguido recuperar incluso parte de su antigua forma, ya que la Puerta de Velázquez, cerrada durante varias décadas en beneficio de la de Goya, ha vuelto a recobrar su estatus de entrada principal. A través de ella se accede a la «basílica», que hace las veces de vestíbulo de distribución y que por las esculturas de mármol allí exhibidas también se conoce

Muse Hall because of the marble sculptures displayed there. From here you can either enter the permanent collection of the historic building or pass, through a courtyard that allows a view of the apse from outside, into the new vestibule. This generous hall can also be entered from the new Hieronymite Entrance and offers an information counter, coat check, a generously laid out bookshop, and a small cafe. From the hall one reaches the seven-storey, half-underground Moneo cube

Remodelación del claustro para la sección de escultura.

Reconstruction of the cloister for the sculpture section.

Detalle de la ampliación, con la logia de columnas y la puerta de bronce de Cristina Iglesias.

Detailed view of the expansion with columned loggia and the bronze door by Cristina Iglesias.

como Sala de las Musas. Desde este vestíbulo se llega tanto a la colección permanente del edificio histórico como, pasando por un patio que permite observar el ábside desde fuera, a un nuevo vestíbulo. A este amplio *hall* se accede también a través de la nueva entrada de los Jerónimos, y en él se localizan los servicios de información, el guardarropa, una amplia librería y una cafetería de dimensiones reducidas. Desde este vestíbulo se alcanza, hacia el este, el Cubo de Moneo, con un total de siete plantas (en parte subterráneas) que alojan, de abajo hacia arriba, un auditorio con aforo para 438 personas, dos grandes salas para exposiciones temporales, así como el claustro con las esculturas renacentistas y el gabinete de dibujos y grabados. El edificio de nueva planta incluye asimismo talleres de restauración, un laboratorio y depósitos. Su fachada principal, de ladrillo, está destacada en la parte superior por una hilera de columnas cuadradas, que evocan una logia, y en la parte inferior mediante una monumental puerta de bronce, obra de Cristina Iglesias.

El elemento más conflictivo de la fase preparativa del edificio de nueva planta fue el claustro, contiguo a la iglesia de los Jerónimos. Éste se desmontó sillar por sillar y, tras su reconstrucción, constituye la tercera planta expositiva de la ampliación, dedicada a la escultura renacentista. El claustro es uno de los dos que poseía el antiguo convento de los Jerónimos, mandado construir por los Reyes Católicos en 1503. Únicamente la iglesia y los claustros sobrevivieron a la Guerra de la

on the east. This contains, from the bottom up, the 438-seat auditorium, two large halls for rotating exhibitions, as well as the cloister with Renaissance sculptures and the graphics display. The new building also houses restoration workshops, a laboratory and depots. Its main brick facade is embellished with piers in the upper area, which evoke a balcony, and displays Cristina Iglesias' monumental bronze door in the lower area.

The cloister of the adjacent Hieronymus church was the most controversial element during the preparation stage of restoring the building. Dismantled stone by stone, it now makes up the third exhibition floor of the extension, and is dedicated to Renaissance sculpture. It was one of the two cloisters from the Hieronymite convent that the Catholic Queen Isabella and Ferdinand completed in 1503. Only the church and the cloisters survived the 1808–1814 War of Independence. The older of the two was destroyed in 1855. The newer cloister, originally from the 16th century, was replaced between 1672 and 1681 by a Baroque structure following plans by Fray Lorenzo de San Nicolás. It was in a very bad state when the first preliminary studios for the Prado expansion were made.

Ignoring the protests of residents who opposed architectural changes in their neighborhood and feared a massive influx of tourists, the cloister was completely dismantled in 2001. Every one of the nearly 3000 stones underwent a complete restoration before the cloister was reassembled.

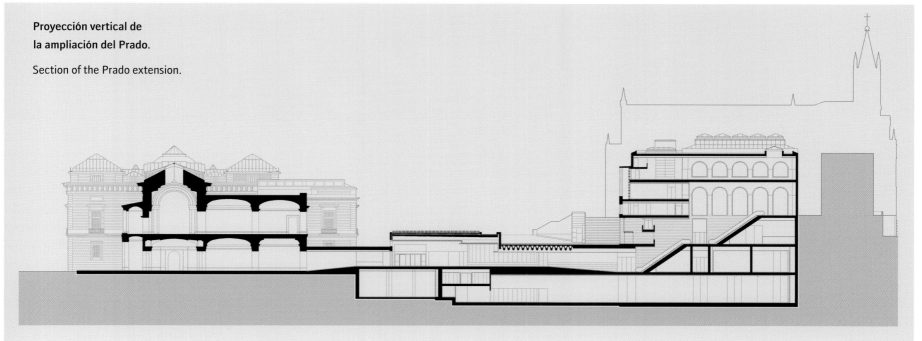

Independencia (1808-1814), aunque el más antiguo de los dos fue derruido en 1855. El claustro más reciente, originariamente del siglo XVI, fue sustituido entre 1672 y 1681 por otro de estilo barroco diseñado por Fray Lorenzo de San Nicolás, y se encontraba muy deteriorado cuando se realizaron los estudios preliminares para la ampliación del Prado. Desoyendo las protestas

The cloister is covered by a concrete structure on the outside. The arches were closed with glass finished in different ways, which, depending on the time of day, create different effects. The cloister is covered with a glass roof and has a skylight in the floor, allowing natural light to illuminate even the special exhibitions hall that lies 40 feet below.

Terraza de boj entre la ampliación y el edificio Villanueva.

Boxwood terrace between the new building and the Villanueva building.

de los vecinos, que eran reacios a la modificación arquitectónica del barrio y temían una invasión masiva de turistas, a partir de 2001 el claustro se desmontó por completo, y cada uno de sus casi 3.000 sillares se sometió a una exhaustiva restauración antes de volver a recomponerse. La parte externa del claustro presenta un recubrimiento de hormigón. Los arcos están cerrados con vidrio sometidos a diferentes tratamientos, que en función de la hora del día produce distintos efectos lumínicos; la parte superior del claustro está acristalada. La luz natural que entra por esta cubierta de vidrio ilumina, por medio de una estructura concebida como lucernario abierto en el pavimento del claustro, las salas para exposiciones temporales situadas hasta doce metros por debajo.

Pese a la sobriedad que el edificio muestra hacia el exterior, también tiene componentes espectaculares y en algunos casos frívolos. Así, por ejemplo, a la llamada Sala de las Musas (por las esculturas allí expuestas) se le asignó un resplandeciente tono rojo. Las enormes puertas de bronce que separan

Despite the new building's unassuming exterior, the annex contains spectacular and, in some cases, almost frivolous components. For example the Muse Hall, named for the sculptures displayed here, is painted a brilliant red. The enormous bronze doors that divide the different halls in the annex could only be produced in Germany. The bronze entrance doors reserved for formal visits, designed by Cristina Iglesias, are the most conspicuous external feature. The 24-ton doors consist of six elements and are moved using a specifically designed hydraulic system. With their vine-like structure, they seem like a botanical curtain that creates a connection from the cube to both the Botanical Garden and the boxwood terrace. The terrace in turn covers the walkway connecting the Villanueva building and the Moneo cube. The 9000 dwarf boxwood shrubs cultivated in Tuscany for this site are not particularly heat resistant. In August 2007 they were transported to Madrid in 104-degree heat in refrigerated trucks and are now fighting for survival with the help of a special humidifying system.

las distintas salas del nuevo edificio sólo pudieron fabricarse en Alemania. Las puertas de bronce del acceso previsto para visitas protocolarias, diseñadas por Cristina Iglesias, son sin duda el componente exterior más llamativo. Estas puertas, que constan de seis elementos y tienen un peso total de 22 toneladas, se mueven por medio de un mecanismo hidráulico concebido específicamente para ellas. Con sus motivos a modo de lianas, conforman una especie de tapiz vegetal que desde el Cubo de Moneo crea un nexo de unión con el Jardín Botánico y la terraza de boj. Esta terraza, a su vez, cubre la conexión entre el edificio Villanueva y el Cubo de Moneo. En agosto de 2007, los 9.000 arbustos de boj enano *(Buxus sempervirens)* cultivados expresamente para este fin durante tres años en la Toscana, y que no destacan precisamente por su especial resistencia al calor, fueron transportados en camiones refrigerados hasta Madrid, donde la temperatura era de 40 °C, y desde entonces luchan por su supervivencia con un sistema especial de humidificación.

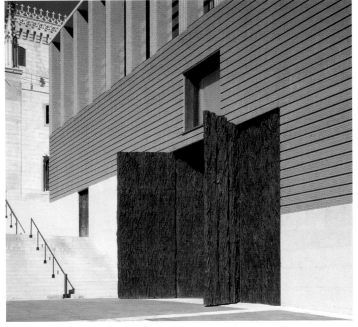

Puerta de bronce de la ampliación, obra de Cristina Iglesias.

The bronze door designed by Cristina Iglesias in the extension.

El Prado durante la Guerra Civil española (1936-1939)

El estallido de la Guerra Civil española el 18 de julio de 1936 significó también para el Prado un crítico estado de excepción. El bombardeo de Madrid del 28 de agosto de 1936 por las tropas nacionales fue acompañado del lanzamiento de bombas explosivas e incendiarias, así como de granadas y disparos de artillería, y alcanzó uno de sus primeros puntos más cruentos con el ataque de los bombarderos alemanes de la Legión Cóndor entre las 19:00 y las 20:00 horas del día 16 de noviembre. A pesar de que el terreno alrededor del Prado había sido señalizado convenientemente con luces para evitar que el museo fuese alcanzado por descuido, nueve bombas incendiarias

Restos de munición.

Munitions remnants.

The Prado during the Spanish Civil War (1936–1939)

The outbreak of the Spanish Civil War on 18 July 1936 also created exceptionally dangerous circumstances for the Prado. The bombardment of Madrid by the nationalist troops begun on 28 August 1936 and was accompanied by the launching of fire and explosive bombs, as well as grenade and artillery fire. It reached its first terrible climax with the use of the German Condor Legion's Junkers bombers between 7 and 8 p.m. on 16 November. Although the land around the Prado was marked with signal lights to prevent accidental bombing of the museum, nine firebombs hit the building and three more with large explosive charges landed nearby.

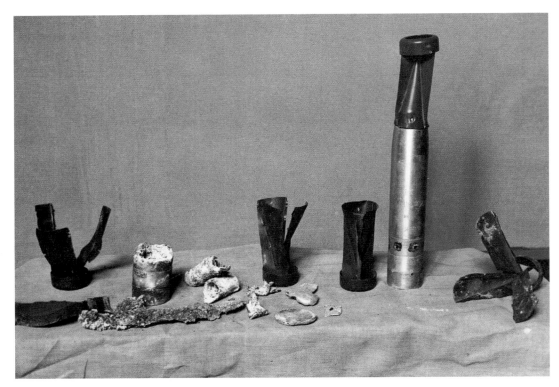

Los cuadros vuelven a ser llevados al museo (Velázquez, *Cristo en la Cruz*).

Pictures are carried back into the museum (Velázquez, *Christ on the Cross*).

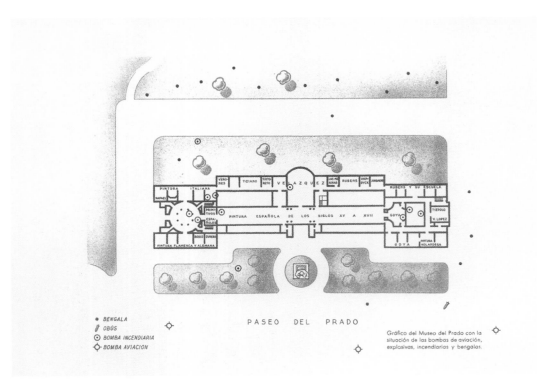

Plan del bombardeo del museo.

Plan of the bombing of the museum.

Vano de la cúpula de la rotonda.

Dome opening above the rotunda.

Galería principal, con marcos
vacíos y parapetos de tierra.

Main gallery with empty
frames and sand deposits.

cayeron en el edificio y otras tres con potente carga explotaron en las inmediaciones.

Como primeras medidas de protección, ya en septiembre las zonas de acceso y ventanas fueron parapetadas con sacos de tierra y planchas de cemento. Los cuadros de la primera planta se descolgaron y se trasladaron a la planta baja; los más valiosos se colocaron en la rotonda inferior, el lugar más seguro del museo. Las pesadas esculturas, mesas de piedra y objetos decorativos se protegieron con sacos de arena, cojines y bolsas llenos de serrín en el salón central. Al mismo tiempo, se planeaba una posible evacuación de las obras de arte. El 5 de noviembre de 1936, el artista Josep Renau, en su condición de director general de Bellas Artes, recibió el encargo del Gobierno republicano, presidido por Manuel Azaña, de preparar el transporte de las obras más valiosas a Valencia, la capital republicana. En esta decisión, junto a los argumentos relacionados con la seguridad, desempeñó un importante papel el deseo del Gobierno republicano de conservar el control directo de los tesoros artísticos españoles. El 10 de noviembre los primeros 18 cuadros abandonaron Madrid en dirección a Valencia. El 9 de diciembre *Las Meninas* de Velázquez y *El emperador Carlos V, a caballo, en Mühlberg* de Ticiano emprendieron su viaje de más de 400 kilómetros en un camión que circulaba a 15 km/h y prácticamente sin protección. A su llegada a Valencia, las obras fueron alojadas en las Torres de Serrano –las emblemáticas puertas medievales de la ciudad– y en el edificio renacentista del Colegio del Patriarca, erigido originalmente como seminario.

The entrance and window areas and the dome over the rotunda had been barricaded with sandbags and cement slabs in September as an initial protective measure. The paintings from the second floor were removed and taken to the ground floor and the most valuable were moved to the lower rotunda, the safest area in the museum. The heavy sculptures, decorative stone tables and other decorative objects were protected

Galería principal del Prado
con sacos de tierra.

Main gallery of the Prado
with sandbags.

Una vez desembalados, los cuadros son cuidadosamente depositados; clasificados y numerados esperan ser trasladados a las salas de la Exposición. Mientras un empleado anota «La gloria de Felipe II» —¡la gloria de nuestro Rey en la ciudad calvinista! , otros instalan «La Reina María Luisa» de Goya. Un guardián, pacífico guardián a pesar de su revólver, vigila «La Sagrada Familia» del Greco.

Las Meninas a su llegada a Valencia.

Las Meninas upon arrival in Valencia.

Artículo de prensa con un vigilante armado en Ginebra.

Newspaper article with armed guards in Geneva.

Mientras que las principales obras iban abandonando progresivamente el Prado (en total se evacuaron 525 cuadros, 185 dibujos de Goya y las 120 piezas del Tesoro del Delfín), el museo iba recibiendo cada vez más cuadros de diversa procedencia (por ejemplo de iglesias, monasterios y palacios que corrían riesgo de ser tomados por los nacionales). En septiembre de 1937 se contaban allí 3.000; en diciembre de 1938, 16.000, y al acabar la guerra el 1 de abril de 1939, 23.560 cuadros.

En mayo de 1937, el Gobierno republicano tuvo que trasladarse de Valencia a Barcelona ante el avance de las tropas nacionales. Por este motivo, entre marzo y abril de 1938 las obras transportadas a Valencia emprendieron un nuevo viaje en camiones hasta Cataluña. La emblemática pareja de cuadros *La lucha con los mamelucos* y *Los fusilamientos en la montaña del Príncipe Pío*, de Goya, que iban en un camión abierto, chocaron contra un balcón durante el transporte y sufrieron

in the central hall with sandbags, pillows and bags of sawdust. At the same time an evacuation of the artworks was considered. On 5 November 1936, the artist Josep Renau, in his capacity as General Director of Fine Arts, received the request from Manuel Azaña's Republican Government to prepare the most important works for transport to Valencia, the capital city of the Republicans. Combined with safety reasons, the Republican Government's desire to control the Spanish art treasures played a role in this decision. On 10 November, the first 18 paintings left Madrid for Valencia. On 9 December, the virtually unprotected *The Maids of Honor,* by Velázquez and *The Emperor Charles at Mühlberg,* by Titian, began the approximately 250-mile journey in trucks driving at ten mph. After their arrival they were kept safe at Torres de Serranos, Valencia's landmark city gate from the Middle Ages, and in the Renaissance palace Colegio del Patriarca, originally erected as a seminary.

While the Prado gradually lost the most important masterpieces (altogether 525 pictures, including 185 drawings by Goya and the 120-piece table service *Dauphin's Treasure,* were evacuated), works of art began arriving from the diverse sources. These included churches, convents and palaces that were in danger of falling to the nationalists. By September 1937, 3000 paintings had arrived, in December 1938 there were 16,000 and at the end of the Civil War on 1 April 1939, there were 23,560.

The republican government had already retreated from Valencia to Barcelona ahead of the advancing nationalist troops. As a result, the artworks were again transported by truck between March and April 1938, this time to Catalonia. Goya's emblematic pair of pictures, *The Second of May 1808 in Madrid: The Charge of the Mamelukes* and *The Third of May 1808 in Madrid: The Executions of Principe Pio Hill,* were mounted on an open truck and were damaged when they bumped against a balcony during transport. Another masterpiece, *The Family of Charles IV,* by the Arogonese genius painter had

daños. Otra obra maestra del genio aragonés (*La familia de Carlos IV*) también había sido dañada al ser descolgada. Sin embargo, su llegada a los palacios de Figueras y Perelada y a las minas de talco de La Vajol sólo significó una breve parada intermedia, ya que las tropas nacionales seguían avanzando. El Comité Internacional para el Salvamento de los Tesoros del Arte Español, fundado para la protección de las riquezas artísticas principalmente a iniciativa del pintor José María Sert, acordó con el Gobierno republicano español y la Sociedad de Naciones, con sede en Ginebra, trasladar las obras a Suiza.

Entre el 4 y el 9 de febrero cruzaron la frontera francesa 71 camiones con 2.000 cajas con obras de arte españolas, entre ellas 361 cuadros y 185 dibujos del Prado. El 12 de febrero de 1939 se puso en marcha un tren en Perpiñán con dos locomotoras y 22 vagones en dirección a Ginebra, adonde llegaron la noche del 13 al 14 de febrero. El «Generalísimo» Francisco Franco Bahamonde, reconocido diplomáticamente por Gran Bretaña y Francia el 27 de febrero como jefe del Gobierno nacional, concedió su autorización para que los tesoros artísticos españoles que se encontraban en Suiza pudieran ser exhibidos en una exposición de tres meses en el Museo de Arte e Historia de Ginebra. La muestra organizada entre junio y agosto con 174 obras se convirtió en un éxito a nivel internacional: recibió 325.821 visitantes, y más de 3.000 artículos de prensa informaron acerca del evento. Pero la entrada de tropas alemanas en Polonia el 1 de septiembre y la declaración de guerra de Gran Bretaña y Francia a Alemania el 3 de septiembre hicieron ineludible un rápido regreso de las obras. Las no exhibidas ya se habían enviado de vuelta a España con anterioridad, pero ahora debían regresar con la mayor urgencia posible las piezas de la exposición. El Gobierno francés concedió prioridad absoluta al transporte, incluso anteponiéndolo a la propia movilización. El 6 de septiembre el tren abandonó Ginebra y atravesó sin luces Francia para evitar convertirse en blanco de los pilotos alemanes. A su llegada a Madrid, los cuadros fueron trasladados en camiones por la Gran Vía desde la Estación del Norte. El 9 de septiembre, una vez ya colocados en las salas del edificio Villanueva, concluía felizmente la odisea de las obras maestras del Prado.

already been damaged when it was taken down. Their placement in the castles of Figueras and Perelada and in the talc mines of La Vajol were only short respites as the nationalist troops kept advancing. The International Committee for the Preservation of Spanish art Treasures, founded at José María Sert's insistence, therefore decided, in agreement with Spain's Republican Government and the League of Nations in Geneva, to bring the artworks to Switzerland.

Between 4 and 9 February 1939, 71 trucks carrying 2000 crates of Spanish artworks, including 361 paintings and 185 drawings from the Prado, crossed the French border. On 12 February 1939 a train with two engines and 22 cars left Perpignan for Geneva, where it arrived on the night of 13 February. "Generalísimo" Francisco Franco y Bahamonde, whom Great Britain and France recognized diplomatically as the head of the Spanish National Government, gave permission for the Spanish art located in Switzerland to be displayed in a three-month exhibition at the Museum for Art and History in Geneva. The exhibition ran from June to August, displaying 174 works of art, and was an internationally recognized success, with 325,821 visitors and over 3000 newspaper articles covering the event. The invasion of German troops in Poland on 1 September and the declaration of war by Great Britain and France on 3 September led to a hasty return of the artworks. The works that were not displayed had already been brought back to Spain, but now the remaining pieces began the return trip to their homeland with great urgency. The French government placed an absolute priority on this transport, even ahead of its own mobilization. On 6 September the train left Geneva and crossed France without lights, to avoid being seen as a possible target by German pilots. Once in Madrid the paintings were taken by truck from the Estación del Norte along Gran Vía. Finally the odyssey of the Prado masterpieces ended happily on 9 September when the works were hung in the Villanueva Palace.

TIZIANO,
VECELLIO DI GREGORIO

**El emperador Carlos V,
a caballo, en Mühlberg**

*Óleo sobre lienzo, 1548,
332 × 279 cm*

TITIAN, VECELLIO DI
GREGORIO

Emperor Charles V on
Horseback at Mühlberg

*Oil on canvas, 1548,
130¾ × 109⅞ in*

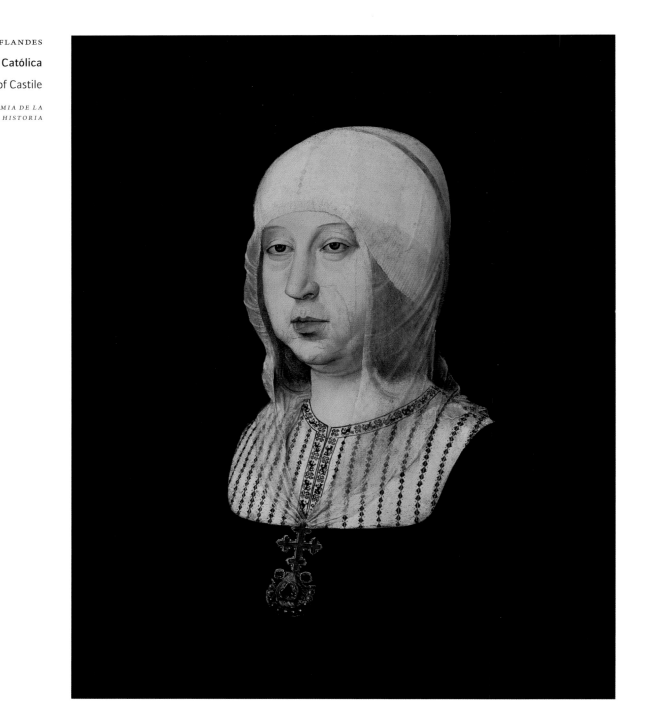

Procedencia de los fondos

Si en 1819 la colección del Prado estaba formada por 1.510 cuadros, en 1827, sólo ocho años después de la inauguración oficial, ya contaba con 4.000. Este inmenso aporte procedente de la colección real constituye la médula del Museo del Prado y tiene una calidad única debido a la posición de quienes reunieron las obras: se trata de un testimonio de la actividad secular de los monarcas españoles como coleccionistas, clientes y mecenas.

En los siglos XIV y XV ya existen documentos sobre reyes españoles –como Pedro IV el Ceremonioso, Alfonso V el Magnánimo e Isabel la Católica– que tuvieron a su servicio a orfebres, escultores y pintores, y que mantuvieron contacto con artistas italianos y holandeses. Entre los 350 cuadros que Isabel la Católica (reina 1474-1504) poseía cuando falleció y que en parte fueron donados al lugar donde halló su último reposo, la Capilla Real de Granada, había obras de Rogier van

Origins of the Inventory

The Prado collection consisted of 1510 paintings in 1819, yet by 1827, just eight years after the official opening, it had already reached 4000 pictures. This immense contribution from the royal collections forms the heart of the Museo del Prado and because of the extraordinary status of those who collected it, exhibits a unique quality—it is based on the centuries-long activity of Spanish monarchs as collectors, clients, and patrons.

The Spanish regents of the 14th and 15th centuries, Peter IV the Ceremonious, Alfonso V the Magnanimous, and Isabella of Castile, were supportive of the goldsmiths, sculptors, and painters they kept in their employ and maintained contacts with the Italian and Dutch artists. Among the 350 paintings Isabella (ruled 1474–1504) owned at the time of her death and given in part to the Royal Chapel of Granada, her final resting place, there were works by Rogier van der Weyden, Hans

der Weyden, Hans Memling, Hieronymus Bosch (El Bosco) y Sandro Botticelli. Con todo, las primeras colecciones reales no siempre tenían una larga vida: los trabajos en oro y plata se refundían cuando las arcas reales se vaciaban, y los tapices sufrían el desgaste de su uso cotidiano. Los cuadros, por su parte, tras la muerte del propietario real se subastaban o se donaban a monasterios.

El emperador Carlos V (Carlos I de España, rey 1520-1558), el primer Habsburgo en el trono español, puso fin a esta inestabilidad. Mantuvo un estrecho contacto con Lucas Cranach y Tiziano, y asentó las bases para que en la actualidad el Prado, con sus 36 cuadros de Tiziano, posea una parte considerable del conjunto de la obra de este pintor veneciano. Carlos V transmitió su inclinación por la pintura de Tiziano a su hermana María de Hungría y a su hijo Felipe II (rey 1556-1598). Este último heredó gran parte de las colecciones de su padre y su tía, y las amplió con la adquisición de obras de Tintoretto y Veronese. La colección de Felipe II, que incluía también las principales obras de El Bosco –entre ella el tríptico *El jardín de las delicias*– ascendía a su muerte a 725 cuadros.

Memling, Hieronymus Bosch, and Sandro Botticelli. However, the early royal collections were not acquired for the long term. Gold and silversmiths' works would be melted when the state's treasury was empty, and series of tapestries suffered enormous wear as everyday items of practical value. The paintings would in turn be auctioned or left to convents upon the death of the royal owner.

This instability ended with Charles V, who ruled Spain as Charles I from 1520–1558. The first Habsburg on the Spanish Throne, he maintained close personal contacts with Lucas Cranach and Titian and laid the groundwork for the Prado's ownership of 36 of the Venetian painter's works, a considerable portion of his entire output. Charles passed his love of Titian's painting to his sister, Maria of Hungary, and his son Philip II (ruled 1556–1598). The latter inherited a large collection from his father and aunt and expanded them with acquisitions of paintings by Tintoretto and Veronese. Philip's collection had reached 725 paintings at his death, and included major works by Hieronymus Bosch such as *The Garden of Earthly Delights*.

Tríptico abierto.

The open triptych.

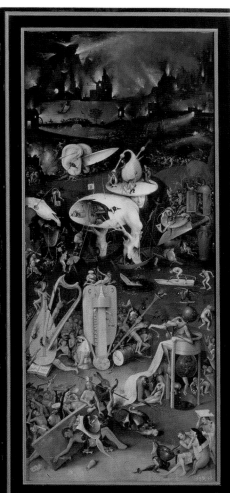

DIEGO VELÁZQUEZ

Felipe III, a caballo
*Óleo sobre
lienzo, hacia 1631,
300 × 314 cm*

Philip III on
Horseback
*Oil on canvas, c. 1631,
118 1/8 × 123 5/8 in*

'240

DIEGO VELÁZQUEZ

Felipe IV
Óleo sobre lienzo, 1655-1660,
69 × 56 cm

Philip IV
Oil on canvas, 1655–1660,
27⅛ × 22 in

Si bien su hijo Felipe III (rey 1598-1621) no mostró un interés especial por el arte, en el siglo XVII, durante el reinado de su nieto Felipe IV (rey 1621-1665), la pintura vivió una época dorada. Además de patrocinar a pintores españoles como Velázquez, Zurbarán, Cano y Pereda, y acoger en su corte a Rubens, su programa cultural personal incluía la compra de obras de arte en toda Europa. En la subasta de las posesiones

While his son Philip III (ruled 1598–1621) showed no special interest in art, under his grandson, Philip IV (ruled 1621–1665), painting experienced its Golden Age in the 17th century. Next to support of Spanish painters like Velázquez, Zurbarán, Cano and Pereda, and his welcome of Rubens at the Spanish court, the purchase of artworks throughout Europe became his personal culture program. At the auction of the deceased

50.

PETER PAUL RUBENS

Las tres Gracias
Óleo sobre lienzo,
hacia 1635, 221×181 cm

The Three Graces
Oil on canvas, c. 1635,
87×71¼ in

TIZIANO,
VECELLIO DI GREGORIO

Autorretrato
Óleo sobre lienzo,
hacia 1562, 86×65 cm

TITIAN,
VECELLIO DI GREGORIO

Self-portrait
Oil on canvas, c. 1562,
33⅞×25⅝ in

del fallecido Rubens en 1640 en Amberes, Felipe IV encargó adquirir 32 cuadros –entre ellos *Las tres Gracias, El jardín del amor* y *Lucha de san Jorge y el dragón*–, así como un auto-rretrato de Tiziano y *La coronación de espinas* de Anton van Dyck. En 1649, del patrimonio del ejecutado Carlos I, adqui-rió en Londres *El Tránsito de la Virgen* de Andrea Mantegna, la *Sagrada Familia* de Rafael (llamada por Felipe IV «la perla»

Rubens belongings in 1640 in Antwerp, Philip purchased 32 paintings, among them *The Three Graces, The Garden of Love,* and *St. George Fighting the Dragon,* as well as Titian's self-portrait and *Thorn-Crowning of Christ* by Anthony van Dyck. In 1649 he acquired in London from the estate of the executed Charles I, *Death of the Virgin* by Andrea Mantegna, *The Holy Family* by Raphael (which he described as the pearl of his

TIZIANO,
VECELLIO DI GREGORIO

Venus, recreándose en la música
Óleo sobre lienzo, hacia 1550,
136×220 cm
Compárese con **El emperador**
Carlos V con un perro,
página 118

TITIAN, VECELLIO DI GREGORIO

Venus with the Organist
Oil on canvas, c. 1550,
53¹/₂ × 86⁵/₈ in
Comp. the portrait Emperor
Charles V with a Dog, *page 118*

TIZIANO,
VECELLIO DI GREGORIO

La Bacanal de los andrios
Óleo sobre lienzo, 1523-1526,
175×193 cm

TITIAN, VECELLIO DI GREGORIO

Bacchanal on Andros
Oil on canvas, 1523–1526,
68⁷/₈ × 75⁷/₈ in

VERONESE,
LLAMADO PAOLO CALIARI

Venus y Adonis
Óleo sobre lienzo, hacia 1580,
162×191 cm

VERONESE,
FULL NAME PAOLO CALIARI

Venus and Adonis
Oil on canvas, c. 1580,
63³/₄ × 75¹/₄ in

de su colección), *Venus, recreándose en la música* y *El emperador Carlos V con un perro* de Tiziano, así como *El lavatorio* de Tintoretto. Una de las tareas de su pintor real, Diego Velázquez, era adquirir obras de arte en Italia para el palacio madrileño. De ese modo llegaron a Madrid *Venus y Adonis* de Veronese y otros seis cuadros de Tintoretto con motivos del Antiguo Testamento. *La Bacanal de los andrios* y *Ofrenda a Venus* de Tiziano fueron un regalo de la familia romana Pamphili a Felipe, y la pareja de cuadros *Adán y Eva* de Durero fueron un presente de la reina sueca Cristina. Una de las mayores contribuciones de Felipe IV a la estabilidad de los fondos de la colección real fue disponer por ley que las obras de arte que se encontraban en el Palacio Real del Alcázar formaban parte del patrimonio no

collection), *Venus with the Organist* and *Emperor Charles V with a Dog* by Titian, as well as *The Foot Washing* by Tintoretto. Among the duties of his court painter, Diego Velázquez, was the acquisition of art in Italy for the palace in Madrid. In this way *Venus and Adonis* by Veronese and six Tintorettos with Old Testament subjects came to Madrid. Titian's *Bacchanal on Andros* and *The Offering to Venus* came to Philip as a gift from the Roman family Pamphili, and Dürer's two pictures *Adam and Eve* were a gift from the Swedish queen Christina. To Philip's credit with regards to a permanent inventory in the royal collection, he raised the artwork located in the Alcázar Royal Palace to the status of unsalable belongings of the crown by law. His successor, Charles II, at whose death in 1700 the

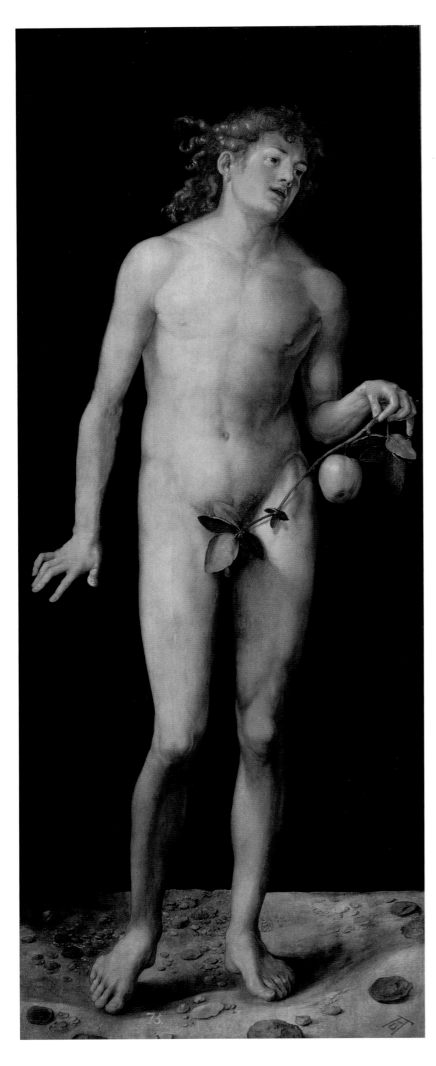

ALBERTO DURERO

Adán

Óleo sobre tabla, 1507, 209 × 81 cm

Eva

Óleo sobre tabla, 1507, 209 × 80 cm

Adam

Oil on wood, 1507, 82¼ × 31⅞ in

Eve

Oil on wood, 1507, 82¼ × 31½ in

CLAUDIO COELLO

Carlos II

Óleo sobre lienzo, 66 × 56 cm

Charles II

Oil on canvas, 25⅞ × 22 in

vendible de la corona. Su sucesor, Carlos II, a cuya muerte en 1700 la colección contaba con 5.539 cuadros, extendió la ley, en principio restringida al palacio madrileño, a la totalidad de las residencias reales.

Con Felipe V, el primer borbón en el trono español, llegaron a la corte pintores franceses como Michel-Ange Houasse, Jean Ranc y Louis-Michel van Loo. La fundación de la Real Fábrica de Tapices de Santa Bárbara en 1720 supuso una fuente de actividad estable para los pintores que le proporcionaban diseños (entre ellos Goya). Mientras que la atención de Felipe V se centró principalmente en pintores italianos, flamencos y

collection numbered 5539 paintings, expanded this measure in that he applied the law, originally restricted to the Royal Palace in Madrid, to all the royal residences.

With Philip V, the first Bourbon on the Spanish throne, French painters like Michel-Ange Houasse, Jean Ranc, and Louis-Michel van Loo came to the Spanish court. He created a long-term source of work for painters including Goya, with the founding of the royal rug factory at Santa Barbara in 1720, as the painters supplied the factory with designs. While Philip's purchase activities focused primarily on Italian, Flemish, and French painters, his wife Isabella Farnese brought about

JEAN RANC

Felipe V

Óleo sobre lienzo, 1723, 144 × 115 cm

Philip V

Oil on canvas, 1723, 56¾ × 45¼ in

BARTOLOMÉ ESTEBAN MURILLO

Sagrada Familia del pajarito
Óleo sobre lienzo, hacia 1650,
144 × 188 cm

The Holy Family with a little Bird
Oil on canvas, c. 1650, 56¾ × 74 in

FRANCISCO DE GOYA

El quitasol
Óleo sobre lienzo, hacia 1777,
104 × 152 cm

The Parasol
Oil on canvas, c. 1777, 40⅞ × 59¾ in

franceses, la compra de 30 cuadros de Murillo en Sevilla por su esposa Isabel de Farnesio contribuyó a que este artista, al principio sólo conocido en el sur de España, adquiriese relevancia a nivel nacional y poco más tarde internacional. A Isabel de Farnesio se deben también los dos Watteau que posee hoy día el museo. Pero durante el reinado de Felipe V también tuvo lugar el incendio del Alcázar (1734), que destruyó 537 cuadros.

Además de adquirir la colección del marqués de la Ensenada, con cuadros como el retrato de *Gaspar de Guzmán, conde-duque de Olivares, a caballo* de Velázquez y *Artemisa* de Rembrandt, otra importante contribución al arte de Carlos III (rey 1759-1788) fue acoger en la corte madrileña a los pintores Anton Raphael Mengs y Giovanni Battista Tiepolo. Mengs, por lo demás, impidió que el monarca diese la orden de quemar los desnudos bíblicos y mitológicos de Durero, Baldung Grien, Tiziano, Veronese, Tintoretto y Rubens, que consideraba impúdicos. La colección real reunía a su muerte 4.717 obras.

Pese a que Carlos IV (rey 1788-1808) adquirió cuadros importantes como *El cardenal* de Rafael y *El sacrificio de Isaac* de Andrea del Sarto, no mostró gran interés por el arte. Con todo, la época de su reinado representó un punto culminante de la creación artística en Madrid, pues coincidió con el quehacer creativo del genio artístico de Francisco de Goya y Lucientes, de quien el Prado posee nada menos que 165 cuadros.

Su hijo Fernando VII, que regresó del exilio francés en 1814, destacó más que por un activo mecenazgo por la política cultural de finalidades que llevó a cabo: con la fundación de un museo público de arte y su dotación con 1.510 obras reunidas por sus antecesores en el trono real, perseguía apaciguar a los liberales, muy interesados por la cultura.

En 1872, 53 años después de su fundación, el Prado volvió a experimentar un importante crecimiento con los 2.000 cuadros que recibió procedentes del Museo de la Trinidad, que

FRANCISCO DE GOYA

La pradera de San Isidro
Óleo sobre lienzo, hacia 1788,
42 × 90 cm

The Meadow of San Isidro
on the Feast Day
Oil on canvas, c. 1788,
16½ × 35⅜ in

BARTOLOMÉ ESTEBAN MURILLO

El buen pastor
Óleo sobre lienzo, hacia 1660,
123 × 101 cm

Christ the Good Shepherd
Oil on canvas, c. 1660,
48⅜ × 39¾ in

the purchase of 30 paintings by Murillo in Seville, with the result that this artist, formerly known only in Southern Spain, achieved national and international attention. The purchase of the two Watteaus the museum owns today is also attributed to Isabella. Yet the fire of the Alcázar in 1734 in which 537 paintings were destroyed occurred during Philip V's reign.

Alongside the purchase of the Margrave of Ensenada's collection with paintings like *Gaspar de Guzmán, Count-Duke of Olivares* by Velázquez, and *Artemis* by Rembrandt, one of

REMBRANDT HARMESZ. VAN RIJN

Artemisa o Sofonisba

Óleo sobre lienzo, 1634,

143 × 158 cm

Artemis or Sophonisba

Oil on canvas, 1634,

56¼ × 40⅜ in

La Armonía, o Las tres Gracias

Óleo sobre tabla, 1541-1544, 151 × 61 cm

Harmony or The Three Graces

Oil on wood, 1541–1544, 59⅜ × 24 in

ANTON RAPHAEL MENGS

Carlos III

Óleo sobre lienzo, hacia 1761, 154 × 110 cm

Charles III

Oil on canvas, c. 1761, 60⅝ × 43¼ in

TIZIANO,
VECELLIO DI GREGORIO

Venus y Adonis

Óleo sobre lienzo, 1554,
186 × 207 cm

TITIAN, VECELLIO DI GREGORIO

Venus and Adonis

Oil on canvas, 1554, 73¼ × 81½ in

conforman el segundo gran pilar de su colección. El Museo de la Trinidad se inauguró el 24 de julio de 1838 en un convento de la céntrica calle de Atocha, cerca de la plaza Mayor, para acoger las obras de arte que habían sido expropiadas a la Iglesia en el marco de la llamada Desamortización de Mendizábal. Sus medidas fueron decretadas en 1836, durante la primera Guerra Carlista, por el ministro de Finanzas de la regente María Cristina, el liberal Juan Álvarez Mendizábal, para poner en circulación mediante la venta los bienes no productivos, en particular los de la Iglesia, con el objetivo de amortizar la

Charles III's (ruled 1759–1788) great achievements was to have brought the painters Anton Raphael Mengs and Giovanni Battista Tiepolo to the Spanish court. Mengs was also able to prevent the monarch from giving the order to burn the biblical and mythological nudes of Dürer, Baldung Grien, Titian, Veronese, Tintoretto, and Rubens, which Charles considered immoral. The royal collection stood at 4717 works at his death.

Although Charles IV (ruled 1788–1808) purchased outstanding paintings including Raphael's *The Cardinal* and Andrea del Sarto's *The Sacrifice of Isaac,* art did not particularly

**Detalle de la ilustración
de la página 126: Veronese,
Venus y Adonis.**

Detail from picture on page 126:
Veronese, *Venus and Adonis*.

DOMENICO TINTORETTO
La dama que descubre el seno
*Óleo sobre lienzo, hacia 1580,
61 × 55 cm*

The Woman Who
Discovers The Bosom
Oil on canvas, c. 1580, 24 × 21⅝ in

deuda pública y favorecer el surgimiento de una clase media. Las disposiciones desamortizadoras incluían también la supresión de todos los conventos de monjes y monjas, que tras 1836, frecuentemente sin protección alguna, quedaron a merced de los saqueadores. Ello obligó al Gobierno a buscar un modo de salvaguardar sus bienes artísticos. A este fin, en el convento de la Trinidad de Madrid se creó el Museo de la Trinidad, que albergó sobre todo obras de los conventos madrileños y de los de las provincias de Toledo, Ávila, Segovia, Burgos y Valladolid. Entre ellas cabe destacar las tablas de Pedro Berruguete procedentes de Santo Tomás de Ávila, el ciclo de 56 lienzos de Vicente Carducho para la cartuja de El Paular, y los cinco lienzos de El Greco para el altar mayor del Colegio de Doña María de Aragón de Madrid. A las 900 obras expropiadas a la Iglesia, en 1838 se sumaron además las incautadas al infante Sebastián Gabriel de Borbón por su adhesión a los carlistas. Asimismo, a partir de 1856 se introdujo una moderada política de compra que supuso la adquisición de cuadros de Luis de Morales, El Greco, Pedro Berruguete y Alonso Cano. En 1865 la colección del Museo de la Trinidad incluía 1.739 obras.

El edificio del antiguo convento se empleó como museo pero también como Ministerio de Fomento, por lo que la limitación

interest him. Nevertheless, his reign represents a high point in artistic creation in Madrid, because it coincides with the work of the artistic genius Francisco de Goya y Lucientes, of whose works the Prado owns an incredible 165 paintings.

Charles IV's son, Ferdinand VII, who returned from French exile in 1814, distinguished himself less through active patronage and more through a culture policy aimed at founding a public art museum. Providing the museum with 1510 works that had been collected by his predecessors on the throne helped him mollify the liberals who were very interested in culture.

In 1872, 53 years after it's founding, the Prado experienced considerable growth when it received 2000 paintings from the Museo de la Trinidad, effectively the second pillar of its collection. The Museo de la Trinidad was opened on 24 July 1838 in a convent on the central Calle Atocha, not far from the Plaza Mayor, to accept the artworks confiscated from the Church during the so-called desamortisation. The desamortisation, or disentailment, was a decree issued in 1836, during the first Carlist War, by the liberal Finance Minister Juan Álvarez Mendizábal who was installed by the regent Maria Christina. It was intended to bring unproductive goods, particularly

FRANCISCO DE GOYA

Carlos IV a caballo (detalle)

Óleo sobre lienzo, 1800,

336 × 282 cm

Charles IV on Horseback (detail)

Oil on canvas, 1800,

132¼ × 111 in

PETER PAUL RUBENS

El juicio de Paris

Óleo sobre lienzo, 1639,

199 × 379 cm

The Judgement of Paris

Oil on canvas, 1639,

78³⁄₈ × 149¹⁄₄ in

RAFAEL,

LLAMADO RAFFAELLO SANTI

El cardenal

Óleo sobre tabla, hacia 1510,

79 × 61 cm

RAPHAEL, FULL NAME

RAFFAELLO SANTI

The Cardinal

Oil on wood, c. 1510, 31¹⁄₈ × 24 in

ANDREA DEL SARTO

El sacrificio de Isaac

Óleo sobre tabla, hacia 1528,

98 × 69 cm

The Sacrifice of Isaac

Oil on wood, c. 1528,

38¹⁄₂ × 27¹⁄₈ in

FRANCISCO DE GOYA

La familia de Carlos IV
Óleo sobre lienzo, 1800,
280 × 336 cm

The Family of Charles IV
Oil on canvas, 1800,
110¼ × 132¼ in

de espacio se hizo insostenible. Por ello el 22 de marzo de 1872 se acordó en un real decreto la fusión del Museo de la Trinidad con el Museo del Prado. Doscientos cuadros se trasladaron inmediatamente al edificio Villanueva y 650 obras –en condición de préstamos temporales– empezaron una odisea a través de instituciones que en algunos casos continúa hasta el día de hoy. Este «Prado disperso» fue uno de los argumentos decisivos de las voces que, en especial a partir de la década de 1980 pero en general ya desde la fusión de ambos museos, se alzaban en favor de una ampliación de la superficie expositiva del Prado. Entre las obras del Museo de la Trinidad se contaban también cuadros de pintores del siglo XIX (como Federico de Madrazo, Vicente López, Carlos de Haes, Eduardo Rosales y Joaquín Sorolla), que tras la fusión de los museos pasaron

those of the Church, into circulation by selling them to counter the government's debt and to promote the establishment of a middle class. The desamortisation also included the countrywide abolition of all abbeys and cloisters. In many cases they were left defenseless against plundering, so the government had the existing art treasures removed to safety. Works from Madrid's abbeys and convents and from those of the Castilian provinces, such as Toledo, Ávila, Segovia, Burgos, and Valladolid, were brought to the Madrid Convent of the Trinity, which was chosen as the home of the Museo de la Trinidad. Pedro Berruguete's panels from the Santo Tomás in Ávila convent, the 56-part cycle of paintings by Vicente Carducho for the Charter House of El Paular, and the five El Greco paintings for the main altar at the Doña María de

ANTONIO MARÍA ESQUIVEL

Retrato de Juan Álvarez Mendizábal

1842

Juan Álvarez Mendizábal

1842

FRANCISCO DE GOYA

El rey Fernando VII con manto real
Óleo sobre lienzo, hacia 1814,
206 × 143 cm

King Ferdinand VII in Royal Robes
Oil on canvas, c. 1814,
81⅛ × 56¼ in

–como propiedad del Prado– al Museo de Arte Moderno y, tras la disolución de este último, volvieron a la colección del Prado, aunque no se exhibieron en el edificio Villanueva sino en el Casón, que había sido remozado para acogerlas.

La restauración del Casón entre 1997 y 2008 tuvo como consecuencia que los casi 100 cuadros que albergaba permanecieran más de una década sin poder ser exhibidos. Sin embargo, en una exposición especial dedicada a ellos, organizada con motivo de la inauguración de la ampliación de Moneo en octubre de 2007, volvieron a acaparar la atención pública con gran éxito, y hasta 2012 se trabaja en su integración en la colección permanente del edificio Villanueva.

El tercer pilar que fundamenta la colección del Prado –junto con la colección real y las obras del Museo de la Trinidad– son

Aragón College in Madrid deserve special mention. In 1838, the collection, consisting of 900 works expropriated from Church ownership, grew through the addition of other works confiscated from the Infante Sebastian Gabriel of Borbón for his support of the Carlists. After 1856 a cautious acquisition policy was implemented, through which works by Luis de Morales, El Greco, Pedro Berruguete, and Alonso Cano were purchased. In 1856, the collection of the Museo de la Trinidad comprised 1739 works.

The former convent building was used by both the museum and the Ministry of Development, a situation that became impossible given the limited space available. This precipitated on 22 March 1872 a royal decree combining the Museo de la Trinidad with the Museo del Prado. 200 paintings

**Anunciación de la iglesia del
colegio de Doña María de Aragón**

Óleo sobre lienzo, 1596-1600, 315×174 cm

Annunciation from the Doña María
de Aragón Altarpiece

Oil on canvas, 1596–1600, 124×68½ in

were brought immediately to the Villanueva building and 650 works began a journey as long-term loans to other institutions, a system which, in some cases, is still in place today. This "dispersed Prado" (el Prado disperso) is one of the most important arguments underpinning the demand for an expansion of the Prado's exhibition space. This call has become even more strident since the 1980s, but has existed since the time of the museums' union. Paintings from 19th-century artists including Federico de Madrazo, Vicente López, Carlos de Haes, Eduardo Rosales, and Joaquín Sorolla also belonged to the Museo de la Trinidad and after that museum's dissolution became the property of the Prado. They hung in the Museo de Arte Moderno until its dissolution, when they were integrated with the Prado's collection and displayed in Casón, which had been renovated for that purpose.

The restoration of Casón from 1997 until 2008 meant approximately 100 paintings were not exhibited for over a decade. They made a triumphant return to the public with a special exhibition on the occasion of the opening of Moneo's annex in October 2007. Work will continue on their integration into the permanent collection in the Villanueva building until 2012.

The third pillar, next to the inventory from royal ownership and that of the Museo de la Trinidad, supporting the Prado collection is based on the so-called new acquisitions. The acquisitions were, in the most part, actually undertaken during the museum's early stages. Since its founding, more than 2300 paintings and numerous sculptures, graphics, drawings, handcrafted objects, and coins have entered the Prado as gifts, bequests and purchases.

Among the most important gifts are the "Black Paintings" that Goya painted in oil directly onto plaster in his private home on the Manzaneres River between 1819 and 1823. The Belgian Baron Frédéric Émile d'Erlanger bought the building in 1873 and had these paintings removed from their masonry bonds in 1874 and put onto canvas so he could display them at the World Fair in Paris in 1878 and then sell them. But because he could not find any buyers for these thematically extremely bleak paintings that were also radically ahead of their time in terms of their execution, he donated them to Prado in 1881. The secret of the origin and meaning of these paintings still remains today. The most recent claims of art scholars is that not all of these paintings came from Francisco de Goya, but that several were by his son Javier. This theory led to a heated polemic, similar to the discussion that broke out before Prado officially divested Goya of the painting Colossus in 2009 and ascribed it to his student Asensio Julià.

The bequest of the financier Pablo Bosch in 1915 enriched the Prado with works from the Spanish Gothic period and Flemish paintings from the 15th century. The most important purchases of recent time are undoubtedly Still Life with Game, Vegetables and Fruit by Juan Sánchez Cotán and Fable by El Greco. These works were purchased in 1992/93 with money from the bequest of the lawyer Manuel Villaescusa Ferrero, along with Goya's The Countess of Chinchón in 2001, El Greco's The Flight to Egypt, and Portrait of the Man called "The Pope's

Auto de fe

Óleo sobre madera, hacia 1493-1499, 154 × 192 cm

Auto Da Fé

Oil on wood, c. 1493–1499, 60⅝ × 75⅝ in

Amalia de Llano y Dotres, condesa de Vilches

Óleo sobre lienzo, 1853, 126 × 89 cm

Portrait of Amalia de Llano y Dotres, Countess of Vilches

Oil on canvas, 1853, 49⅝ × 35 in

Viejo desnudo al sol

Öl auf Leinwand, 1871, 76 × 60 cm

Nude Old Man in The Sun

Óleo sobre lienzo, 1871, 29⅞ × 23⅝ in

las nuevas adquisiciones, gran parte de las cuales se remontan incluso a la fase temprana del museo. Desde su fundación, el Prado ha incorporado a sus fondos más de 2.300 cuadros y numerosas esculturas, estampas, dibujos, objetos de artes decorativas y monedas por medio de donaciones, legados y compras.

Entre las donaciones más importantes se cuentan las «Pinturas negras», las representaciones murales con las que Goya decoró las paredes de su casa a orillas del Manzanares entre 1819 y 1823. El barón belga Frédéric Émile d'Erlanger adquirió la casa en 1873, y en 1874 encargó el traspaso de las pinturas a lienzo para poder presentarlas en la Exposición Universal de París de 1878 y después venderlas. Pero como no encontró ningún interesado en estas obras de temática tan sombría, que además desde el punto de vista de la ejecución se adelantaban radicalmente a su época, en 1881 las cedió al Prado. La incógnita en torno al surgimiento y el significado de estas obras se ha mantenido hasta la actualidad; de ahí que la declaración reciente de un experto en arte de que no todas las pinturas son obra de Francisco de Goya, sino que algunas son de su hijo Javier, ha despertado una fuerte polémica, semejante a la que estalló poco antes de que el Prado declarase oficialmente en enero de 2009 que el *Coloso* no era obra de Goya y atribuyese su autoría a Asensio Julià, un discípulo del artista.

El legado que hizo el financiero Pablo Bosch en 1915 enriqueció el Prado sobre todo con obras del Gótico español y pintura flamenca del siglo XV. Las adquisiciones más importantes

FRANCISCO DE GOYA

El aquelarre

Pintura mural al óleo trasladada
a lienzo, 1821-1823, 140 × 438 cm

The Witches' Sabbath
Oil mural transferred to canvas,
1821–1823, 55⅛ × 172⅜ in

de época reciente son, sin lugar a dudas, *Bodegón de caza, hortalizas y frutas* de Juan Sánchez Cotán y *Fábula* de El Greco, que se compraron en 1992-1993 con los fondos legados por el abogado Manuel Villaescusa Ferrero, así como *La condesa de Chinchón* de Goya, adquirida en 2001, y *La huida a Egipto* de El Greco y *Retrato de hombre, el llamado «Barbero del Papa»* de Velázquez, compradas en 2004. El año 2006 supuso uno de los últimos puntos culminantes en la historia de las nuevas adquisiciones con la compra de 40 bodegones españoles de los siglos XVII al XIX de gran valor de la colección Naseiro.

Barber" by Velázquez in 2004. One of the latest highlights in the history of new acquisitions was the purchase of 40 first-class Spanish still lifes from the 17th through the 19th centuries from the collection of Naseiro.

FRANCISCO DE GOYA

Perro semihundido

Pintura mural al óleo trasladada a lienzo,
1819-1820 und 1823, 131 × 79 cm

Dog Half-submerged
Oil mural transferred to canvas,
1819–1820 and 1823, 51⅝ × 31⅛ in

FRANCISCO DE GOYA

Las Parcas

Pintura mural al óleo trasladada
a lienzo, 1821-1823,
123 × 266 cm

The Fates
Oil mural transferred to canvas,
1821–1823, 48⅜ × 104¾ in

LUIS DE MORALES

Virgen con el Niño
Óleo sobre tabla, hacia 1568,
84 × 64 cm

Virgin with Child
Oil on wood, c. 1568,
33⅛ × 25¼ in

FRANCISCO DE GOYA

Saturno devorando a un hijo
Pintura mural al óleo trasladada
a lienzo, 1821-1823,
143 × 81 cm

Saturn Devouring
One of His Sons
Oil mural transferred to canvas,
1821–1823, 56¼ × 31⅞ in

**Retrato de hombre, el llamado
«Barbero del Papa»**

Óleo sobre lienzo, hacia 1650, 50,5 × 47 cm

Portrait of the man called
"The Pope's Barber"

Oil on canvas, c. 1650, 19⅞ × 18½ in

La condesa de Chinchón
Óleo sobre lienzo, 1800,
226 × 44 cm

The Countess of Chinchón
Oil on canvas, 1800, 88⅞ × 56¾ in

**Bodegón de caza,
hortalizas y frutas**
Óleo sobre lienzo, 1602,
68 × 89 cm

Still Life with Game,
Vegetables, and Fruit
Oil on canvas, 1602, 26¾ × 35 in

EL GRECO, LLAMADO
DOMENICOS THEOTOCOPOULOS

La huida a Egipto

Óleo sobre tabla,
hacia 1570, 15,9 × 21,6 cm

EL GRECO, FULL NAME
DOMENIKOS THEOTOKOPOULOS

The Flight to Egypt

Oil on wood, c. 1570, 6¼ × 8½ in

JUAN VAN DER HAMEN Y LEÓN

Bodegón con alcachofas,
flores y recipientes de vidrio

Óleo sobre lienzo, 1627,
81,5 × 110,5 cm

Still life with Artichokes,
Flowers and Glass Vessels

Oil on canvas, 1627, 32⅛ × 43½ in

La colección

Según los datos del museo, la colección del Prado está integrada por alrededor de 7.600 pinturas, 3.000 estampas, 6.400 dibujos, 1.100 esculturas y un gran número de piezas de artes decorativas. De las 7.600 pinturas, que datan de los siglos XII al XIX, se suelen exponer unas 1.300; 3.200 permanecen almacenadas en los depósitos del propio museo, y otras 3.100 enriquecen en condición de «Prado disperso» distintas instituciones, desde museos provinciales hasta representaciones diplomáticas en el extranjero.

El conjunto de los 9.400 dibujos y estampas cubre el arco temporal entre los siglos XV y XIX. Entre ellos se cuentan obras como el emblemático grabado de Goya *El sueño de la razón produce monstruos*, que representa la racionalidad de la Ilustración, y el estudio de Vicente Carducho para el cuadro histórico *La expulsión de los moriscos*, con el que en 1627 compitió y perdió contra Velázquez, hasta entonces sólo considerado como retratista.

The Collection

According to their own information, the Prado collection consists of 7600 paintings, 3000 prints, 6400 drawings, 1100 sculptures, as well as a considerable number of handcrafted objects. Of the 7600 paintings from the 12th through to the 19th century, typically about 1300 are on display, 3200 are in the museum depot, and 3100 enrich the different institutions of the so-called "dispersed Prado," from provincial museums to diplomatic representatives abroad.

The 9400 total drawings and prints cover a time period from the 15th to the 19th centuries. Among them are important works like Goya's drawing for the etching *The Sleep of Reason Produces Monsters*, symbolizing the reason of the Enlightenment, and Vicente Carducho's graphic study for the historic picture *Expulsion of the Moors*, with which he lost in 1627 in a contest with Velázquez, who had formerly been recognized only as a portraitist.

El sueño de la razón produce monstruos

FRANCISCO DE GOYA

El sueño de la razón produce monstruos (plancha número 43 de la serie de grabados Los caprichos)
Aguatinta, 1797, aprox. 25 × 15 cm

The Sleep of Reason Produces Monsters *(no. 43 of the print series:* Los Caprichos*)*
Aquatint, 1797, c. 10 × 6 in

LEONE Y POMPEO LEONI

El emperador Carlos V y el Furor

Bronce, 1551-1553, 251×143×130 cm

LEONE AND POMPEO LEONI

Emperor Charles V and the Fury

Bronze, 1551–1553, 98⅞×56¼×51⅛ in

Grupo de San Ildefonso

Mármol, hacia 10 a.C.,

161×106×56 cm

San Ildefonso Group

Marble, ca. 10 BC,

63⅜×71¾×22 in

Las 900 esculturas y 200 fragmentos de época griega y romana, del Renacimiento, el Barroco y de los siglos XVIII y XIX dan testimonio de 2.500 años de escultura. Entre las piezas más destacadas se cuenta la representación en mármol de la amistad de Orestes y Pílades, que por su antigua ubicación en el Palacio de La Granja de San Ildefonso, en la provincia de Segovia, se conoce como *Grupo de San Ildefonso.* Fue realizada hacia el año 10 a. C. por un escultor anónimo discípulo de los maestros griegos Policleto y Praxíteles. La escultura en bronce conocida como *El emperador Carlos V y el Furor,* y realizada por Leone y Pompeo Leoni entre los años 1551 y 1553, resulta admirable por su composición heroica, así como por la posibilidad de desnudar completamente al emperador, quitándole la armadura.

The 900 sculptures and 200 fragments from Greek and Roman times, the Renaissance, and the Baroque, as well as the 18th and 19th centuries, represent 2500 years of sculpture. The marble representation of the friendship between Orest and Pylades is one of the outstanding sculptures known as the Ildefonso Group, after its earlier exhibition location, the San Ildefonso Palace near Segovia. It was completed around 10 BC by an unknown Roman sculptor who studied the Greek masters Polykleitos and Praxiteles. The bronze statue *Emperor Charles V and the Fury* created by Leone and Pompeo Leoni in 1551–1553 impresses through its heroic pose and the possibility of completely disrobing the emperor by removing his armor.

The collection of handcrafted objects and furniture distinguishes itself particularly through the *Treasure of the Dauphin,*

FRANCESCO GHINGHI

Mesa de piedras duras

1749-1763, 95 × 127 cm

Buffet (table)

1749–1763, 37⅜ × 50 in

**Del Tesoro del Delfín: Salero
con sirena de oro, siglo XVI.**

From the so-called Dauphin's Treasure:
Onyx Salt Cellar with a Gold Mermaid, 16th century.

La colección de objetos de artes decorativas resulta espectacular sobre todo por el *Tesoro del Delfín,* así llamado por haber pertenecido al Gran Delfín Luis, hijo del rey francés Luis XIV (el Rey Sol) y padre de Felipe V, el primer borbón en el trono español. Se trata de 120 piezas de un servicio de mesa ornamental de los siglos XVI y XVII realizado con cristal de roca y piedras duras. Asimismo llama la atención el gran número de mesas de piedra ornamental, mueble por el que Carlos III sentía una particular predilección. Además de los alrededor de 2.000 objetos decorativos se cuentan también unas 1.000 medallas y monedas.

named for the son of the French Sun King Louis XIV, also the father of Philip V, the first Bourbon on the Spanish throne. It is a 120-piece decorative table service of rock crystal and precious stones from the 16th and 17th centuries. Furthermore the large number of decorative stone tables, for which Charles III had a particular liking, is striking. Around 1000 coins join the approximately 2000 luxury objects.

TIZIANO,
VECELLIO DI GREGORIO

Dánae

Óleo sobro lienzo, 1553,
129 × 180 cm

TITIAN, VECELLIO DI GREGORIO

Danae

Oil on canvas, 1553, 50¾ × 70⅞ in

La pintura

El Prado se fundó en 1819 como «Real Museo de Pinturas y Esculturas». Esta denominación debía dejar claro que el museo daba acogida a la totalidad de las artes plásticas transportables (los dibujos y las estampas estaban subordinados a la pintura, y los objetos de artes decorativas, a la escultura). Aunque los datos que ofrece el propio Prado (véase el epígrafe anterior) hablan de un número nada despreciable de fondos «tridimensionales», el museo siempre se ha considerado en primer término como pinacoteca. La ingente cantidad de pinturas de primera calidad, que incluyen también gran parte de la obra de los grandes maestros de la pintura europea, ensombrece el resto de fondos del museo, aunque recientemente la escultura, con la colección de la Antigüedad, la nueva sala creada y el traslado de las esculturas reales de los Leoni del siglo XVI al claustro de los Jerónimos, ha ganado un amplio espacio.

Entre las aproximadamente 1.300 pinturas expuestas es difícil detectar una obra con debilidades; uno camina absorto y

The Paintings

The Prado was founded in 1819 as the "Royal Painting and Sculpture Museum." The name was supposed to make clear that the entirety of the transportable fine arts (drawing and prints were considered below painting and handcrafted works of sculpture) were represented in this museum. The numbers the Prado itself cites point to a not insignificant inventory of "three-dimensional" objects, nevertheless the museum was, and still is, known first and foremost as a museum of painting. The enormous number of high-quality works that also encompass large parts of the portfolios of the great European painting masters overpowers the other collections, although sculpture recently obtained more space with the collection from antiquity, the newly established Hall of Muses, and the inclusion of Leoni's king's sculptures from the 16th century in the Hieronymite cloister.

Among the approximately 1300 paintings on display there is hardly a work with weaknesses. One steps thoughtfully and

admirado de obra maestra en obra maestra. A ello se suma que, con las 33 obras de El Greco, las 50 pinturas de Velázquez y los 165 dibujos de Goya, el museo expone una parte importante del total de la obra de este triunvirato de artistas españoles. Pero también la pintura italiana y la flamenca están magníficamente representadas como escuelas fundacionales del arte pictórico de los tiempos modernos. Las 36 obras de Tiziano convierten el Prado en estación ineludible de los admiradores de este maestro italiano fuera de Italia. 40 pinturas de Brueghel y 83 obras de Rubens representan por extenso la pintura flamenca, y no existe ningún otro lugar donde se pueda admirar en dosis tan concentrada la singular visión del mundo, lascivo-amenaza-dora, de El Bosco.

wonderingly from masterpiece to masterpiece. On top of that, with 33 works by El Greco, 50 paintings by Velázquez, and 165 paintings by Goya, the museum exhibits a considerable portion of the complete works of this triumvirate of Spanish artists. Also, Italian and Flemish paintings are beautifully represented as founding schools of the modern art of painting. 36 paintings by Titian make the Prado the most important destination outside of Italy for admirers of the Venetian master. 40 paintings by Brueghel and 83 works by Rubens spectacu-larly represent Southern Dutch painting, and nowhere else in the world will one see so much of Hieronymus Bosch's unique, lasciviously threatening world view concentrated in one place.

JAN BRUEGHEL EL VIEJO
Y PETER PAUL RUBENS

La vista
Óleo sobre tabla, 1617, 65 × 109 cm

JAN BRUEGHEL "THE ELDER"
AND PETER PAUL RUBENS

Sight
Oil on wood, 1617, 25⅝ × 42⅞ in

JAN BRUEGHEL EL VIEJO
Y PETER PAUL RUBENS

El oído

Óleo sobre tabla,
hacia 1617, 65×107 cm

JAN BRUEGHEL "THE ELDER"
AND PETER PAUL RUBENS

Hearing

Oil on wood, c. 1617, 25⅝×42⅛ in

JAN BRUEGHEL EL VIEJO
Y PETER PAUL RUBENS

El olfato

Óleo sobre tabla,
hacia 1617, 65×109 cm

JAN BRUEGHEL "THE ELDER"
AND PETER PAUL RUBENS

Smell

Oil on wood, c. 1617, 25⅝×42⅞ in

JAN BRUEGHEL EL VIEJO
Y PETER PAUL RUBENS

El gusto
Óleo sobre tabla, 1618,
64 × 108 cm

JAN BRUEGHEL "THE ELDER"
AND PETER PAUL RUBENS

Taste
Oil on wood, 1618,
25 1/8 × 42 1/2 in

JAN BRUEGHEL EL VIEJO
Y PETER PAUL RUBENS

El tacto
Óleo sobre tabla, hacia 1617,
65 × 110 cm

JAN BRUEGHEL "THE ELDER"
AND PETER PAUL RUBENS

Touch
Oil on wood, c. 1617,
25 5/8 × 43 1/4 in

JAN BRUEGHEL EL VIEJO, PETER PAUL RUBENS,
FRANS FRANCKEN Y FRANS SNYDERS,
ENTRE OTROS

La vista y el olfato

Óleo sobre lienzo, 1617-1618, 176 × 264 cm

JAN BRUEGHEL "THE ELDER",
PETER PAUL RUBENS, FRANS FRANCKEN,
FRANS SNYDERS AND OTHERS

Sight and Smell

Oil on canvas, 1617–1618, 69¼ × 103⅞ in

Hitos de la pintura española: El Greco, Velázquez y Goya

En Italia, en el siglo XV se había constituido una capa social preeminente interesada por el arte, cuyos integrantes, en calidad de clientes y mecenas, proporcionaron un campo de trabajo óptimo a personalidades artísticas emprendedoras. También en los Países Bajos existió ya en el siglo XVI un floreciente mercado artístico que permitía a todas las capas de la burguesía incipiente adquirir cuadros de los temas más diversos. En comparación, la situación de los pintores españoles fue notoriamente más limitada hasta el siglo XVII. En España –un país marcado por los casi 800 años de reconquista cristiana de los territorios ocupados por musulmanes del norte de África– la representación pictórica de la identidad religiosa era lo más prioritario. E incluso después de su expulsión en 1492 la temática religiosa siguió predominando, por la estrecha relación existente en el país entre el poder mundano y el espiritual. A ello se sumaba el hecho de que en 1547, en el marco del Concilio de Trento (1545-1563), con el que el mundo católico reaccionó al

Apogees of Spanish Painting: El Greco, Velázquez, Goya

In 15th-century Italy an upper class interested in art had already emerged, and its members, acting as clients and patrons, created an optimal work environment for confident artistic personalities. A flourishing art market also already existed in the Netherlands in the 16th century, allowing all levels of the middle class to purchase paintings with the most diverse themes. By contrast, painters in Spain found themselves in a much more restricted situation. In the country shaped by nearly 800 years of Christian reconquering (reconquista) of the territories occupied by North African Muslims, the visual representation of one's own religious identity was the highest priority. But when those of the other faith were driven out in 1492, religious themes remained dominant in Spain, because of the close relationship between secular and divine power. In addition, within the framework of the Council of Trent (1545-1563) and the reaction of the Catholic world to the progressive spread of Protestantism, it was decided in 1547 that the primary

JOSÉ DE RIBERA

Magdalena penitente
Óleo sobre lienzo, hacia 1641,
182 × 149 cm

Penitent Mary Magdalene
Oil on canvas, c. 1641,
71⅝ × 58⅝ in

125.

EL GRECO,
LLAMADO DOMENICOS
THEOTOCOPOULOS

La Crucifixión
Óleo sobre lienzo, 1597-1600,
312 × 169 cm

EL GRECO,
FULL NAME DOMENIKOS
THEOTOKOPOULOS

The Crucifixion
Oil on canvas, 1597–1600,
122¾ × 66½ in

avance acelerado del protestantismo, se había decidido que la tarea primordial de la pintura era ilustrar y acercar la doctrina de salvación católica al pueblo. En España, esta exigencia se tradujo en la aparición de representantes modélicos de cuadros de tema religioso. Las representaciones de mártires ganaron una creciente popularidad, y san Sebastián y María Magdalena se convirtieron en las figuras preferidas de la pintura religiosa. La inmensa influencia de la Iglesia en los pintores se manifiesta en muchos aspectos: las dimensiones, la paleta de colores, el tiempo de ejecución, la temática y la iconografía. Tampoco los encargos de las casas reales y de la nobleza permitían mucho más despliegue artístico, puesto que en ellos primaba sobre todo el deseo de obras encomiásticas de carácter representativo e histórico. Así, los pintores lo tuvieron muy difícil para separarse del papel que les asignó la nobleza y la Iglesia de ejecutores de pautas meticulosamente formuladas. Entre los pintores que en su vida y en su obra se rebelaron contra el desprecio social y a favor de una revalorización de la pintura se cuentan Domenicos Theotocopoulos, llamado El Greco, Diego Rodríguez de Silva y Velázquez y Francisco de Goya y Lucientes. Sus obras se desarrollaron en tres siglos consecutivos, y encarnan tres realidades y concepciones artísticas en parte completamente divergentes entre sí. Son piezas maestras visionarias, no sólo de la pintura española sino también de la universal, que al mismo tiempo representan de forma casi paradigmática sus respectivas épocas de surgimiento como documentos de historia de las mentalidades.

duty of painting lay in bringing the Catholic doctrine of salvation closer to the people. In Spain this demand resulted in the depiction of exemplary representatives of the faith. Painting of martyrs became ever more popular and the holy Sebastian and Maria Magdalena became favorite figures in religious painting. The immense influence of the Church on painting was evident in many ways: in scale, the use of color, execution time, themes, and iconography. But the commissions from the royal house and the nobility also allowed little artistic development, because their desire was for primarily representative and historically glorifying works. So the painters could only free themselves with difficulty from the roles and painstaking guidelines imposed on them by the nobility and the Church. Among those who led a fight in their lives and work against artistic and social disdain, and for the appreciation of painting, were without doubt Domenikos Theotokopoulos, called El Greco, Diego Rodríguez de Silva y Velázquez, and Francisco de Goya y Lucientes. Their works took shape in three consecutive centuries and embody in part three very different realities and artistic perceptions. They produced visionary masterpieces not only of Spanish, but also of universal painting, and provide an historical record of the mindsets of their respective periods.

El Greco (1541-1614)

El Greco es sinónimo de singularidad compositiva y desenfreno pictórico. No hay un antes ni un después, las obras de El Greco despuntan de forma monolítica de la historia de la pintura europea. Olvidadas tras su muerte, 300 años más tarde incitaron el surgimiento del Expresionismo. Se ha intentado explicar la peculiaridad de El Greco con argumentos no artísticos, como la ametropía y la enfermedad psíquica del pintor o también de sus modelos. Lo cierto es que este artista nacido en Candía, en la isla de Creta, se dedicó inicialmente a los iconos, lo que posiblemente explica la renuncia a los entornos de apariencia real que caracteriza su obra. De Creta se trasladó en 1567 a Venecia, donde la primacía de la *pittura* (pintura) manifestada por Tiziano –frente a la hegemonía del *disegno* (dibujo) que prevalecía en Roma– pudo haber inspirado su pintura pura, que sólo opera con grandes superficies de color. Durante una estancia en Roma en 1576-1577, las figuras manieristas de Miguel Ángel de grandes dimensiones y contorsionadas dejaron en él una huella perdurable. Tres elementos –la inexistencia de espacialidad, el predominio ilimitado del color y las figuras alargadas, espiritualizadas– caracterizan su obra. Para establecerse como artista, en 1577 El Greco viajó a España, donde se instaló en Toledo y pintó la mayor parte de su obra. Su lienzo

El Greco (1541–1614)

El Greco stands for compositional uniqueness and pictorial extravagance. There is no past and no future, the works of El Greco tower over the history of European painting. Forgotten after his death, they brought about the birth of Expressionism 300 years later. Attempts were made to explain his uniqueness through arguments that lay outside of art, such as the artist's defective vision and physical illness, or even his models. The artist was born in Candia on Crete and first tried painting icons, so perhaps the lack of realistic backgrounds that distinguishes his works is a result of this. In 1567, he arrived in Venice from Crete, where the primacy of *pittura*, color, that Titian demonstrated as opposed to the primacy of *disegno*, drawing, preached in Rome, may well have inspired his pure painting style with large areas of color. Michelangelo's use of the elongated and twisting figures of Mannerism left a lasting impression on him during his stay in Rome in 1576/77. It is these three elements— the absence of three-dimensionality, the unfettered dominance of color, and the elongated, spiritualized figures—that shape his work. To position himself as an artist, El Greco traveled to Spain in 1577, where he settled in Toledo and created the greatest part of his work. His picture *The Crucifixion*, a component of the high altar from Toledo that came to the Prado by way

EL GRECO

San Sebastián

*Óleo sobre lienzo,
1610-1614, 115 × 85 cm
(Estado de la pintura
hasta 1987, año en
que apareció un
segundo fragmento
del cuadro con las
piernas del santo y
un paisaje al fondo)*

St. Sebastian

*Oil on canvas,
1610–1614,
45¼ × 33½ in
(Condition of the
painting up to 1987,
lacking the lower
section with legs
and landscape)*

La Crucifixión, parte de un retablo de Toledo que llegó al Prado a través del Museo de la Trinidad, ilustra su singular concepción artística con su formato extremamente alargado, la intensidad dramática del fondo negro plagado de nubes, el osado acortamiento de la figura del ángel que vuela hacia atrás, y el alargamiento de María y san Juan Evangelista. En él se reconoce la expresión artística de una visión divina marcada por un misticismo comparable al de los escritos de santa Teresa de Ávila y san Juan de la Cruz.

El cuadro *San Sebastián* es un buen ejemplo del trato del que es objeto el arte cuando éste no se considera –como hoy es habitual– manifestación de una visión artística individual que hay que respetar sino como trabajo de encargo. El lienzo llegó al Prado como donación de la condesa de Mora, marquesa de la Casa Riera, en 1959. Si bien la representación de una figura incompleta era inhabitual en la época, como se trataba de El Greco no se dio al hecho mayor importancia. Sin embargo, cuando durante los trabajos de restauración de un paisaje de propiedad particular aparecieron dos piernas, se hizo evidente que la figura incompleta del santo y el paisaje eran dos fragmentos de un mismo cuadro. El Prado adquirió en 1987 la parte inferior, con una vista parcial de Toledo, y unió ambos fragmentos, aunque de modo que se puede apreciar que el lienzo no sólo fue mutilado una vez sino como mínimo dos, probablemente para acomodarlo a las exigencias espaciales de sus distintos propietarios.

El Greco fue un artista con una autoestima muy alta; en varias ocasiones se vio envuelto en litigios con la Iglesia relacionados con las condiciones acordadas para la realización de un cuadro. Durante el tiempo en que se prolongaban estas disputas jurídicas, los encargos eclesiásticos cesaban, lo que dejaba tiempo al pintor para retratar a personalidades toledanas. Su obra más famosa, emblemática en España, es *El caballero de la mano en el pecho*. El rostro del representado irradia una profunda honradez e integridad moral, y su mano derecha –con el anular y el corazón unidos en señal de compromiso emocional– se posa sobre la cadena de un medallón que cuelga sobre su pecho, a modo de indicación de un juramento. La empuñadura y el hombro caído del representado han dado pie a identificarlo como Juan de Silva, duque de Montemayor, o su pariente del mismo nombre, Juan de Silva, conde de Portalegre. Este último fue gravemente herido en el brazo izquierdo por un disparo de arcabuz en la batalla de Alcazarquivir en 1578. A la historia más reciente del cuadro pertenece la disputa mantenida en un cruce de cartas publicado por el diario *El País* entre un periodista especializado en arte y el restaurador de la obra. Las críticas manifestadas por el periodista de que el fondo del cuadro había sido aclarado en exceso y la firma se había eliminado fueron refutadas por el restaurador argumentando que el tono claro era análogo al de otras representaciones de nobles de El Greco, y que los verdaderos restos de la firma, reconstruida una y otra vez en restauraciones precedentes, todavía eran visibles.

Tremendamente moderna, casi expresionista, resulta la pintura registrada en el museo con el título *Fábula*, en la que se representan un mono, un joven y un hombre con sombrero rojo y sobretodo amarillo. En este cuadro se ha querido ver

of the Museo de la Trinidad, exemplifies his unique artistic vision in its extreme, upright format, the dramatic, black, cloud-strewn background, the figure of the angel flying backwards that is boldly foreshortened, and the elongated figures of Mary and John. In it one saw the pictorial realization of a mystically formed vision of God, as expressed in the writings of Saint Theresa of Ávila and Saint John of the Cross.

The picture *Saint Sebastian* is a good example of how one can deal with art, seeing it not as the expression of an individual artistic vision as is largely the case today, but as a fulfillment of a commission. The picture came to the Prado in 1959 as a gift from the Duchess of Casa Riera. Although the iconography of a knee-length portrait is unusual, no one questioned it further because it was by El Greco. Only when restoration of the privately owned landscape painting revealed two legs did it become clear that the landscape and the knee-length figure were fragments of the same painting. In 1987, the Prado purchased the lower portion with a partial view of Toledo and joined the two pieces together in a way that made it possible to see that the picture had been mutilated not once, but at least twice, probably to fit it into different sized spaces of the respective owners.

El Greco was an artist with extremely high self-esteem. He fought several legal battles with the Church over agreed-upon conditions for commissioned paintings. While these legal disputes lasted, other commissions from the Church sometimes failed to appear and so the painter had time to devote himself to painting portraits of Toledo's personalities. His most famous work, emblematic in Spain, is *The Nobleman with His Hand on His Chest*. The face of the subject radiates deep sincerity and moral integrity, his right hand—ring and middle fingers are very close to each other, which conveys emotional engagement—rests on the chain of a medallion on his chest and seems to underscore an oath. The handle of the rapier and the sloping shoulder led to the identification of the subject as Juan de Silva, Duke of Montemayor, or his relative with the same name, Juan de Silva, Count of Portalegre. The latter's left arm was badly injured by a shot from a arquebus in the Battle of Alcazarquivir in 1578. A dispute in an open exchange of letters in the newspaper *El País* between an accomplished art journalist and the restorer of the painting belongs to the picture's recent history. The restorer responded

EL GRECO

El caballero de la mano en el pecho
Óleo sobre lienzo, hacia 1580, 74 × 58 cm

The Nobleman with his Hand on his Chest
Oil on canvas, c. 1580, 29 1/8 × 22 7/8 in

EL GRECO

Caballero anciano
Óleo sobre lienzo, 1587-1600,
46 × 43 cm

Aged Nobleman
Oil on canvas, 1587–1600,
18⅛ × 16⅞ in

la ilustración del proverbio español «El hombre es fuego, la mujer estopa, viene el diablo y sopla», que interpretando la figura central como mujer y equiparando mono y diablo contendría un mensaje moralizante sobre la concupiscencia. En efecto, en la pintura de los siglos XVI y XVII el mono simboliza el deseo carnal; de otro lado, también puede ser indicio, como en las representaciones de los sentidos de Brueghel y Rubens del Prado, de que el cuadro contiene mensajes cifrados. Si además se tiene en cuenta que El Greco en muchas otras versiones sólo ha representado la figura central soplando una brasa, no carece de sentido interpretar esta pintura como écfrasis, esto es, como reconstrucción de una obra existente en la Antigüedad. El Greco toma el motivo de un cuadro de Antífilo (hacia 330 a. C.) descrito por Plinio, que representa a un joven soplando una brasa y que por el reflejo de la luz en el rostro del joven fue muy apreciado en la Antigua Grecia. Con la elección

to the journalist's accusations that the background was too bright and that the signature had been removed, saying the brightening is similar to other representations of noblemen by El Greco, and that the remains of the actual signature that had been repeatedly reconstructed in previous restorations were still visible.

The painting titled *Fable*, in which an ape, a young man and a man wearing a red hat and yellow apron are depicted, appears notably modern, almost expressionistic. This picture was interpreted as an illustration of the Spanish proverb, "The woman is hemp, the man is fire, and the devil comes and blows on it" (*El hombre es fuego, la mujer estopa, viene el diablo y sopla*) Here the interpretation of the middle figure as a woman and the equation of the ape with the devil contain a moral message about carnal desire. In fact, apes in 16th and 17th century do symbolize carnal desire, but on the other hand it could be, as

de este motivo, El Greco pretende medirse con los pintores de la Antigüedad y dejar claro a los especialistas de arte del siglo XVI, influidos por el Humanismo, que está en pie de igualdad –si es que no los supera– con los maestros antiguos. En este sentido, el personaje del gorro rojo y el sobretodo amarillo debería interpretarse no como libertino sino como personificación de la profesión de pintor.

representations of the senses by Brueghel and Rubens in the Prado indicate, that these paintings contain cryptic messages. In addition, when one considers that El Greco portrayed the middle figure in the glow of a blown ember in numerous other versions, the interpretation that it appears to be an acphrasis, that is a reconstruction of work that existed in the ancient world, is more plausible. El Greco uses the motif of a painting by Antiphilos (about 330 BC) that Pliny described, showing a boy blowing on an ember and the light reflecting in the boy's face, and which was highly respected in ancient Greece. Through his choice of subject, he wants to measure himself against the ancients and make clear to the humanistic art specialists of the 16th century that he is equal to, if not better than, the old masters. In this interpretation the man with the red hat and yellow apron would be seen not as a debauchee but as the embodiment of the painter's calling.

EL GRECO

Fábula

Óleo sobre lienzo, hacia 1580,
50,5 × 63,6 cm

Fable

Oil on canvas, c. 1580, 19⅞ × 25 in

Diego Velázquez (1599-1660)

Velázquez fue para Edouard Manet «el pintor de pintores», y Luca Giordano calificó de «teología de la pintura» su cuadro *Las Meninas*, que se exhibe en el lugar más privilegiado de la Sala 12, el área basilical del piso superior del Prado dedicada exclusivamente al artista, el sanctasanctórum de la cultura española. En una estancia iluminada desde la derecha por dos ventanas y de cuyas paredes cuelgan cuadros, se hallan ocho personas y un perro; otra figura humana se ve, a través de una puerta, en unas escaleras iluminadas. El lugar, las personas y los cuadros de esta representación son identificables: en una sala del Alcázar cedida a Velázquez en 1646 tras la muerte del príncipe Baltasar Carlos se encuentran, de izquierda a derecha, Diego Velázquez (aposentador mayor de palacio y pintor del cuadro), la dama de compañía (o *menina*) María Agustina de Sarmiento, la infanta Margarita (a la edad de cinco años), la *menina* Isabel de Velasco y dos bufones de la corte: María Bárbola, de origen alemán, y el italiano Nicolasito Pertusato. Detrás aparecen la dueña Marcela de Ulloa y un guardadamas. El hombre de la escalera es el aposentador José Nieto Velázquez, que no estaba emparentado con el pintor. A la izquierda, junto a la puerta de casetones abierta, se reconoce al rey Felipe IV y a su segunda esposa, Mariana de Austria, rodeados por un marco negro. Lo que durante décadas se consideró un retrato de los monarcas, en la actualidad se interpreta unánimemente como reflejo especular de la pareja, puesto que una representación de medio

Diego Velázquez (1599–1660)

For Edouard Manet, Velázquez was the "painter of all painters" and Luca Giordano described his painting *The Maids of Honor* as the "theology of painting." This work is displayed at the apex of the basilical hall 12 on the upper floor of the Prado, the sacrosanct site of Spanish culture, which is devoted entirely to him. In a room which is lit by two windows on the right and has paintings hanging on the wall, there are eight people and a dog. Another person is visible through a door leading into a bright stairway. The location, people, and pictures in this painting have been identified. In a hall at the Alcázar that was left to Velázquez after the death of Prince Baltasar Carlos in 1646, are, from left to right, Diego Velázquez (Lord Steward and painter of the picture), the court lady *(menina)* María Sarmiento, the five-year old Infanta Margarita, the court lady Isabel de Velasco and two court jesters, Maribárbola of German descent, and Italian Nicolás de Pertusato. Behind them are the chaperone Marcela de Ulloa and a watchman for the court ladies. The man on the stairs is the chamberlain José Nieto Velázquez, who was not related to the painter. On the left next to the open coffered door, you can recognize King Philip IV and his second wife Mariana of Austria surrounded by a black frame. What was construed as a double portrait is today unanimously interpreted as a mirror image of the royal couple, because a knee-length portrait is as unlikely according to protocol as is the positioning of Mariana in the left half of the picture that was

DIEGO VELÁZQUEZ

Las Meninas
Óleo sobre lienzo, 1656,
310 × 276 cm

The Maids of Honor
Oil on canvas, 1656, 122 × 108¾ in

Detalle: El hombre de la escalera volviéndose.

Detail: man turning on the stairs.

Detalle: Retrato real
en el espejo.

Detail: royal portrait in the mirror.

Detalle: María Bárbola
y Nicolasito.

Detail: Maribárbola and Nicolás.

Detalle: Velázquez con la cruz
de la Orden de Santiago.

Detail: the painter Velázquez
with the Cross of the
Order of Santiago.

Detalle: La dueña y
el guardadamas.

Detail: chaperone and guard.

cuerpo es desde el punto de vista protocolario tan poco probable como que Mariana ocupe la mitad izquierda del cuadro, reservada para el monarca regente. De ese modo, el espejo se convierte en el centro de interés de la observación y en la clave para la interpretación del cuadro, ya que también revela que la pareja real no se encontraba ya en la sala para ser retratada en el lienzo que aparece en el margen izquierdo del cuadro sino que llega en ese momento. Ello concuerda con la actitud de los otros personajes, algunos de los cuales se han percatado de la entrada de los monarcas pero otros en cambio aún no: Velázquez suspende su trabajo, pues se ha dado cuenta de la presencia de los reyes, y la infanta Margarita no mira el búcaro que se le está ofreciendo sino a sus padres que llegan. La *menina* de la izquierda no ha notado nada; por el contrario, la de la derecha ya se dispone a hacer una reverencia. María Bárbola mira a la pareja; el otro bufón está distraído con el perro. También la dueña sigue hablando, mientras que el guardadamas (como también el aposentador en la escalera) ha percibido la llegada de los reyes. La pareja real se considera en la concepción del cuadro: al aparecer reflejada en el espejo y no representada en la obra, ha de encontrarse delante del cuadro, es decir, justo allí donde se sitúa el observador –antiguamente en el Alcázar, hoy en el Prado–, a quien de ese modo se enaltece.

Los cálculos matemáticos del formato del lienzo, cuyo anverso se puede ver parcialmente en la obra, han llevado a determinar que se corresponde con el cuadro de *Las Meninas* que hoy se exhibe en el Prado. Con ello se pone de manifiesto que el Velázquez representado no está pintando un retrato de los reyes ni de la infanta como en el pasado se creyó, sino que trabajaba en el cuadro que tenemos ante nuestros ojos. De ese modo el artista juega sutilmente con nuestra percepción de la realidad, pues para poder pintar la escena representada tendría que haber trabajado con un espejo. Pero, de haber sido así, o bien éste hubiera ocultado a la pareja real o bien los reyes habrían impedido ver la escena reflejada en él. Mediante la construcción de una situación pictórica real que, sin embargo, en la práctica es irrealizable, Velázquez manifiesta que la realidad artística está por encima de la realidad empírica. Esta declaración viene a reafirmarse por los dos cuadros de la pared frontal, copias de Juan Bautista del Mazo de *Atenea y Aracne* de Rubens y *Apolo y Pan* de Jordaens, cuyo tema es el acercamiento de los seres humanos a los dioses a través del arte.

Nacido en Sevilla, donde realizó sus extraordinarios bodegones con figuras, Velázquez llegó a Madrid en 1623, y allí trabajó para Felipe IV como aposentador mayor de palacio y pintor hasta su muerte. De las cerca de 100 obras que se le atribuyen con certeza, el Prado posee la mitad. Su producción abarca todos los géneros pictóricos, que a excepción de los bodegones tempranos y del desnudo *La Venus del espejo* que se encuentran en Gran Bretaña (National Gallery, Londres) también están todos representados en el museo. Así, por ejemplo, *Cristo en la Cruz* es un excepcional cuadro religioso de carácter contemplativo y meditativo que no muestra al Crucificado como doliente sino como hijo de Dios llamado a volver. *El triunfo de Baco, La fragua de Vulcano* y *El dios Marte* son obras de tema mitológico, bastante infrecuente en el arte español, que, sin embargo,

exclusively for the ruling monarch. As a result, the mirror becomes the focus of observation and the key to understanding the picture, because it indicates the royal couple were not already in the room when painting begins on the left edge of the huge canvas, but had just arrived. The bearing of the other people fits with this, as some have already registered the arrival of the rulers while others have not: Velázquez pauses in his painting, because he notices the king's presence and the Infanta Margarita does not look at the tiny clay jug being handed to her, instead she looks at her arriving parents. The left court lady has still noticed nothing, while the one on the right begins to curtsey. Maribárbola looks at the pair, the Italian is still completed absorbed by the dog. The chaperone also continues speaking, while the watchman standing at attention notices the king's presence as does the chamberlain on the stairs who turns back. The royal couple is anticipated in the picture's composition: when reflected in the mirror and not painted in the picture, they must be in front of the picture, there where the picture's viewer is standing, at that time in Alcázar, today in the Prado. In this way the viewer is empowered.

The mathematical projection of the dimensions of the canvas seen from behind in *The Maids of Honor* are consistent with the dimensions of the painting that hangs in the Prado today. As such, it becomes clear that the Velázquez portrayed in the picture is neither working on a portrait of the royal couple nor on a portrait of the Infanta as was formerly believed, but rather is working on the picture at hand. The artist plays subtly with our sense of reality, as he would have to have worked with a mirror to paint the situation depicted. But this would have either obscured the entering royal couple or the royal couple would have interfered with the mirrored view of the portrayed situation. By constructing a realistic setting for his painting that could not in fact have been realized, Velázquez declares that artistic reality is superior to empirical reality. This declaration is underscored by the two paintings on the end wall, copies by Juan Bautista del Mazo of Ruben's *The Fable of Arachne* and Jordaen's *Apollo Defeating Pan,* whose theme is the approach of man to the gods by way of art.

Born in Seville, where his unique *bodegones* (still lifes with figures) took shape, Velázquez came to Madrid in 1623. He worked here for Philip IV as Lord Steward and painter until his death. The Prado owns half of the approximately 100 works definitely attributed to him. His portfolio included all painting

DIEGO VELÁZQUEZ

El príncipe Baltasar Carlos, a caballo
Óleo sobre lienzo, 1635-1636, 209×173 cm

Prince Baltasar Carlos on Horseback
Oil on canvas, 1635–1636, 82¼×68⅛ in

DIEGO VELÁZQUEZ

El dios Marte

Óleo sobre lienzo, 1641, 179 × 95 cm

Mars

Oil on canvas, 1641, 70½ × 37⅜ in

genres and, except for the early still lifes and the nude *Venus at Her Mirror,* which are in Great Britain, all of the genres are represented at the Prado. So, for example, *Christ on the Cross* is a uniquely contemplative-meditative devotional picture that shows the crucified Jesus not as a suffering man but rather as God's son who has been called home. *Triumph of Bacchus, The Forge of Vulcan,* and *Mars* are extremely rare myths in Spanish art, but they are not devoted to these antique themes in a way that makes them heroic or glorifies them, but instead makes them human and ironic.

Velázquez never robbed even court jesters and dwarves of their human dignity, despite their sometimes adventurous getups and pompous sobriquets. The portrait *The Court Jester Pablo de Valladolid* that Velázquez created of the declaiming court jester in 1633 is seminal. The complete concentration on mimicry and gesture while neglecting a realistic setting—the background is similar to a backdrop at a modern photo shoot—influenced Manet's *The Piper* from 1866 among others. The picture *Portrait of the Sculptor Juan Martínez Montañes* is simultaneously a masterpiece of portraiture and a manifesto on painting's superiority over sculpture. Velázquez shows the sculptor from the Andalusian Province Jaén who worked in Seville creating a bust of Philip IV—the artist pauses thoughtfully in his work and is aware that his portrait is being painted. Until the 17th century, sculpture was the preeminent art form in Spain because of its unique task of making high altars, with painting subjugated to the status of a decorative accessory. The effort to have painting recognized as "liberal art" and no longer as a handicraft led to the so-called *paragone* (comparison), the comparison between sculpture and painting, originating in Italy, whereby the former meant to prove its superiority through its realistic three dimensionality, the latter through its lifelike colors. Here Velázquez takes up the *paragone* indirectly, in that he succeeds in a unique way to capture Martínez Montañes' spirit, while the monarch's head the sculptor must finish seems extremely diffuse and practically without substance.

Velázquez conveys a unique artistic vision in the pair of pictures *Villa Medici in Rome: Facade of the Grotto-Loggia* and *Villa Medici: Pavilion of Ariadne,* which he apparently created during his second trip to Rome between 1649 and 1651 to buy artworks for the Spanish king. Velázquez completely avoided a religious or mythological pretext typical in landscapes to this time, and, 200 years before the Barbizon School (the precursor

abordan estos temas de la Antigüedad sin heroicidad o glorificación, sino humana e irónicamente.

Pese a su presentación en ocasiones aventurera y sus pomposos apodos, Velázquez no despojó nunca de su dignidad a los bufones ni a los enanos. Uno de los mejores ejemplos es el retrato de *Pablo de Valladolid* (1633), en el que Velázquez pintó al bufón en actitud declamatoria. La absoluta concentración en los gestos y ademanes, renunciando a un entorno realista –el fondo es semejante al empleado en una una sesión fotográfica moderna– influyó, por ejemplo, en *El flautista* que pintó Manet en 1866. La representación de *Juan Martínez Montañés* es una obra maestra del retrato y al mismo tiempo una proclama de la superioridad de la pintura sobre la escultura. Velázquez muestra a este escultor jienense que ejercía su profesión en Sevilla trabajando en un busto de Felipe IV; el artista, meditativo, hace una pausa en su trabajo y es consciente de que está siendo retratado. Hasta el siglo XVII, la escultura fue la expresión artística preeminente en España por su especial papel en la realización de los altares mayores; la pintura, considerada un complemento decorativo, ocupaba un rango menor. En el intento de que la pintura se considerara un «arte liberal» y no un oficio, se popularizó, procedente de Italia, el llamado *paragone* (el parangón entre la escultura y la pintura), en el que la primera pretendía demostrar su superioridad argumentando su tridimensionalidad real y la última, su colorido realista. Aquí Velázquez recurre indirectamente al parangón, captando de modo excepcional a Martínez Montañés, mientras que la cabeza del monarca que está esculpiendo el escultor resulta muy imprecisa y casi inmaterial.

Velázquez transmite una singular visión artística en la pareja de cuadros llamada *Vista del jardín de la Villa Médici en Roma*, que posiblemente pintó durante el segundo viaje que hizo a Roma (entre 1649 y 1651) con el objeto de comprar obras de arte para el monarca español. Prescindiendo por completo del pretexto religioso o mitológico propio de la época en la representación de paisajes, en estos dos lienzos realizados al aire libre Velázquez consigue plasmar por primera vez, anticipándose 200 años a la Escuela de Barbizón (precursora del Impresionismo), impresiones paisajísticas ligeras, casi etéreas.

Las hilanderas, obra que en el pasado llamó la atención sobre todo por lo infrecuente que era en el siglo XVII la representación del mundo laboral de la época, es un cuadro con un polifacético programa. El observador accede a la clave para su interpretación –situada en el fondo– a través de las figuras femeninas que están pintadas de espaldas a la derecha y el rostro no definido de la hilandera central del primer plano. La identificación del tapiz de la habitación interior como una copia del cuadro de Tiziano *El rapto de Europa* ha permitido reconocer en las dos figuras femeninas del fondo a Minerva y Aracne. Presentando al mismo tiempo, en el primer plano, el mundo laboral coetáneo y, en el segundo, la competición entre una mortal (Aracne) y la diosa de las Artes, tematizada entre otros por el poeta romano Ovidio en sus *Metamorfosis*, Velázquez construye una obra de gran complejidad para la afirmación y la consideración social del artista desde la Antigüedad hasta el siglo XVII. Ovidio relata que Aracne, muy apreciada

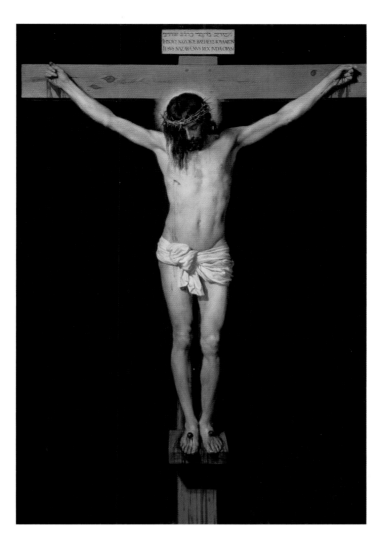

DIEGO VELÁZQUEZ

Cristo en la Cruz
Óleo sobre lienzo, hacia 1632,
248 × 169 cm

Christ Crucified
Oil on canvas, c. 1632,
97⅝ × 66½ in

DIEGO VELÁZQUEZ

El triunfo de Baco, o Los Borrachos
Óleo sobre lienzo, hacia 1629,
165 × 225 cm

The Triumph of Bacchus,
or The Drunkards
Oil on canvas, c. 1629, 64⅞ × 88⅝ in

DIEGO VELÁZQUEZ

La fragua de Vulcano
Óleo sobre lienzo, hacia 1630, 223 × 290 cm

Vulcan's Forge
Oil on canvas, c. 1630, 87¾ × 114⅛ in

por sus actitudes artísticas, en su competición contra Minerva teje tapices en los que representa la debilidad de los dioses por las mortales (como el rapto de Europa por Júpiter personificado en la figura de un toro blanco), mientras que Minerva elige como motivo la osadía de los humanos que han desafiado a los dioses. Según Ovidio, aunque Minerva reconoce la excepcionalidad artística de la obra de Aracne –lo que en relación con su creación artística hace de ella un ser divino–, convierte a Aracne en una araña por haberse atrevido a criticar a los dioses. En la España del siglo XVII, en la que los pintores luchaban por su reconocimiento como artistas liberales y la mejora de su posición social e ingresos financieros, la figura de Aracne adquiere una significación especial por la libertad que manifiesta a la hora de elegir los temas. La interpretación de este cuadro como programa pictórico para la revalorización de la pintura se ratifica también porque, al representar a las mujeres tejiendo en el primer plano, Velázquez compite con Antífilo, pintor que gozaba de gran consideración en la Antigüedad y entre los mecenas formados en el Humanismo de la Edad Moderna, y quien según Plinio había pintado un famoso cuadro de hilanderas. Esta obra, que destaca por sus logros técnicos maestros, como la representación del movimiento en los radios de la rueca rodando, es al mismo tiempo un manifiesto de la consciencia de su propia valía artística.

La rendición de Breda (o *Las lanzas*) es un cuadro de gran formato pintado por Velázquez en 1635 para decorar, junto con obras de otros artistas sobre el mismo tema –esta importante victoria de España en la Guerra de los Ochenta Años–,

of Impressionism) created here for the first time an airy, almost ethereal garden impression as a true outdoor painting.

Noted earlier especially for the unusual representation of the contemporary world of work in the 17th century, the painting *The Thread Spinners* addresses multiple themes, whereby the viewer arrives at the hidden key to understanding the picture in the background by way of the female figures on the right shown from behind and the obscured face of the central spinstress in the foreground. The identification of the tapestry in the room at the back as a copy of Titian's painting *The Rape of Europe* allows the two female figures in the background to be recognized as Minerva and Arachne. Through simultaneously portraying the contemporary world of work in the foreground and in the background the competition between a mortal (Arachne) and the Goddess of Art, which the poet Ovid reported in his *Metamorphosis,* Velázquez constructed a highly complex work about self-conception and the social standing of artists from antiquity up to the 17th century. Ovid tells how Arachne, highly regarded for her skill, weaves rugs in competition with Minerva in which she portrays the weakness of the gods for mortal women (as with the Rape of Europe by Jupiter in the figure of a white bull), while Minerva chooses as her subject the impudence of those who challenge the Gods. According to Ovid, Minerva recognizes the artistic uniqueness of Arachne's works—which equates her to a godly being in view of her artistic creations—but she turns Arachne into a spider because she dared to criticize the Gods. In the Spain of the 17th century where painters fought to be recognized as

DIEGO VELÁZQUEZ

El bufón don Sebastián de Morra

Óleo sobre lienzo, hacia 1646,
106 × 81 cm

The Buffoon Don Sebastian de Morra

Oil on canvas, c. 1646, 71¾ × 31⅞ in

DIEGO VELÁZQUEZ

Vista del jardín de la Villa Médici en Roma: «La tarde»

Óleo sobre lienzo, hacia 1630, 49 × 43 cm

The Medici Gardens in Rome:
Facade of the Grotto Loggia

Oil on canvas, c. 1630, 19¼ × 16⅞ in

DIEGO VELÁZQUEZ

Juan Martínez Montañés

Óleo sobre lienzo, hacia 1635-1636,
109 × 88 cm

Juan Martínez Montañés

Oil on canvas, c. 1635–1636,
42⅞ × 34⅝ in

DIEGO VELÁZQUEZ

Vista del jardín de la Villa Médici en Roma: «El mediodía»

Óleo sobre lienzo, hacia 1630, 44 × 38 cm

The Medici Gardens in Rome:
Pavilion of Ariadne

Oil on canvas, c. 1630, 17⅜ × 14⅞ in

Detalle: Escena de fondo, con Atenea.

Detail: background scene with Athena.

DIEGO VELÁZQUEZ

La fábula de Aracne, o Las hilanderas

Óleo sobre lienzo, 1644-1648, 220 × 289 cm

The Fable of Arachne, or The Tapestry Weavers

Oil on canvas, 1644–1648, 86⅝ × 113¾ in

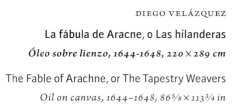

**La rendición de Breda,
o Las lanzas**
*Óleo sobre lienzo, hacia 1635,
307×367 cm*

The Surrender of Breda
or The Lances
*Oil on canvas, c. 1635,
120⅞×144½ in*

Detalle: Columna de humo.

Detail: column of smoke.

Detalle: Entrega de las llaves.

Detail: receiving the keys.

FRANCISCO DE ZURBARÁN

**Defensa de Cádiz
contra los ingleses**

*Óleo sobre lienzo, 1634,
302×323 cm*

The Defense of Cadiz
against the English

*Oil on canvas, 1634,
110⅞×127⅛ in*

el Salón de Reinos en el nuevo Palacio del Buen Retiro. A diferencia de sus colegas Zurbarán, Pereda, Maíno, Jusepe Leonardo, Vicente Carducho, Castelo y Cajés, Velázquez renuncia por completo a una representación heroica del ejército y a las actitudes pomposas. El centro de su composición lo ocupan más bien los gestos nobles y generosos que el genovés Ambrosio Spínola, general al mando del ejército español, muestra hacia su adversario, Justino de Nassau, vencido en la batalla del 2 de junio de 1625, mientras que éste, en actitud reverente, le entrega las llaves de Breda, ciudad de gran importancia estratégica en la provincia de Brabante. Así, esta victoria de España contra los Países Bajos, tras la cual Spínola permitió a los vencidos retirarse armados e ilesos, se convierte en símbolo de magnanimidad y honor que casi hace olvidar la sangrienta carnicería y la pérdida de vidas humanas de la batalla. Con todo, queda claro quién es el vencido y quién el vencedor: los españoles aparecen tras Spínola en formación, con la mayoría de las lanzas en paralelo, como colocados para ser retratados, mientras que

liberal artists and for the accompanying improvement in their social position and financial income, the figure of Arachne took on special meaning, not least because she also expressed her freedom in her choice of subject. The interpretation of this picture as a painted manifesto for the appreciation of painting is also supported by the fact that Velázquez portrays the women working in the foreground in a competition with the painter Antiphilos, highly respected in antiquity and among more modern patrons educated in Humanism, who according to Pliny painted a famous picture of spinstresses. The painting, which shines with technical mastery as with the representation of movement in the spokes of the rotating spinning wheel, is thus a manifesto for artistic self-confidence.

Velázquez' painted his largest painting *The Surrender of Breda* (also called *The Lances*) in 1635 to decorate the Hall of Kingdoms, along with the works of other artists on the same subject—the important victory of the Spanish in the Eighty Years' War—in the newly-built palace Buen Retiro. Unlike

ANTONIO DE PEREDA

**El socorro de Génova
por el segundo marqués
de Santa Cruz**
*Óleo sobre lienzo, 1634,
290 × 370 cm*

The Rescue of Genoa by the
II Marquis of Santa Cruz
*Oil on canvas, 1634,
114 1/8 × 145 5/8 in*

por detrás de los desordenados holandeses asciende el humo negro de la derrota. En esta composición de exquisita elegancia y sutil sentimiento del honor, Velázquez sale al paso de cualquier posible patetismo con la presencia pictórica que le otorga al reluciente trasero equino, que casi rompe la bidimensionalidad y que relativiza la solemnidad del momento. El caballo se dispone a girarse, con una pata trasera levantada, dando movimiento a la representación y confiriendo al cuadro cierto carácter de «instantánea» que esconde los meses de trabajo invertidos en él.

his colleagues Zurbarán, Pereda, Maíno, Jusepe Leonardo, Vicente Carducho, Castelo, and Cajés, Velázquez completely dispensed with a heroic military spectacle and pompous poses. Rather, the focus of his composition is the gallant and generous gesture with which the supreme commander of Spanish troops, the Genoese Ambrosio Spinola, meets his opponent defeated in battle on 2 June 1625, Justinus van Nassau, who, while bowing, hands over the keys to the strategically important Brabant city Breda to Spinola. Thus the victory of the Spaniards over the Dutch, after which Spinola allows the vanquished to withdraw unharmed and unarmed, becomes a symbol of magnanimity and honor, which almost allows one to forget the bloody carnage and loss of life. The conqueror and the conquered are still clear: the Spaniards stand behind Spinola in orderly formation with lances placed predominantly parallel, almost as if arranged for a portrait, while the dark smoke of defeat rises behind the disorderly Dutch. Velázquez counteracts every emergence of pathos by giving the horse's stout flanks a pictoric presence that almost breaks the two-dimensional nature of this composition of selected elegance and subtle sense of honor, and thus puts the ceremonial moment into perspective. The horse is preparing to turn with a raised right leg, which brings movement into the picture and imparts a sort of "snap shot character" to the picture that contradicts the long months of work on this painting.

FRANCISCO DE GOYA

El cacharrero
Óleo sobre lienzo, 1779,
259 × 220 cm

The Pottery Vendor
Oil on canvas, 1779,
101⅞ × 86⅝ in

T.1283

Francisco de Goya y Lucientes (1746-1828)

Con Goya hace su aparición en el siglo XVIII un genio sobresaliente del dibujo, el grabado y la pintura, que con su inmensa fuerza creadora consiguió ensombrecer a todos sus coetáneos. Nacido en Fuendetodos, cerca de Zaragoza, se trasladó posteriormente a Madrid, donde a partir de 1776 realizó diseños para la Real Fábrica de Tapices y diez años más tarde fue nombrado pintor del rey. Su obra abarca todos los géneros pictóricos: cuadros de santos y mitológicos, retratos, paisajes, obras históricas y bodegones. Pero sus representaciones, independientemente del género, tienen algo en común: todas se caracterizan por su búsqueda radical de renovación.

Los cuadros *El 2 de mayo de 1808 en Madrid: la lucha con los mamelucos* y *El 3 de mayo de 1808: los fusilamientos en la montaña del Príncipe Pío* son una representación de sucesos locales y, a la vez, una denuncia de carácter universal. Ambas obras se pintaron al terminar la invasión napoleónica, a la espera del regreso de Fernando VII del exilio francés. *La lucha con los mamelucos* muestra cómo los mercenarios egipcios al servicio de los franceses arremeten contra la población civil, que se ha alzado contra los ocupantes, en la céntrica Puerta del Sol de Madrid. Restaurado en 2008 con motivo del bicentenario de estos acontecimientos, el c uadro pone de manifiesto la feroz crueldad de la guerra de guerrillas. Pese a su valiente proeza, los madrileños, armados únicamente con cuchillos de

Francisco de Goya y Lucientes (1746–1828)

Goya appears in the 18th century, a genius in drawing, printmaking, and painting who outshines all others and relegates all of his contemporaries to the shadows with his immense creative power. Born in Fuendetodos near Zaragoza he came to Madrid, where from 1776 he created designs for the carpet factory and ten years later was named painter to the king *(pintor del rey).* His portfolio encompasses all painting genres: images of saints, portraits, landscapes, mythologies, depictions of historical events, and still lifes. All of his pictures have something in common, regardless of their genre: the intrinsic search for radical renewal.

The Second of May 1808 in Madrid: The Charge of the Mamelukes and *The Third of May 1808 in Madrid: The Executions of Principe Pio Hill* are simultaneously depictions of local events and universal denouncements. The pair of paintings emerged after the end of the Napoleonic invasion in anticipation of Ferdinand VII's return from French exile. *The Charge of the Mamelukes* shows how the Mamelukes, Egyptian mercenaries in the service of the French, attack the civilians who had risen up against the invaders at the Puerta del Sol in the center of Madrid. Restored in 2008 on the occasion of the 200th anniversary of the uprising of Madrid against the French occupiers, the picture crudely reveals the horror of a guerrilla war. The Madrilenians armed only with laborer's knives, despite their

FRANCISCO DE GOYA

Un pavo muerto
Óleo sobre lienzo,
hacia 1808-1812, 45 × 63 cm

A Dead Turkey
Oil on canvas, c. 1808–1812,
17¾ × 84¾ in

FRANCISCO DE GOYA

**El 2 de mayo de 1808 en Madrid:
la lucha con los mamelucos**
Óleo sobre lienzo, 1814,
268 × 347 cm

The 2nd of May 1808 in Madrid:
The Charge of the Mamelukes
Oil on canvas, 1814,
105½ × 136⅝ in

artesanos, no tienen la más mínima posibilidad de ganar ante la caballería armada con sables.

El día siguiente, el 3 de mayo, todos aquellos que fueron encontrados con una navaja se apresaron y fusilaron en la montaña del Príncipe Pío, donde hoy se alza el Templo de Debod. *Los fusilamientos en la montaña del Príncipe Pío* presenta a la alineación de soldados franceses como una inhumana maquinaria homicida anónima. Más allá de la concreta situación histórica, ante los ojos del observador se manifiesta el carácter universal de las guerras, en las que la crueldad adquiere su propia dinámica y termina siendo un fin en sí misma. La víctima de esa crueldad es el individuo, personificado por los representantes de las distintas capas del pueblo que se encuentran frente a las bayonetas. En charcos de sangre a la izquierda del cuadro yacen las víctimas del deshumanizado automatismo del fusilamiento. Detrás se puede ver a un fraile rezando, a un hombre con los puños cerrados y a otro cubriéndose el rostro con las manos.

death-defying sortie, had no chance against the cavalry troops armed with sabers.

On the next day, 3 May, anyone caught with a pocket knife was arrested and shot to death on Principe Pio Hill, where today the Temple of Debod stands. The painting *The Executions of Principe Pio Hill* depicts the row of French infantry soldiers as dehumanized, anonymous killing machines. Beyond the concrete historical situation, the universal essence of war is revealed to the viewer in that the horror achieves momentum and becomes an end in itself. The victim of this horror is the individual, portrayed through representatives of the different classes of society who find themselves facing bayonets. On the left side of the picture craftsmen lying in pools of blood have fallen victim to dehumanized execution. Behind, a praying monk, a man with his hands in fists, and another with his hands thrown up in front of face are visible. A column of people is moving toward the execution squad and the fear of

**Detalle: Mamelucos
con sable y cuchillo.**

Detail: Mamelukes with
knife and sabre.

**Detalle: Un madrileño
con un cuchillo.**

Detail: a Madrilenian with a knife.

Una columna de gente se mueve en dirección al comando de ejecución, donde el miedo está representado con el máximo patetismo: un hombre que ante la desesperación tira de sus cabellos, y otro que con mirada enloquecida se muerde las manos personifican enfáticamente la impotencia y la rabia ante la muerte. Un hombre, con camisa blanca y pantalón amarillo, que supuestamente está iluminado por un farol situado en el suelo pero que en realidad emana luz de sí mismo, evoca con sus brazos abiertos en cruz y los estigmas visibles en las palmas de sus manos la Pasión de Cristo. Esta representación cristológica, sin embargo, no simboliza la religión como esperanza de salvación, nada sería más ajeno a Goya. Más bien se trata de una iconografía prototípica del padecimiento humano, como también lo es la constelación *mater dolorosa* de una madre llorando con su hijo en brazos, empleada 128 años más tarde por Picasso en el *Guernica*.

Goya empleó en varias ocasiones parejas de cuadros para hacer llegar al observador tramas complejas de sucesos.

death is shown at its most gripping. A man tears out his hair in despair and another, with a mad look on his face, bites his own hands, embodying haunting helplessness and frenzy in the face of death. A man with a white shirt and yellow pants, apparently lit by a lantern standing on the ground but in fact also lighting himself, with his arms spread in the shape of a cross and the stigmata visible on the palms of his hands, evokes the Passion of Christ. However, this religious depiction should in no way symbolize religion as salvation; nothing was further from Goya's view. It has much more to do with a prototypical iconography for human suffering as is adopted in Picasso's *Guernica* 128 years later, in the form of the sorrowful mother constellation of the crying mother with a child in her arms.

Several years earlier, Goya used the chance to let the viewer participate in a complex series of events through pairs of paintings. But while *The Charge of the Mamelukes*

FRANCISCO DE GOYA

**El 3 de mayo de 1808:
los fusilamientos en la
montaña del Príncipe Pío**

*Óleo sobre lienzo, 1814,
268 × 347 cm*

The 3rd of May 1808 in
Madrid: The Execution
on Principe Pio Hill

*Oil on canvas, 1814,
105½ × 136½ in*

Mientras que los cuadros *La lucha con los mamelucos* y *Los fusilamientos en la montaña del Príncipe Pío* por su concepción y función específica poseen un carácter claramente público (iban a exponerse en una marcha triunfal de Fernando VII por Madrid), los de *La maja desnuda* y *La maja vestida* se concibieron sólo para ser contemplados en privado. *La maja desnuda* de Goya es uno de los desnudos más famosos de la pintura europea. Una joven completamente desnuda mira directamente y de modo frontal al observador. Sus brazos cruzados por detrás de la nuca ofrecen sus pechos a la contemplación y su regazo descubierto constituye el centro absoluto del cuadro, reafirmando la intención de la obra, ya expresada en la mirada segura

and *The Executions at Mount Principio* had in their composition a notably open character—they were supposed to be exhibited at Ferdinand VII's triumphal procession through Madrid—*The Nude Maja* and *The Clothed Maja* were intended solely for private viewing. Goya's *The Nude Maja* is one of the most famous nudes of European painting. A completely naked woman looks directly and frontally at the viewer. Her arms entwined behind her head offer her breast for observation, and her exposed lap, which is the absolute focus of the picture, emphasize the picture's declaration, already achieved in the glance, that is self-confident and completely without shame: the erotic presentation as sexual stimulation.

y sin el menor rasgo de vergüenza de la retratada: la representación erótica como estimulación sexual. Algo completamente nuevo y altamente inmoral para la época es la renuncia absoluta a todo tipo de accesorios historicistas que pudieran hacer identificar a la persona representada, por ejemplo, con una heroína, una diosa o una ultrajadora de la mitología griega o romana. Se trata de una mujer contemporánea que se ofrece. Esto también se manifiesta a través del diván, pero sobre todo gracias a su réplica *La maja vestida*, que representa a la mujer en la misma posición vestida con la indumentaria de un grupo de población madrileña que se había puesto de moda en la corte. Los majos y las majas pertenecían a las capas inferiores del pueblo y, pese

The complete avoidance of any historical accessories that would establish the portrayed subject as a heroine, goddess, or sinner from Greek or Roman mythology, is particularly unusual. The subject is a contemporary woman who offers herself. It is made clear by the chaise lounge, but especially through the painting's counterpart *The Clothed Maja* that depicts the woman in the same position clothed in the style of a group of the Madrid population, which had become popular at the court. The male and female *majos* and *majas* belonged to the lower classes and although they were usually simple craftsmen and day laborers, they dressed elaborately in traditional Spanish style to present an alternative to the prevailing

Detalle: Fusilado en un baño de sangre.

Detail: a dead man in a pool of blood.

FRANCISCO DE GOYA

La maja desnuda
Óleo sobre lienzo, 1798-1800,
97 × 190 cm

The Nude Maja
Oil on canvas, 1798–1800,
38 × 74¾ in

a que por regla general eran humildes trabajadores y temporeros o no tenían medio fijo para ganarse el sustento, se vestían dispendiosamente a la manera tradicional española, ofreciendo una alternativa a la moda incómoda de influencia francesa dominante entre las capas más altas. Atributos típicos de los hombres eran el chaleco ajustado con un fajín, una amplia capa, sombrero y navaja. El atuendo femenino se caracterizaba por la mantilla y la basquiña, que llegaba hasta los tobillos y dejaba ver los pies. Al lado de la versión recatada de la maja, la representación desnuda tuvo que resultar especialmente impúdica, pues es de suponer que los dos cuadros estaban colgados en distintas habitaciones y, por tanto, el observador no sólo era

Detalle: Rostro de la maja.

Detail: the face of the Maja.

uncomfortable style among the upper class that followed the French example. Men typically wore a vest, a colorful sash, a wide cape, a slouch hat, and a jackknife. Women's garb distinguished itself through the *mantilla* or scarf, a wide kerchief around the hips, and bare feet. Next to the chaste version of the Maja, the unclothed version must have seemed particularly unchaste. As the paintings presumably hung in different rooms, the observer was not a passive observer of nakedness, but rather while making the transition from one room to the next, visually participated in undressing the subject. The facts that the Duchess of Alba liked to appear "of the people," dressed like a maja, and between 1787 and 1899 had a liaison with Manuel Godoy, the protégé of Queen Maria Luisa of Parma, led to the interpretation that the Duchess was the subject (along with Lion Feuchtwanger's novel *Goya* of 1957 and its supposition that Goya also had an affair with the Duchess of Alba). On the other hand, Pepita Tudó, Godoy's long-time lover and later his second wife, is also a possibility— next to other candidates. Although the subject's identity is still not certain, an x-ray study of the layers of paint revealed that the faces of both Majas are painted with thinner layers, as if the original layers of paint had been expunged in order to rework the faces. Goya apparently returned to work here, presumably to disguise the Maja. The painter underwent questioning in 1815 before an inquisition tribunal about whether he had painted the picture, and if so, on what occasion, with what purpose, and for whom. Although no documentation of this hearing or its results exist, presumably only the fact that the painting was created for a powerful client, probably Godoy, saved him.

testigo pasivo de la desnudez sino que, en el tránsito de una sala a otra, visualmente tomaba parte activa en el desnudamiento de la representada. El gusto de la duquesa de Alba por el «plebeyismo», así como el hecho de que se vistiera de maja y de que entre 1797 y 1800 tuviese una relación amorosa con Manuel Godoy, el favorito de la reina María Luisa de Parma, condujo (junto con la sospecha de que también el artista tuvo un *affaire* con Cayetana de Alba, lo que quedó plasmado en 1957 en la novela de Lion Feuchtwanger *Goya*) a ver en la representada a la duquesa. Por otro lado, también podría tratarse –entre otras candidatas– de Pepita Tudó, amante durante muchos años de Godoy y más tarde su segunda esposa. Aunque no existe una identificación definitiva del personaje, un examen radiológico de las capas de pintura ha permitido comprobar que los rostros de ambas majas presentan capas más finas, como si los trazos de color originales se hubieran eliminado para retocar los semblantes *a posteriori*. Posiblemente Goya modificó estas partes más tarde para hacer irreconocible a la maja. El pintor tuvo que presentarse en 1815 ante el Tribunal de la Inquisición y manifestar si había pintado el cuadro y, en caso afirmativo, por qué motivo, con qué fin y para quién. Aunque no ha quedado ningún documento escrito de este interrogatorio ni de sus consecuencias, es de suponer que sólo lo salvó el hecho de haberlo pintado para un cliente poderoso, posiblemente Godoy.

Palacio Real, la fachada sur
con el patio de Armas.

Palacio Real, south facade
with forecourt.

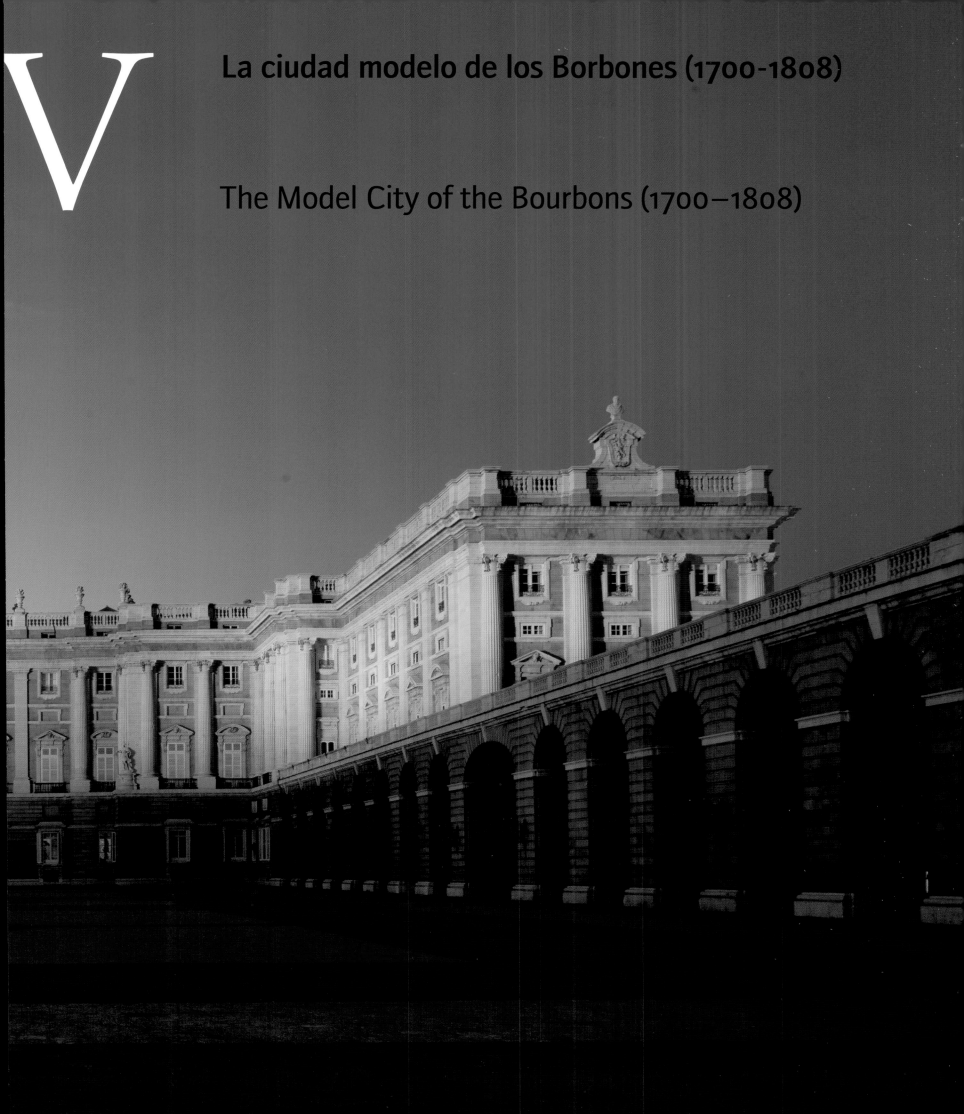

V

La ciudad modelo de los Borbones (1700-1808)

The Model City of the Bourbons (1700–1808)

Cuartel del Conde-Duque, patio interior central con la puerta principal.

Cuartel del Conde-Duque, central courtyard with main entrance.

Cuartel del Conde-Duque, portal principal.

Cuartel del Conde-Duque, main portal.

Tras la muerte sin descendencia de Carlos II el 1 de noviembre de 1700, subió al trono español Felipe V, nieto de Luis XIV de Francia. El cambio de dinastía trajo consigo una apertura a Europa de la escena artística española y, en particular, de la madrileña. Auspiciados por los reyes y reinas que llegaban del extranjero, a partir de ahora y con más fuerza que nunca los modelos franceses o italianos establecieron la pauta del buen gusto; los artistas foráneos marcaron el tono e introdujeron las tendencias europeas más novedosas. Al principio, la gran mayoría de los artistas nacionales y extranjeros trabajó con autonomía recíproca en las esferas ampliamente disociadas de la ciudad y la corte, pero en el transcurso del siglo XVIII se fue imponiendo gradualmente el centralismo de la corte, favorecido por la fundación de la Real Academia de Bellas Artes en 1752. Ésta dictó y controló el estilo de las obras madrileñas y, en definitiva, de las de toda España: a partir de 1765, todos los maestros de obras municipales debían ser miembros de la academia; y desde 1777, todos los trazados de edificios y retablos tenían que pasar el visto bueno de la academia.

Después de la Guerra de Sucesión española (1701-1714), el marqués de Vadillo, corregidor de Madrid en 1715-1729, emprendió una serie de ambiciosas reformas infraestructurales en la ciudad. Para su realización, Vadillo apostó por el arquitecto madrileño Pedro de Ribera, a quien nombró arquitecto municipal, rompiendo de ese modo con la tradición de que éste debía ser al mismo tiempo arquitecto de la corte. Ribera se orientó en lo artístico en las formas singulares y en la abundancia de ornamentación de la familia de arquitectos Churriguera (de los que actualmente sólo se puede ver en Madrid el

After the death of the childless Charles II on 1 November 1700, the Bourbon Philip V, a grandson of Louis XIV of France, took the Spanish throne. The dynastic change meant the Spanish art scene, particularly that of Madrid, was more open to Europe. Promoted by the foreign kings and queens, French or Italian archetypes were now more than ever the models of fashion: foreign artists set the tone and ushered in the newest European trends. Initially, native and foreign artists primarily worked independently of one another in the largely separate schools of city and court, though in the course of the 18th century the centralization of the court gradually prevailed, promoted by the Academy of Fine Arts, which was founded in 1752. The academy dictated and controlled the style of building activity in all of Madrid and finally in the whole of Spain: from 1765 all city contractors had to be members of the academy and from 1777 all designs for buildings and altar screens had to be approved by the academy.

After the War of Spanish Succession (1701–1714), the magistrate appointed by the king from 1715–1729, the Marquis of Vadillo, had a series of ambitious infrastructure reforms carried out in Madrid. Vadillo chose the Madrid architect Pedro de Ribera to carry out these reforms and appointed him the city architect, thereby breaking the tradition that whoever held the position would also be the court architect. Artistically Ribera was influenced by the idiosyncratic forms and rampant ornamentation of the Churriguera family of architects, whose altar screen is still visible in the Calatravas church in Madrid (see p. 79 f.). This is visible in Ribera's monumental portal for the Cuartel del Conde-Duque, which is furnished with trophies,

Puente de Toledo.

The Puente de Toledo.

Estatua de Santa María de la
Cabeza en el puente de Toledo.

Statue of Santa María de la
Cabeza on the Puente de Toledo.

Estatua de San Isidro
en el puente de Toledo.

Statue of San Isidro on
the Puente de Toledo.

Hospicio de San Fernando.

The Hospicio de San Fernando.

retablo de la iglesia de las Calatravas; véanse pág. 79 y s.). Ello se manifiesta claramente en el monumental portal realizado por Ribera para el cuartel del Conde-Duque, que en consonancia con la función del edificio ostenta trofeos, sillería rústica y un colosal escudo real. El espléndido portal, que se eleva hasta la cornisa, introduce una nota disonante con respecto a la sobria horizontalidad del resto del inmueble. Como parte de las medidas perentorias de reestructuración del ejército, por encargo de Vadillo Ribera construyó en 1717-1736 (con la participación de José Benito Churriguera en 1717-1720) el cuartel para el Real Cuerpo de Guardias de Corps, de nueva creación. El arquitecto se ajustó a las ordenanzas reales relativas a la edificación de 1717, de inspiración francesa, y trazó un inmueble alargado, con tres patios, que se convirtió en la construcción de mayores dimensiones de Madrid después del Palacio Real. Tras el incendio que sufrió en 1869 y su posterior desmoronamiento, en 1981 Julio Cano Lasso rehabilitó el cuartel para convertirlo en un centro cultural municipal, e introdujo ingeniosas «rupturas» posmodernas en la fachada del patio. El realce del centro mediante la ornamentación se vuelve a dar en el puente de Toledo, que Ribera construyó en 1717-1732 por encargo de Vadillo para sustituir otro puente anterior del Manzanares. Allí, dos templetes con abundante decoración y grandes escudos reales, colocados de forma preeminente en el centro del puente, albergan las esculturas del patrón municipal san Isidro y de su esposa María de la Cabeza. Estas figuras remiten a la cercana

raw ashlar, and an enormous royal coat of arms, in accordance with the function of the building. The ostentatious entrance reaching up to the cornice introduces a contrasting note to the simple horizontal lines of the rest of the building. As part of the desperately needed military reorganization, Ribera, with the help of José Benito Churriguera from 1717 and 1720, erected the headquarters for the newly created royal body guard between 1717 and 1736 under orders from Vadillo. He followed the royal building standards published in 1717 according to the French model and designed an elongated complex with three courtyards, making it the largest building in Madrid after the Royal Palace. After a fire in 1869 and the ensuing disintegration, Julio Cano Lasso converted the headquarters to a city cultural institute in 1981 and introduced ingenious post-modern "breaks" in the patio facade. Emphasis on the center through ornamentation is also visible at the Puente de Toledo where Ribera replaced an older bridge across the Manzanares from 1717–1732 under orders from Vadillo. Placed prominently in the middle of the bridge beneath a highly decorated canopy with large royal coats-of-arms are the statues of the city patron Isidro and his wife María de la Cabeza. These figures refer to the nearby Ermita de San Isidro pilgrims' chapel, so that together with the decidedly local "Churriguera-esque" architecture, native symbols are brought to the foreground.

The entrance of the Hospicio de San Fernando is considered the pinnacle of Ribera's work. The building of this new hospice

ermita de San Isidro, de manera que junto con la arquitectura churrigueresca decididamente local se colocan en un primer plano símbolos autóctonos.

El portal del Hospicio de San Fernando se considera la obra cumbre de Ribera. La iniciativa de la construcción de este nuevo hospicio (1720-1725) para una institución caritativa que había sido fundada en 1668 también partió de Vadillo. Ribera diseñó una fachada de ladrillo, con numerosos detalles en granito, que destaca por su marcada horizontalidad. En su parte central ostenta un portal de grandes dimensiones –decorado con una plétora de flores, colgaduras y columnas–, que sobrepasa la altura del edificio y constituye un elemento sensacional de contraste en el frontal. El inmueble incluye un claustro y la iglesia del hospicio. A sus espaldas se encuentra la única fuente conservada (una alegoría juguetona de la Fama) de las muchas que Ribera diseñó para Madrid. En 1925-1929 el ayuntamiento de la ciudad rehabilitó el hospicio como museo y biblioteca municipal.

El proyecto de mayor envergadura de Vadillo fue el paseo de la Virgen del Puerto, cuya dirección arquitectónica general recayó en manos de Ribera. Se trataba de crear en la zona oeste de la ciudad un contrapunto del paseo del Prado, regularizando y haciendo accesible al público la margen oriental del Manzanares a partir del Alcázar. Ribera trazó a lo largo de la orilla del río una avenida ribeteada de árboles y fuentes, que confluye hacia el sur en la capilla de la Virgen del Puerto

PEDRO DE RIBERA

Fuente de la Fama

1731

Palacio Real, escalera principal.

Palacio Real, main staircase.

from 1720–1725 for a charitable institution founded in 1668 was also the result of one of Vadillo's initiatives. Ribera created an emphatically horizontal facade of brick with many granite details and an oversized projecting central entrance, which is richly decorated with flowers, drapes, and columns that extend above the building's height and create a striking contrast to the front. The building encloses a cloister and a hospital church from 1695. Behind it stands the only remaining fountain of the many Ribera created for Madrid, a whimsical allegory of Fama (fame). The city government had the hospice converted to a city museum and library between 1925 and 1929.

Vadillo's largest undertaking was the Paseo de la Virgen del Puerto. Under the architectural leadership of Ribera, the bank of the Manzanares below the Alcázar was to be regulated and opened to the public as a counterpoint to the Paseo del Prado promenade in the west. To that end, Ribera built a boulevard lined with trees and fountains along the riverbank, which converged in the south with the Virgen del Puerto Chapel (1718, see p. 215), where Vadillo's grave, designed by Ribera, is appropriately located. In the north, the boulevard opens out into a new city gate, the Puerta de San Vicente (1726). This was replaced with a gate by Francesco Sabatini in 1770, which was in turn dismantled in 1890. A modern replica was created here in 1995. From this gate one reaches the El Pardo palace and, by way of the new Calle Cuesta de San Vicente, the city center.

The nearly complete destruction of the Alcázar during a fire on 24 December 1734 provided the king with the opportunity to build a completely new royal palace according to "modern"

(1718, véase pág. 215), donde oportunamente se halla la tumba de Vadillo, diseñada por Ribera en 1729. Por el norte la avenida desembocaba en una nueva puerta de la ciudad, la de San Vicente (1726). Ésta fue sustituida en 1770 por otra de Francesco Sabatini, que a su vez fue desmontada en 1890; desde 1995 se alza de nuevo allí una réplica. Desde esta puerta se llegaba al Palacio Real de El Pardo y, a través de una nueva calle (la Cuesta de San Vicente), al centro urbano.

La destrucción casi completa del Alcázar por un incendio el 24 de diciembre de 1734 brindó al rey la excusa perfecta para erigir un palacio real completamente nuevo y acompasado al gusto «moderno». Para este propósito, mandó llamar a Madrid al conocido arquitecto siciliano Filippo Juvarra, quien diseñó para un nuevo emplazamiento al noroeste del Alcázar un enorme complejo palaciego, con fachadas de 460 metros de longitud y poca altura (planta baja, primera y segunda plantas).

Palacio Real, capilla del palacio, vista de la cúpula.

Palacio Real, palace chapel, view of the dome.

Los Jardines del Campo del Moro, en el Palacio Real.

The Campo del Moro Garden of the Palacio Real.

El palacio incluía un patio central, otro delantero abierto (*cour d'honneur*) y dos patios laterales, todo ello de considerables dimensiones. Tras la muerte repentina de Juvarra en 1736, la realización del nuevo palacio recayó en su discípulo Giovanni Battista Sacchetti, que, como tuvo que ejecutar el edificio en el enclave topográficamente poco favorable del antiguo Alcázar, introdujo tantos cambios que en realidad hay que hablar de un nuevo diseño. Sacchetti concibió una construcción cuadrangular, con cuatro alas y un único patio central, también cuadrado. Para compensar la limitación del desarrollo en la horizontal que imponía el reducido solar, tuvo que introducir dos sótanos, dos plantas principales, una tercera planta y hasta tres entrepisos, de modo que en algunas partes preveía un total de ocho alturas. Las obras se prolongaron de 1738 a 1755; la decoración y los detalles llevaron diez años más. Finalmente, Carlos III pudo trasladarse al palacio en 1764. El taller de artesanos de palacio, rigurosamente organizado, ocupó a numerosos maestros italianos y fue una escuela importante para las siguientes generaciones de arquitectos españoles. El edificio fue objeto de continuas críticas y sufrió numerosas modificaciones, sobre todo en las fachadas, la escalera principal y la capilla. Las columnas colosales corridas previstas por Juvarra se sustituyeron en parte por pilastras planas. Para la escalera principal, Giacomo Bonavia presentó dos contraproyectos (1744, 1746), y Sacchetti dos nuevas concepciones. La última de estas propuestas de Sacchetti, de 1746, incluía dos escaleras dobles simétricas que desde un mismo punto ascendían en direcciones opuestas, aunque una de ellas fue transformada en un salón

tastes. For this project, he brought the famous Sicilian architect Filippo Juvarra to Spain. The architect designed an immense palace complex at a new location northwest of the Alcázar, with facades that reached 1500 ft. in length, but with only a few floors (ground, first and second floors). The palace also included a central courtyard, a court of honor, and two courtyards to the sides, all of considerable dimensions. After Juvarra's sudden death in 1736, the completion of the new palace fell to his student Giovanni Battista Sacchetti, who was however forced to build the structure on the topographically unfavorable location of the old Alcázar with so many changes that it is practically a new design. Sacchetti created a square four-wing complex with a single, central courtyard that was also square. To compensate for the limited horizontal length of the smaller location he had to increase the height of the building by adding two basements, two main floors, a third floor, and up to three mezzanines, so that in places eight floors were included in the design. Construction lasted from 1738 until 1755; the decorations and details took about another ten years and Charles III finally moved into the palace in 1764. The rigorously organized artisan's workshop employed numerous Italian masters and served as an important school for the next generation of Spanish architects. The building was constantly criticized and underwent many revisions, especially on the facades, the main staircase, and the chapel. Juvarra's original colossal pillars throughout were in part replaced by flat pilasters. For the main staircase, Santiago Bonavía presented two alternative designs in 1744 and 1746 and Sacchetti also presented

Grandeza de la monarquía española, del fresco del techo del Salón del Trono del Palacio Real (Giovanni Battista Tiepolo, 1764).

The might of the Spanish monarchy, from the ceiling fresco in the throne room in the Palacio Real (Giovanni Battista Tiepolo, 1764).

Hércules es llevado ante Júpiter, del fresco del techo del Salón Gasparini del Palacio Real (Anton Raphael Mengs, 1774).

Heracles is brought before Jupiter, from the ceiling fresco in the Salón Gasparini in the Palacio Real (Anton Raphael Mengs, 1774).

España rindiendo homenaje a la religión y la Iglesia, fresco que decora el techo de la escalera del Palacio Real (Corrado Giaquinto, 1760).

Spain honors the Religion and the Church, ceiling fresco in the stairwell of the Palacio Real (Corrado Giaquinto, 1760).

Estatua de Venus de Jacques Jonghelinck (1563-1573), una de las representaciones de los planetas del Palacio Real.

Venus by Jacques Jonghelinck (1563–1573), one of the personifications of the planets in the Palacio Real.

Salón Gasparini, Palacio Real.

The Salón Gasparini in the Palacio Real.

FRANCISCO BAYEU

Paseo de las Delicias

Óleo sobre lienzo, 1785, 37 × 56 cm

The Paseo de las Delicias

Oil on canvas, 1785, 14½ × 22 in

MUSEO DEL PRADO

ya durante el reinado de Carlos III. Sacchetti adoptó la idea de Bonavia de un espacio amplio sin soportes para ambas cajas de las escaleras, logrando uno de los ámbitos más conseguidos del palacio. La capilla la situó en el ala septentrional, como contrapunto de la caja de la escalera, para dotarla de mayor amplitud. Presenta una disposición espacial oval bajo una cúpula sin tambor, que es el único elemento arquitectónico que despunta en el exterior del edificio. Corrado Giaquinto dirigió los trabajos de decoración de la capilla y la pintó hasta 1760. Carlos III encargó una ampliación del palacio a Sabatini, quien añadió dos nuevas alas en el norte (edificadas sólo parcialmente y utilizadas como caballerizas; derribadas en 1932-1934) y otras dos en el sur (dando forma a una *cour d'honneur*), que hasta el siglo XIX sólo tuvieron una planta. Con anterioridad, para el entorno del palacio, Sacchetti proyectó una catedral (precursora de la actual) frente a la fachada sur y construyó los jardines de palacio, largamente planeados. Aunque Felipe II ya había adquirido los correspondientes terrenos, hubo que esperar hasta el siglo XIX para que surgieran el Campo del Moro, en el oeste, y los Jardines de Sabatini (1932-1934), al norte. En la decoración del palacio trabajaron artistas señeros internacionales, entre cuyas obras destacan los frescos que decoran los techos del Salón del Trono (1764), de Giovanni Battista Tiepolo; el Salón Gasparini

two new concepts. The latter of Sacchetti's concepts, from 1746, included two opposing double staircases, arranged symmetrically across from one another, though one of the staircases was immediately converted to a hall under Charles III. Here Sacchetti used Bonavía's idea of a large space free of columns for both staircases, to create one of the best-achieved spaces in the palace. As a counterpoint to the staircase, he moved the chapel to the north wing to provide it with more space. Its shape is oval beneath a high dome with no tambour, which is the only exterior element that rises above the building's roofline. Corrado Giaquinto led the interior decoration of the chapel and painted it until 1760. Charles III ordered a further expansion of Sabatini's complex, which added two new wings on the north (which were only partially completed and used as a royal stables, then torn down 1932–1934) as well as two on the south, which created a court of honor, but remained a single story until the 19th century. Previously Sacchetti planned a cathedral opposite the south facade for the palace area, the precursor to the current cathedral, and planted the long-planned palace gardens. Although Philip II had already acquired the appropriate land, the western Campo del Moro was not completed until the 19th century and the northern Jardines de Sabatini were created between 1932–1934.

Paseo del Prado, vista hacia el norte.

Paseo del Prado, view to the North.

Una de las cuatro fuentes del Museo del Prado (Ventura Rodríguez, hacia 1780).

One of the four fountains in front of the Museo del Prado (Ventura Rodríguez, ca. 1780).

Paseo del Prado,
Fuente de Neptuno.

Paseo del Prado,
Neptune Fountain.

**Paseo del Prado,
Fuente de Cibeles.**

Paseo del Prado,
Cybele Fountain.

**Paseo del Prado,
Fuente de Apolo.**

Paseo del Prado,
Apollo Fountain.

La **Fuente de la Alcachofa**, en la plaza del **Emperador Carlos V.**

The Artichoke Fountain on the Plaza Emperador Carlos V.

Real Casa de Correos, antigua sede del servicio centralizado de correos (construida por Jaime Marquet, 1760).

The Real Casa de Correos, former main post office (built by Jaime Marquet, 1760).

(1774), de Anton Raphael Mengs, y la caja de la escalera (1760), de Corrado Giaquinto. Además, el palacio alberga numerosos tesoros artísticos (también de los Habsburgo), entre los que cabe mencionar la colección de armas y tapices.

Mientras se construía el Palacio Real (1734-1764), la corte residió en el palacio de recreo del Buen Retiro. Ello hizo crecer el interés por reestructurar el paseo del Prado –entre la ciudad y el palacio–, en el borde oriental de Madrid. Este originario valle fluvial, con numerosos árboles, fuentes y huertas, formaba parte de los terrenos comunales del municipio desde la tardía Edad Media y era una de las zonas de paseo más populares entre la población. Para amenizar a los paseantes, el concejo de la ciudad construyó a partir de 1620 una torre de dos pisos (visible en el cuadro de Jusepe Leonardo, abajo a la derecha) como escenario de interpretaciones musicales. En 1744 se realizó el primer diseño de ordenación del entorno, antes de que en 1767 José de Hermosilla presentara el plan para el «Salón del Prado», nombre que recibió el proyecto. Hermosilla estructuró el espacio mediante una amplia avenida, con varias hileras de árboles, interrumpida por plazas circulares con fuentes. Con ello el arquitecto integraba anteriores proyectos de regularización de las calles periféricas y de terrenos del extremo oriental de la

International artists were called in for the palace's interior décor. Giovanni Battista Tiepolo's ceiling fresco in the throne room (1764), Anton Raphael Meng's in the Gasparini Hall (1774) and Corrado Giaquinto's in the stairway (1760) are especially prominent. In addition, the palace houses numerous art treasures, including those from the Habsburgs. The weapons and carpet collections are especially noteworthy.

During the construction of the royal palace between 1734 and 1764, the court resided in the Buen Retiro Palace. As a result, there was increased interest in restructuring the Paseo del Prado between the city and the palace on the eastern edge of Madrid. This original river valley, with numerous trees, fountains, and vegetable gardens, had belonged to the city as common land since the late Middle Ages and was one of the people's favorite places for walking. To entertain the strollers, the city government built a two-story tower as early as 1620, atop which musicians played. This is visible in the painting by Jusepe Leonardo in the lower right. In 1744 an initial plan to reorganize the area was completed, before José de Hermosilla presented the plan for the so-called "Salón del Prado" in 1767. He structured the space by way of a wide boulevard with several rows of trees, punctuated by circular

ciudad –tales como la Puerta de Atocha y las tres avenidas que parten de ella (1754, Jaime Bort), en el sudeste, o la «ronda» situada hacia el norte y la Puerta de Recoletos (1754, François Carlier), al noroeste–, que ahora se convirtieron en puntos de anclaje del Salón del Prado. Tras su muerte, sus planos se ejecutaron en 1775-1782 por Ventura Rodríguez, que proyectó un enorme pórtico para conciertos y establecimientos (no construido). Además, diseñó las fuentes de las glorietas, con figuras mitológicas griegas. Estas fuentes, en la actualidad signos emblemáticos de Madrid, son: la de Cibeles (1781-1782, esculpida por Francisco Gutiérrez y Robert Michel), la de Neptuno (1780-1782, Juan Pascual de Mena y José Arias), la de Apolo, también llamada de las Cuatro Estaciones (1780-1803, Alfonso Bergaz, Giraldo Bergaz, Manuel Álvarez), y la Fuente de la Alcachofa (1781, Alfonso Bergaz y Antonio Primo).

No debe sorprender que el proyecto del Salón del Prado coincidiera con la época de Carlos III, quien durante su reinado entre 1759 y 1788 introdujo en Madrid reformas enérgicas y efectivas conformes al espíritu de la Ilustración. Como rey de Sicilia (1734-1759) ya había implantado con éxito reformas urbanísticas y culturales en Nápoles. Mediante los edictos sobre higiene, adoquinado e iluminación de las calles, la

public spaces with fountains. To accomplish this Hermosilla incorporated earlier projects to regulate peripheral streets and areas on the eastern edge of the city. These included the Puerta de Atocha city gate, the three boulevards leading away from it on the southeast (1754, Jaime Bort), as well as the northern ring road and Puerta de Recoletos gate to the northeast (1754, François Carlier); these gates were incorporated as anchor points for the Salón del Prado. After Hermosilla's death, the plans were completed by Ventura Rodríguez between 1775 and 1782. Rodríguez planned a huge colonnade with concert halls and restaurants, which was never built, and fountains with figures from Greek mythology for the circular spaces. These are the Cybele (Spanish *Cibeles,* 1781–1782, sculpted by Francisco Gutiérrez and Robert Michel), Neptune (1780–1782, Juan Pascual de Mena and José Arias), Apollo, also known as the Four Seasons Fountain (1780–1803, Alfonso Bergaz, Giraldo Bergaz, Manuel Álvarez) and the so-called Artichoke Fountain (Spanish *Alcachofa,* 1781, Alfonso Bergaz, Antonio Primo), which have all become city landmarks.

The project of the Salón del Prado did not occur by accident in Charles III's time. The king energetically and effectively transformed Madrid in an enlightened way during his reign

Real Aduana, antigua casa de la aduana (construida por Francesco Sabatini, 1761-1769).

The Real Aduana, the former customs house (built by Francesco Sabatini, 1761–1769).

fundación de instituciones económicas y científicas, y la proyección de obras públicas, su objetivo era elevar la ciudad de Madrid al rango de moderna metrópoli europea y, con ello, convertirla en una sede digna para la monarquía. Su sucesor, Carlos IV, continuaría éste y otros proyectos propios hasta 1808, aunque con menos ímpetu.

En 1760, poco después de su ascenso al trono, Carlos III mandó realizar los planos para la Real Casa de Correos (hoy sede de la Presidencia de la Comunidad Autónoma de Madrid) a su arquitecto real, el francés Jaime Marquet. Su trazado preveía un imponente «palacio», que ocupaba la totalidad de una manzana, con dos patios interiores; sus amplias fachadas, con ventanas dobles y balcones, presentaban vivos contrastes de colores entre el ladrillo y la piedra labrada. La torre del reloj, que se añadió en 1854, confiere un énfasis adicional al portal central, que presenta un balcón y un frontón triangular. También por encargo de Carlos III, en 1761-1769 Francesco Sabatini edificó la Real Casa de Aduana (hoy Ministerio de Economía y Hacienda). Su función administrativa se refleja en la racionalidad de su planta, así como en el compacto almohadillado de la planta baja, sobre la que se abren las uniformes hileras de ventanas de los tres pisos superiores. Como parte de la rehabilitación del paseo del Prado, en 1769-1778 Sabatini sustituyó la antigua puerta de la ciudad del año 1599 (visible en el cuadro

from 1759 to 1788. As king of Sicily (1734–1759) he had already successfully completed municipal building and cultural reforms in Naples. Through edicts regarding hygiene, street paving and lighting, the founding of economic and scientific institutions, as well as public building projects, he pursued the goal of raising Madrid to a modern European metropolis and thereby transforming it into a worthy seat for the monarchy. His successor, Charles IV, would continue this and his own projects until 1808, however with less zeal.

Shortly after his ascent to the throne, Charles III ordered plans for a main post office (Real Casa de Correos, today the seat of the regional government) from his French court architect Jaime Marquet. His design was of an imposing "palace" occupying the entire site, with two interior courtyards, whose broad facades with double windows and balconies were intended to demonstrate a lively color contrast between brick and cut stone. The clock tower added in 1854 provided additional emphasis to the main entrance, which had a balcony and triangular gable. Also under the orders of Charles III, Francesco Sabatini erected the Real Casa de Aduana (Customs House) between 1761 and 1769 (today the Ministry of Economy and Finance). Its administrative purpose is reflected in the rational floor plan as well as in the heavy moldings on the first floor, upon which the monotonous rows of windows in the next three stores rest.

Puerta de Alcalá, lado oriental.

Puerta de Alcalá, east side.

Remate de la Puerta de Alcalá (de Francisco Gutiérrez y Robert Michel).

Top structure on the Puerta de Alcalá (by Francisco Gutiérrez and Robert Michel).

LUIS PARET Y ALCÁZAR

La fiesta en el Jardín Botánico

Óleo sobre lienzo, 1789-1799,

40 × 58 cm

Oil on canvas, 1789–1799,

15¾ × 22¾ in

FUNDACIÓN LÁZARO GALDIANO

de Jusepe Leonardo ilustrado en pág. 56, a la izquierda) por la Puerta de Alcalá, como entrada de la calle de Alcalá, de importancia creciente. Se trata de un arco de triunfo de cinco vanos, que ya en su época tuvo un carácter más simbólico que práctico. Los tres arcos centrales de la puerta son del mismo tamaño, aunque el remate sobre la cornisa destaca con su altura y plasticidad únicamente el central. Otros proyectos de Carlos III y sus ministros estuvieron r elacionados con la sanidad –como la construcción del Hospital General, que en 1769 se prosiguió según los nuevos planos de Sabatini (véase pág. 338)– y con instalaciones industriales. En 1780-1792 se levantó, por ejemplo, la Real Fábrica de Aguardientes y Naipes, un edificio neoclasicista para la elaboración de aguardiente y papel timbrado, de los que el Estado tenía el monopolio; más tarde se le sumaron la producción de tabaco y puros. El arquitecto Manuel de la Ballina agrupó las estancias de la fábrica en torno a tres patios, y sólo interrumpió sus funcionales fachadas con tres sencillos portales dispuestos simétricamente.

La ciencia representaba un importante pilar en el reformismo ilustrado de Carlos III. El Salón del Prado no iba a ser sólo «un centro social» sino un lugar para las ciencias, con las instalaciones pertinentes entre el Palacio del Buen Retiro y el paseo del Prado. Con esa meta, Carlos III ordenó el traslado del Jardín Botánico a su emplazamiento actual, donde fue construido, según el diseño de Sabatini (1774, modificado en 1780 por Juan de Villanueva), con tres terrazas escalonadas e invernadero (1778, Villanueva), y se abrió al público en 1781. El rígido geometrismo originario se suavizó en una renovación

As part of the transformation of the Paseo del Prado between 1769 and 1778, Sabatini replaced the old city gate from 1599 (visible on the left of the painting by Jusepe Leonardo, p. 56). The new Puerta de Alcalá formed the entrance to the increasingly important Calle de Alcalá. The five-gated triumphal arch's function was already more symbolic than practical as a city gate. It has three central, equally-sized entrances, although the structure above the main cornice uses its height and three-dimensional nature to emphasize the central opening. Other plans created by Charles and his ministers addressed public health—such as the construction of the General Hospital, which continued in 1769 using new plans by Sabatini (see p. 338)—as well as industrial complexes. Between 1780 and 1792, for example, the Real Fábrica de Aguardientes y Naipes was built, a neoclassical industrial building that distilled alcohol and produced stamped paper, two activities which were state monopolies. The production of tobacco and cigars were added later. The architect Manuel de la Ballina grouped the rooms of the factory around three courtyards and interrupted the functional facades with just three symmetrically placed portals.

Science constituted an important pillar of Charles III's enlightenment project. The Salón del Prado was not supposed to be just a "living room," but rather a place for the sciences with appropriate buildings between the Buen Retiro Palace and the Paseo del Prado. To this end, Charles III moved the botanical garden to its current location, had it laid out with three terraces of different elevations after a design by

Puerta norte del Jardín Botánico (Juan de Villanueva, 1785-1789).

The north gate to the Botanical Garden (Juan de Villanueva, 1785–1789).

Fachada principal del Observatorio Astronómico.

Main facade of the Observatorio Astronómico.

Real Academia de la Historia, fachada oeste (Juan de Villanueva, 1788).

The Real Academia de la Historia, west facade (Juan de Villanueva, 1788).

Observatorio Astronómico, sala central, con telescopios históricos e instrumentos astronómicos.

Observatorio Astronómico, central room with historic telescopes and astronomical instruments.

Observatorio Astronómico, biblioteca.

Observatorio Astronómico, library.

**Observatorio Astronómico,
vista del templete.**

Observatorio Astronómico,
view of the Tempietto.

Nuestra Señora de Montserrat, portal.

Nuestra Señora de Montserrat, portal.

Nuestra Señora de Montserrat, torre sur.

Nuestra Señora de Montserrat, south tower.

Nuestra Señora de Montserrat, fachada.

Nuestra Señora de Montserrat, facade.

emprendida en la década de 1860. La Puerta Real (1774), de Sabatini, concuerda visualmente con su función de puerta triunfal con cornisamento y esculturas decorativas coronándola, mientras que la Puerta Norte (1785-1789), de Villanueva, adopta una forma alargada y baja con una sólida cornisa volada. Esta entrada al Jardín Botánico se encontraba frente al edificio proyectado en 1785 para acoger un gabinete de historia natural –que incluía una academia de ciencias y un laboratorio químico, y que finalmente se destinó a pinacoteca (hoy Museo del Prado, véanse pág. 84 y s.)–, que también fue diseñado por Villanueva como pieza arquitectónica culminante del Salón del Prado. En último lugar, en 1790-1808 se sumó al conjunto un observatorio, que se construyó en una elevación situada más al sur. Villanueva concibió un edificio de planta centralizada con pórtico corintio, tres alas y una sala hexagonal cubierta con cúpula, todo coronado por un templete circular jónico para el instrumental astronómico: formas puramente clasicistas para un edificio pionero dedicado a la ciencia.

Como consecuencia de la importancia que el rey concedió a tales proyectos ilustrados y de la incipiente secularización, la construcción de iglesias en Madrid en el siglo XVIII, a diferencia de lo que había sucedido el siglo anterior, pasó a un segundo plano. Este tipo de edificaciones, como era natural, siguió líneas de evolución semejantes a las de la arquitectura civil. Así, la singularidad arquitectónica de Ribera se pone de manifiesto en su ampliación de la iglesia conventual de Montserrat (construida a partir de 1668 por Sebastián de Herrera Barnuevo, y aún incompleta en la actualidad), donde en 1716-1733 erigió una torre en el lado sur con abundante ornamentación y remates bulbosos; y también en la ermita de la Virgen del Puerto (1718), para la que Ribera concibió un edificio de planta octogonal de silueta inusitada. Su posterior iglesia conventual de San Hermenegildo (hoy parroquia de San José, 1733-1742) muestra

Iglesia de la Virgen del Puerto.

Virgen del Puerto church.

Sabatini, which he created in 1774 and was modified in 1780 by Juan de Villanueva. A winter garden was also added in 1778 by Villanueva and the garden was opened to the public in 1781. A renovation during the 1860s relaxed the originally rigid geometrical layout. Sabatini's royal gate (Puerta Real, 1774) visually fulfills its function as a triumphal gate with a top frame and (planned) crowning decorative sculptures, while Villanueva's North Gate (Puerta del Norte, 1785–1789)

San José, fachada principal.

San José, main facade.

San José, portal con la Estatua
de la Virgen del Carmen
(Robert Michel, 1750).

San José, portal with the statue
of the Virgen del Carmen
(Robert Michel, 1750).

San Miguel, la cúpula del
crucero, con frescos que
representan la apoteosis
de los santos Justo y Pastor
(Bartolomé Rusca, 1745).

San Miguel, Crossing cupola,
cupola painting with the
apotheosis of the child
saints Justo and Pastor
(Bartolomé Rusca, 1745).

THE MODEL CITY OF THE BOURBONS

San Miguel, vista hacia
el altar mayor.

San Miguel, view to
the main altar.

el característico contraste entre los muros lisos de ladrillo pintados y el portal con abundante decoración escultórica.

En contraste con el estilo local de Ribera, Giacomo Bonavia, arquitecto real oriundo de Piacenza, diseñó para sustituir la ruinosa iglesia de los Santos Justo y Pastor (1739-1754, desde 1892 San Miguel) un edificio de nueva planta con una sinuosa fachada convexa y campanarios transparentes de remates bulbosos. En el interior se observan unos pilares achaflanados, una cúpula circular baja sobre la nave, una cúpula elíptica sobre el crucero, los arcos fajones entrecruzados y los frescos del techo de Bartolomé Rusca y Luis y Antonio González Velázquez.

En su primera obra autónoma, la iglesia de San Marcos (1749-1753), el arquitecto real Ventura Rodríguez se inspiró en las formas del Barroco pleno romano, que a lo largo de su carrera

has the form of a broad, low gatehouse with a heavy console cornice. This entrance to the botanical garden is opposite the building which was decided in 1785 would be the Museum of Natural History and would include a science academy and a chemical laboratory, but finally was designated to become an art academy (today the Prado Museum, see p. 84 f.). It was the architectural centerpiece of the Salón del Prado, likewise designed by Villanueva. Finally, the Observatory was added on a rise somewhat to the south between 1790 and 1808. For this Villanueva devised a central structure with a Corinthian portico, three wings, and a hexagonal dome room, crowned entirely by an Ionian columned temple for the astronomical instruments. He used purely neoclassical forms for a progressive science building.

San Marcos, fachada.

San Marcos, facade.

San Marcos, vista hacia
la tribuna del órgano.

San Marcos, view
of the organ gallery.

San Marcos, vista hacia
el altar mayor.

San Marcos, view to
the main altar.

-en particular en su época de director de la sección de arquitectura de la Academia de Bellas Artes– abandonó en favor de un Neoclasicismo cada vez más riguroso. Esta iglesia fue donada por Fernando VI en 1749, poco después de su subida al trono, en recuerdo de la batalla de Almansa (1707, el día de San Marcos), el acontecimiento decisivo de la Guerra de Sucesión española.

As a result of the importance such projects of enlightenment had for the king and the incipient secularization, the construction of churches in Madrid faded into the background in the 18th century, with much less emphasis than in the previous century. As was natural, this kind of architecture followed similar developmental lines to civil building. Therefore the

Salesas Reales, la fachada principal con los relieves de Giovanni Domenico Olivieri.

Salesas Reales, main facade with the reliefs by Giovanni Domenico Olivieri.

Salesas Reales, el medallón de la fachada principal con la representación de la Visitación (de Giovanni Domenico Olivieri).

Salesas Reales, medallion on the main facade with the image of the Visitation (by Giovanni Domenico Olivieri).

Salesas Reales, figura de san Francisco de Sales (de Alonso Vergara).

Salesas Reales, statue of Saint Francis of Sales (by Alonso Vergara).

Salesas Reales, el altar mayor, con estatuas de Giovanni Domenico Olivieri y la representación de una Visitación de Francesco Mura.

Salesas Reales, main altar with Statues by Giovanni Domenico Olivieri and the image of a Visitation by Francesco Mura.

Salesas Reales, tumba
de Bárbara de Braganza,
del año 1765.

Salesas Reales, tomb of Barbara
of Braganza from 1765.

Salesas Reales, púlpito.

Salesas Reales, pulpit.

Rodríguez concibió un edificio rico en contrastes, con efectistas formas espaciales elípticas. Tras la fachada de ladrillo sin ornamento, de la que parten dos alas cóncavas que abrazan la plaza delantera, se van sucediendo distintos ámbitos de planta elíptica: el vestíbulo (una elipse transversal), la nave (una elipse alargada), otro espacio alargado elíptico cubierto con cúpula y un presbiterio (una elipse parcial), que incluye una cámara (una elipse transversal) como fuente de luz para el altar mayor. El trabajo de estuco (Robert Michel), el retablo (también de Rodríguez), las esculturas (Juan Pascual de Mena) y los frescos (Luis González Velázquez) completan el virtuoso efecto de conjunto.

Para la construcción de la iglesia de Santa Bárbara (1749-1758) del convento de las salesas (más conocida como iglesia de las Salesas Reales), la donante, la reina Bárbara de Braganza, comisionó al arquitecto François Carlier quien concibió un templo de una nave sobre una planta de cruz latina y cúpula sobre el crucero. Cabe destacar su rica decoración, sobre todo las esculturas y relieves de Giovanni Domenico Olivieri y las tumbas de la reina Bárbara y su esposo Fernando VI, ejecutadas por Francisco Gutiérrez según los diseños de Francisco Sabatini.

En 1760, al poco de ocupar el trono, Carlos III inició la edificación de nueva planta de la iglesia de San Francisco el Grande para el convento de franciscanos. Para ello, no eligió el diseño

unique nature of Ribera's architecture was visible in his expansion of the convent church of Montserrat, which Sebastián de Herrera Barnuevo built starting in 1668, and which remains unfinished. Between 1716 and 1733 Ribera added a south tower with lavish ornamentation and onion domes. Ribera's style is also evident in the pilgrim's chapel Virgen del Puerto (1718), an octagonal central structure with an unusual silhouette. His later convent San Hermenegildo (today the parish church of San José, 1733–1742) shows the characteristic contrast between smooth painted brick surfaces and a richly sculpted entrance.

In contrast to Ribera's local style, the stage designer and court architect Santiago Bonavía of Piacenza designed a new building for the decaying Santos Justo y Pastor church (1739-1754, since 1893 San Miguel). This was in the Italian style with a vibrant convex facade complete with transparent bell towers and an onion dome. In the interior one has a sense of continuity due to the beveled pillars, a low circular dome around the nave, an elliptical dome above the crossing, transverse arches, and ceiling paintings by Bartolomé Rusca as well as Luis and Antonio González Velázquez.

In his first independent work, the San Marcos church (1749-1753), the court architect Ventura Rodríguez was influenced by

HIC IACET HVIVS COENOBII CONDITOR
FERDINANDVS VI. HISPANIARVM REX,
OPTIMVS PRINCEPS, QVI SINE LIBERIS,
AT NVMEROSA VIRTVTVM SOBOLE PATER
PATRIAE, OBIIT IV. ID. AVG. AN. MDCCLIX.
CAROLVS III. FRATRI DILECTISSIMO,
CVIVS VITAM REGNO PRAEOPTASSET,
HOC MOERORIS & PIETATIS MONVMENTUM.

**San Francisco el Grande,
fachada principal.**

San Francisco el Grande,
main facade.

del arquitecto real Ventura Rodríguez, sino el del franciscano Francisco Cabezas, al que posiblemente apoyó José de Hermosilla. Los planos preveían una prominente fachada convexa tras la cual se abría un edificio de planta centralizada con seis capillas rectangulares bajo una mayestática cúpula sobre tambor de 33 metros (en su momento, la mayor de España). El Panteón romano y la iglesia del Santo Sepulcro de Jerusalén sirvieron de inspiración para el espacio cupulado, sobre todo porque el convento también era sede de la institución religiosa Obra Pía de Jerusalén, que administraba los Santos Lugares, así como inmensas sumas de dinero. Un litigio relacionado con la estática de la cúpula paralizó las obras hasta que a partir de 1776 Sabatini, comisionado por el monarca, erigió la cúpula sin tambor y el (nuevo) convento. Una de las capillas de la iglesia alberga la obra de Goya *Predicación de San Bernardino de Siena*.

Entre 1782 y 1794, Juan de Villanueva erigió el llamado Oratorio del Caballero de Gracia, un sorprendente espacio religioso basado en principios neoclasicistas. Este oratorio del convento fundado en 1603 por el noble italiano Jacobo de Grattis contaba con permiso pontificio para exponer permanentemente

the forms of the Roman high Baroque that he abandoned in favor of an increasingly severe neoclassicism in the course of his career, particularly as director of the architectural department of the Academy of Fine Arts. Ferdinand VI endowed the church in 1749, shortly after his ascension to the throne, in remembrance of the 1707 battle of Almansa on Saint Mark's Day, the decisive event in the War of Spanish Succession. Rodríguez created a building with dramatic contrasting elliptical forms. Behind the sober, undecorated brick facade with concave wings surrounding the forecourt, there are successive distinct areas of elliptical plans: the vestibule (tranverse ellipse), the nave (elongated ellipse), other elongated elliptical spaces under the dome and, finally, the presbytery (partial ellipse), that includes a chamber (transverse ellipse) as a source of light for the main altar. The stucco work (by Robert Michel) an altar screen (also by Rodríguez), statues (Juan Pascual de Mena) and frescoes (Luis González Velázquez) complete the overall virtuoso effect.

For the construction of the church of Santa Bárbara of the Salesian convent, better known as the Iglesia de las

LA CIUDAD MODELO DE LOS BORBONES

San Francisco el Grande,
interior.

FRANCISCO DE GOYA

**Predicación de san
Bernardino de Siena**
Pintura del altar, 1783

St. Bernard of Siena

Altar painting, 1783

SAN FRANCISCO EL GRANDE

Oratorio del Caballero de Gracia, vista exterior.

Oratorio del Caballero de Gracia, exterior view.

JUAN SÁNCHEZ BARBA

Cristo de la Agonía

1650

Christ on the Cross

1650

*ORATORIO DEL CABALLERO
DE GRACIA*

Oratorio del Caballero de Gracia, vista hacia el altar.

Oratorio del Caballero de Gracia, view towards the altar.

Oratorio del Caballero de
Gracia, cúpula del crucero.

Oratorio del Caballero
de Gracia, crossing cupola.

ZACARÍAS GONZÁLEZ
VELÁZQUEZ
Pinturas de la cúpula con
cuatro escenas del Antiguo
Testamento, 1792.

Cupola painting with four
Old Testament scenes, 1792.

ORATORIO DEL CABALLERO
DE GRACIA

Oratorio del Caballero de
Gracia, la nueva fachada
de la Gran Vía, con el
ábside (1987-1988).

Oratorio del Caballero de Gracia,
new facade with apse facing
the Gran Vía (1987–1988).

San Antonio de la Florida.

San Antonio de la Florida,
vista de los frescos de la cúpula.

San Antonio de la Florida,
view of the Cupola painting.

Salesas Reales (1749–1753), the benefactress Queen Barbara of Braganza commissioned the French architect François Carlier. He designed a single-nave church in the form of a Latin cross with a dome above the crossing. Its rich decorations are especially noteworthy, above all the statues and reliefs by Giovanni Domenico Olivieri and the tombs of Barbara and her husband Ferdinand VI created by Francisco Gutiérrez using designs by Francesco Sabatini.

Shortly after his ascension to the throne, Charles III initiated the building of a new church for the Franciscan monastery San Francisco el Grande in 1760 for his favorite order. Charles did not select the design by the court architect Ventura Rodríguez, but rather that of the Franciscan Francisco Cabezas, who was likely supported by José de Hermosilla. The design planned for a central structure with six square chapels below a majestic tambour dome, at the time the largest in Spain (108 ft.), behind a protruding convex facade. The Pantheon in Rome and the Church of the Holy Sepulchre were the models for the dome, especially since the convent was also the headquarters of the Obra Pía de Jerusalén, which administered the Holy Sites as well as huge sums of money. A disagreement about the dome's static equilibrium halted construction until Sabatini, at the king's request, erected the dome without the tambour as well as the (new) monastery after 1776. Goya's *The Sermon of St Bernardino of Siena* is housed in one of the church chapels.

Juan de Villanueva was able to achieve an impressive church building following classical principles in the so-called Oratorio del Caballero de Gracia built between 1782 and 1794.

la Hostia sagrada. Villanueva diseñó una basílica con columnas corintias, ábside semicircular y una bóveda de cañón con casetones, interrumpida por una cúpula sobre tambor de base elíptica; las ventanas del tambor iluminan el presbiterio, donde se halla la imagen de Cristo crucificado del siglo XVII obra de Juan Sánchez Barba. Para la ampliación de la Gran Vía, el ábside tuvo que recortarse ligeramente; en 1987-1988, Javier Feduchi construyó una nueva fachada a modo de arco

The monastery endowed by the Italian nobleman Jacobo de Grattis in 1603 continuously displayed the Host in this chapel with papal permission. Villanueva designed a basilica with Corinthian columns and a semi-circular apse with a coffered barrel vault, interrupted by an elliptically shaped dome whose tambour windows light the presbytery containing the crucifix by Juan Sánchez Barba from the 17th century. During the widening of the Gran Vía the apse had to be somewhat truncated and between 1987 and 1988 Javier Feduchi built a new facade similar to a triumphal arch facing the Gran Vía, which opened up the view of the apse and the dome.

JOSÉ MARÍA AVRIAL Y FLORES

**Vista de la Fuente de Cibeles
y del Palacio de Buenavista**

Óleo sobre lienzo, 1836, 43 × 57 cm

View of the Cybele Fountain
and the Buenavista Palace

Oil on canvas, 1836, 16⅞ × 22⅜ in

MUSEO DE HISTORIA

**Palacio Miraflores,
fachada principal.**

Palacio Miraflores,
main facade.

Entrada del Palacio de Buenavista, en la actualidad Cuartel General del Ejército de Tierra.

Entrance gate to the Buenavista Palace, now the army headquarters.

Palacio de Liria,
fachada principal.

Palacio de Liria, main facade.

de triunfo orientada a la Gran Vía que permite la visión del ábside y de la cúpula.

Carlos IV hizo construir la ermita de San Antonio de la Florida para suplir una anterior que fue derribada para dejar sitio a una finca real de recreo. El luminoso edificio centralizado de planta de cruz griega fue erigido en 1792-1798 por Filippo Fontana, arquitecto de espacios representativos. Goya decoró la ermita con frescos en 1798, sin duda la atracción principal del

Entrada del Palacio de Liria.

Entrance gate to the Palacio de Liria.

Charles IV had the San Antonio de la Florida church built as a replacement for a hermitage, which had been the location of a popular folk festival but had been demolished for the construction of a royal recreational complex. The stage designer and festival building architect Filippo Fontana erected the light-colored central structure in the form of a Greek cross between 1792 and 1798. Goya painted the frescoes in the church in 1798, the building's undisputed main attraction. His dome fresco *The Miracle of Saint Anthony of Padua* shows people stereotypical of Madrid in poses emphasizing daily life. In 1901, the church became the local parish church; to protect the frescoes a duplicated church was constructed opposite the original for services. In 1919, Goya's remains were brought here and the Academy of Fine Arts took over the building, so today the church serves as a temple dedicated to the memory of the painter.

The high and low nobility under the Bourbons did not restrain from building city palaces, of which, however, only a few remain and these are in a much altered state. For example, of Pedro de Ribera's Palacio Miraflores (1731–1732) only the facade with the original portal remains. The facade of the Palacio Goyeneche by José Benito de Churriguera

dificio. El fresco de la cúpula, *Milagro de san Antonio,* muestra rquetipos populares madrileños en actitudes cotidianas. En 901 la ermita fue convertida en parroquia de la comunidad; ara evitar que las celebraciones religiosas dañasen los frescos, e construyó una iglesia gemela enfrente. En 1919 se traslada-on a la original los restos mortales de Goya, y la Academia de Bellas Artes se hizo cargo del edificio, de modo que en la actua-idad es un panteón dedicado a la memoria del pintor.

La alta y la baja nobleza siguió erigiendo sus palacetes urba-os también durante la época borbónica. Pero son muy pocos os que se han conservado, y los que han quedado presentan umerosas modificaciones. Así, del Palacio Miraflores, cons-ruido por Pedro de Ribera en 1731-1732, sólo se ha conservado a fachada con el portal original. La fachada del Palacio Goye-eche, de José Benito de Churriguera (1715), fue sometida a una epuración ornamental por Diego de Villanueva en 1774 cuando l edificio se convirtió en sede de la Academia de Bellas Artes: n acto programático de los miembros de la academia contra la depravación» barroca. El Palacio de Buenavista, construido n 1777-1802 por Juan Pedro Arnal para la duquesa de Alba a conservado en gran parte su fachada original, sus amplias imensiones y su extenso jardín. Más impresionante si cabe es l Palacio de Liria (A. Guilbert, Ventura Rodríguez; 1762-1783), on sus singulares jardines y su verja metálica, que alberga la xtraordinaria colección artística y pictórica de los duques de Alba. Las relaciones internacionales de los duques hicieron osible su renovación hacia 1900, y la reconstrucción del pala-io en 1947-1956 por el arquitecto inglés Edwin Lutyens.

Esfinge de la entrada.

Sphinx at the entrance gate.

(1715) underwent a purging of its ornamentation by Diego de Villanueva when the building became the seat of the Academy of Fine Arts: a programmatic act by the academy members against Baroque "corruption." The Palacio de Buenavista, built by Juan Pedro Arnal between 1777 and 1802 for the Duchess of Alba has, despite several additions, largely retained its original facades, generous dimensions, and extended gardens. Even more impressive is the Palacio de Liria (A. Guilbert, Ventura Rodríguez 1762–1783) with its original gardens and fences and the excellent painting and art collections of the Dukes of Alba. The international ties of the Dukes enabled the renovation around 1900 and the rebuilding of the palace by the English architect Edwin Lutyens from 1947 to 1956.

Salón italiano del Palacio de Liria.

The Italian Salon in the Palacio de Liria.

Salón de Goya del Palacio de Liria.

The Goya Salon in the Palacio de Liria.

Una de las salas expositivas de la academia.

An exhibit hall in the academy.

Real Academia de Bellas Artes de San Fernando

Cerca de la Puerta del Sol, al principio de la calle de Alcalá, se encuentra la Real Academia de Bellas Artes de San Fernando, llamada así en honor a Fernando VI. La institución, que contó con estatutos desde 1744 y fue sancionada definitivamente por el monarca como «Real Academia de las Tres Nobles Artes» en 1752, se creó para ejercitar y enseñar desde una perspectiva científica la pintura, la escultura y la arquitectura. El punto de partida para su fundación fueron las tendencias ilustradas, que se manifestaron ya en las propuestas –que no llegaron a realizarse– del pintor Francisco Antonio Meléndez de 1726 y del escultor (y posterior primer director de la academia) Giovanni Domenico Olivieri de 1742, que contemplaban una regulación académica de la educación artística.

En 1873 la academia recibió su nombre actual, e incluyó la música como nueva disciplina. En 1987 se le sumaron el cine, la fotografía, la televisión y el vídeo, que en un primer momento se asignaron a la sección de escultura y en 2004 se incluyeron en una propia llamada «Nuevas Artes de la Imagen». Sin embargo, lo cierto es que a partir de 1844 la formación artística se fue trasladando de manera progresiva a la nueva Escuela de Nobles Artes, que inicialmente dependía de la academia y más tarde, tras varios cambios de los estatutos, fue asumida por la Escuela Superior de Bellas Artes, hasta que ésta pasó su actividad docente a la Universidad Complutense en 1975 y se disolvió. Esta disolución marcó el punto final de la razón original de la academia, que había sido la enseñanza artística académica. Por consiguiente, la función de la academia se centra ahora en

The Royal Academy of Fine Arts of San Fernando (*Real Academia de Bellas Artes de San Fernando*) is just a stone's throw from the Puerta del Sol, at the beginning of Calle Alcalá. Established by royal decree in 1744, the academy was named for Ferdinand VI and was officially sanctioned as the Royal Academy of the Three Noble Arts (*Real Academia de las Tres Nobles Artes*) in 1752. It was created to teach and practice painting, sculpture, and architecture from a scientific perspective. The original idea for founding the academy came from the progressive tendencies apparent in recommendations, as yet unfulfilled, made by the painter Francisco Antonio Meléndez in 1726, and the sculptor, Giovanni Domenico Olivieri (the first director of the academy) in 1742. The artists proposed the academic regulation of artistic education.

In 1873, the academy received its current name and incorporated music as a further discipline. Film, photography, television, and video were added in 1987. They were originally included in the sculpture section and became their own department, the New Visual Arts (*Nuevas Artes de la Imagen*) in 2004. Meanwhile, practical artistic education had been gradually moving to the newly-founded School for the Noble Arts (*Escuela de Nobles Artes*) since 1844. This school was originally part of the academy and later, after many statute changes, was taken over by the College of Fine Arts (*Escuela Superior de Bellas Artes*). In 1975, it relinquished its teaching activities to the Complutense University of Madrid and subsequently closed. This dissolution marked the conclusion of the academy's original purpose—the academic teaching of art. The current

DIEGO VELÁZQUEZ

**Estudio para el retrato
del cardenal Borgia**

Dibujo, 1643-1645, 18,8 × 11,6 cm

Sketch for a portrait
of Cardinal Borgia

Drawing, 1643–1645, 7³⁄8 × 4⁵⁄8 in

la conservación y exposición de sus archivos y obras de arte, así como en la investigación.

El rápido incremento de los estudiantes (en 1758 eran 300, y hacia 1800 ya más de 1.000) forzó en 1773 a Fernando VI a comprar el palacete de Goyeneche. De ese modo, la academia –que primero estuvo en 1744 en el Palacio Real y desde 1745 en la Casa de la Panadería, en la plaza Mayor– encontró su destino definitivo en el número 13 de la calle de Alcalá. El edificio fue construido entre 1724 y 1725 por José Benito Churriguera para los Goyeneche, familia influyente y acaudalada, y posteriormente se empleó como estanco de tabaco y gabinete de historia natural. Diego de Villanueva –arquitecto de la academia y hermano mayor de Juan de Villanueva, el arquitecto del Prado–

function of the academy is primarily the care and display of its archived documents, papers, and artworks, as well as research.

The rapid increase in students, from 300 in 1758, to more than 1000 in 1800, persuaded Ferdinand VI to purchase the Goyeneche Palace in 1773. Thus, after occupying the royal palace in 1744 and the Casa de la Panadería in the Plaza Mayor since 1745, the academy arrived at its final destination at Calle Alcalá 13. José Benito Churriguera created the palace for the wealthy and influential Goyeneche family between 1724 and 1725, and the building later served as a tobacco shop and natural sciences museum. The architect Diego de Villanueva, the elder brother of the Prado's architect, Juan de Villanueva, converted it to accommodate its new function in 1774. Although the

**Fernando VI como protector
de las artes y las ciencias**
*Óleo sobre lienzo , 1754,
315 × 225 cm*

Ferdinand VI as patron of
the arts and sciences
Oil on canvas, 1754, 124 × 88⅝ in

Real Academia de Bellas Artes de San Fernando.

The Real Academia de Bellas Artes de San Fernando.

Interiores del Museo de la Real Academia de Bellas Artes de San Fernando.

Inside the Museo de la Real Academia de Bellas Artes de San Fernando.

ANTONIO DE PEREDA O
FRANCISCO DE PALACIOS

El sueño del caballero
Óleo sobre lienzo, hacia 1655,
152 × 217 cm

ANTONIO DE PEREDA OR
FRANCISCO DE PALACIOS

The Knight's Dream
Oil on canvas, c. 1655, 60 × 85½ in

lo remodeló en 1774 para acomodarlo a su nueva función. Aunque se conservó su estructura exterior con el almohadillado de la planta baja, la entrada central y los dos pisos superiores con balcones, se eliminó la decoración barroca original de la fachada, ya que no era acorde con los principios neoclasicistas-ilustrados de la academia. En los años siguientes, se añadieron torres angulares para ocultar a ambos lados los muros más altos de los edificios contiguos. Después de que la academia cesara definitivamente su actividad docente, Fernando Chueca Goitia (arquitecto y miembro de la academia) modificó entre 1974 y 1985 la estructura interior del edificio, y desde 1986 se utiliza como museo. A las 35 salas divididas entre dos plantas con las que contaba en su inauguración, se sumaron en 2002 otras 24 en la tercera planta, un aula para cien personas y un almacén de obras visible al público.

El museo posee, según sus propios datos, 1.400 pinturas, 600 esculturas y 15.000 dibujos, así como una selecta colección de artes decorativas. Los fondos tienen su origen en donaciones de artistas de la academia, obras de los conventos de los jesuitas (expulsados en 1769) de Córdoba y Cuenca, la colección real de Carlos III y el patrimonio artístico confiscado al ministro

exterior structure with its roughly finished ground floor and central entrance, as well as the two upper floors with balconies, were retained, the original Baroque facade embellishments were removed as they did not correspond with the enlightened neoclassical principles of the academy. In the following period, corner towers were added to hide the side walls of the taller neighboring buildings. Between 1974 and 1985, after the academy had permanently relinquished its teaching activities, Fernando Chueca Goitia, an architect and member of the academy, modified the building's inner structure and it has served as a museum since 1986. When the building opened as a museum, it had 35 halls on two floors. Subsequent building added 24 further exhibition rooms on the third floor, an auditorium for 100 people, and a warehouse that is visible to the public.

According to the museum's records, the collection contains 1400 paintings, 60 sculptures, and 15,000 drawings as well as a select collection of decorative arts. The inventory was made up of gifts from academy artists, works from Jesuit monasteries of Córdoba and Cuenca that were dissolved in 1769, Charles III's royal collection, and the wealth of art confiscated from Prime

Manuel Godoy en 1808. En el siglo XIX, la desamortización de los bienes de la Iglesia supuso otra fuente de enriquecimiento para la colección, que, a su vez, volvió a experimentar un nuevo crecimiento en el siglo XX gracias al legado del abogado y mecenas Fernando Guitarte (fallecido en 1979), que incluía obras de arte y más de cuatro millones de euros.

Aunque desde su fundación la academia valoró por igual la pintura, la escultura y la arquitectura, son sobre todo los cuadros los que proporcionan a su colección su extraordinaria calidad. Los fondos pictóricos abarcan muestras de la pintura europea desde el siglo XVI hasta el XX. Entre las piezas más antiguas de la pintura española se cuentan las obras religiosas del valenciano Juan de Juanes y del extremeño Luis de Morales, del siglo XVI. Los grandes maestros de la época dorada del siglo XVII están representados por José de Ribera, Francisco de Zurbarán, Diego Velázquez (estudio para el retrato del cardenal Borgia), Alonso Cano y Bartolomé Esteban Murillo. Una pieza destacable es la obra de gran formato *El sueño del caballero* (hacia 1650), una alegoría de la *vanitas* asignada tradicionalmente a Antonio de Pereda y que en los últimos años se atribuye a Francisco de Palacios. Como paradigma de la

Minister Manuel Godoy in 1808. In the 19th century the desamortisation, or disentailment, of the Church's holdings further enriched the collection's inventory. During the 20th century, the museum experienced another huge expansion through the bequest in 1979 of art works and over four million euros from the attorney and patron of the arts, Fernando Guitarte.

Although the academy has always attributed equal value to painting, sculpture, and architecture, it is the paintings in this collection that make it exceptional. The inventory covers European paintings from the 16th to the 20th centuries. Among the oldest exhibits of Spanish painting are religious works painted during the 16th century, by Juan de Juanes from Valencia and Luis de Morales from Extremadura. The great masters of the golden age of the 17th century are represented by José de Ribera, Francisco de Zurbarán, Diego Velázquez (a study for a portrait of Cardinal Borgia), Alonso Cano, and Bartolomé Esteban Murillo. One piece that stands out is the large format vanitas allegory *The Knight's Dream*, from around 1650. Previously attributed to Antonio de Pereda, it is now believed to be the work of Francisco de Palacios. As a paradigm of baroque culture it embodies the transience of all earthly things.

FRANCISCO DE GOYA

Autorretrato en el taller

Óleo sobre lienzo, 1790-1795,
42 × 28 cm

Self Portrait in Front of an Easel

Oil on canvas, 1790–1795, 6½ × 11 in

FRANCISCO DE GOYA

Autorretrato

Óleo sobre lienzo, 1815, 51 × 46 cm

Self Portrait

Oil on canvas, 1815, 20 × 18 in

cultura del Barroco, representa la fugacidad de todo lo terreno: el caballero, ricamente ataviado y dormido, no percibe ni al ángel con la banda, cuyo escrito hace referencia al paso del tiempo («AETERNE PUNGIT, CITO VOLAT ET OCCIDIT», «nos atormenta eternamente, llega presto y mata»), ni los símbolos de lo perecedero que hay sobre la mesa. Asimismo, en las salas del siglo XVIII se encuentran obras de los pintores palaciegos españoles Antonio Palomino, Antonio Ponz, Francisco Bayeu y Luis Paret.

The sleeping, richly-dressed knight observes neither the angel's scroll bearing the saying about the passage of time (AETERNE PUNGIT, CITO VOLAT ET OCCIDIT—It torments us eternally, arrives quickly and kills) nor the arrangement of symbols of transience on the table. In the galleries of the 18th century, there are works by the Spanish court painters Antonio Palomino, Antonio Ponz, Francisco Bayeu, and Luis Paret.

After the Prado, the academy is the most important destination for the study of Francisco de Goya's works, with 13 of

Con 13 cuadros de Francisco de Goya y las planchas originales de sus series de grabados *Caprichos, Desastres de la guerra, Tauromaquia y Disparates* –en posesión de la Calcografía Nacional, que se encuentra en el mismo edificio–, la academia es después del Prado la principal dirección para el estudio de la obra de este magistral artista. Entre los cuadros de Goya, que desde 1780 fue miembro de la academia y a partir de 1795 su director, se encuentran dos autorretratos. El cuadro de pequeño formato *Autorretrato en el taller* es una representación de cuerpo entero que muestra al artista, pintando delante de un gran lienzo, apuestamente ataviado a la edad de casi 50 años, aunque con aire juvenil; la escenificación del pintor está inspirada en *Las meninas* (véanse págs. 168-170) de Velázquez, obra a la que Goya volvió a remitirse más tarde cuando pintó *La familia de Carlos IV.* En el segundo autorretrato, de 1815 –el año en que tuvo que rendir cuentas ante el Tribunal de la Inquisición por

his paintings and the original copper plates for four series of etchings: *Caprichos, Desastres de la guerra, Tauromaquia,* and *Disparates.* These plates are in the possession of the Calcografía Nacional, Spain's national engraving and etching archive, which is housed in the same building. Among the paintings by Goya, who was an academy member from 1780 and its director from 1795, are two self-portraits. The small format *Self Portrait in the Workshop* is a full-length likeness that shows the dashingly dressed artist at around the age of 50, but with a youthful air, pausing before a large canvas while painting. The staging is inspired by Velázquez' *Las Meninas* (see pp. 168–170) a painting which Goya referred to again when painting *The Family of Charles IV.* In the second self portrait, from 1815, the year in which Goya had to defend himself before an inquisition tribunal for the picture *The Nude Maja* (see p. 188), the artist painted himself in a nearly monochrome composition that

su cuadro *La maja desnuda* (véase pág. 188)–, Goya se retrató en una composición casi monocroma que muestra su busto en un primer plano. Algunos indicios hacen pensar que los interrogatorios de la Inquisición no le dejaron indemne, por ejemplo la atmósfera amenazante del cuadro *Auto de fe de la Inquisición* (1812-1819), en el que se ve a cuatro reos encorozados y rodeados por una legión de eclesiásticos dentro de una iglesia. Durante la misma época realizó *El entierro de la sardina*: lo que a primera vista parece una alegre celebración carnavalesca, observando con más detenimiento las posturas, las máscaras y la expresión de los rostros adquiere un carácter amenazante. Frente a estos cuadros particulares, los retratos de *Manuel Godoy* (1801) y *Fernando VII a caballo* (1808) eran encargos que debían satisfacer el afán de ostentación de las altas esferas oficiales.

Goya es posiblemente el artista español más dotado, polifacético y afamado de los siglos XVIII y XIX, pero en modo alguno

shows a close up of his bust. That the questioning before the inquisition left its mark on him is clear in the threatening atmosphere of the picture *The Inquisition Tribunal* (1812–1819), in which four men are clothed in penitents' robes and surrounded by a host of clergymen inside a church. At the same time *Burial of the Sardine* was created. What at first appears to be a carefree carnival parade, upon closer inspection of postures, masks, and facial expressions, takes on a threatening character. In contrast to these private pictures, the portraits of *Manuel Godoy* (1801, see p. 244) and *Ferdinand VII on Horseback* (1808, see p. 254) were commissioned to satisfy the ostentatious demands of exalted official circles.

Goya is possibly the most talented, versatile, and famous Spanish painter of the 18th and 19th centuries, but he is by no means the only painter who enjoyed fame during his lifetime and received numerous commissions. The historical

FRANCISCO DE GOYA

Auto de fe de la Inquisición
Óleo sobre tabla, hacia 1812-1819,
46 × 73 cm

The Inquisition Tribunal
Oil on wood, c. 1812–1819,
18 1/8 × 28 3/4 in

FRANCISCO DE GOYA

Fernando VII a caballo
Óleo sobre lienzo, 1808,
285 × 205 cm

Ferdinand VII on Horseback
Oil on canvas, 1808, 112¼ × 80¾ in

VICENTE LÓPEZ Y PORTAÑA

Francisco I, rey
de Nápoles y Sicilia
Óleo sobre lienzo, 1825

King Francis I of
Naples and Sicily
Oil on canvas, 1825

PABLO PICASSO

La comida frugal
Grabado, 1904, 60 × 40 cm

The Frugal Repast
Etching, 1904, 23½ × 15¾ in

GIUSEPPE ARCIMBOLDO

La primavera
Óleo sobre tabla, 1563, 66 × 50 cm

Spring
Oil on wood, 1563, 26 × 19¾ in

el único pintor que gozó de reconocimiento en vida y recibió un nutrido número de encargos. Especialmente, los cuadros históricos y los retratos de Vicente López (1772-1850) se cuentan entre las obras más representativas de esta época. No debe extrañar, por tanto, que ocupen una posición destacada en la colección.

El siglo XIX y los primeros años del XX están representados por cuadros de Federico de Madrazo, Joaquín Sorolla, José Casado del Alisal, Carlos de Haes, José María López Mezquita, Benjamín Palencia, Daniel Vázquez Díaz y Juan Gris, así como por aguafuertes de Pablo Picasso.

La academia no sólo cuenta con una extraordinaria muestra de arte español. Obras como *Busto de Cristo* (hacia 1502) de Giovanni Bellini, *San Jerónimo* (hacia 1517) de Correggio y *Riva degli Schiavoni en Venecia* de Leandro Bassano representan la pintura italiana al más alto nivel. *La primavera* (1563), de Giuseppe Arcimboldo, es el único cuadro de este genial pintor italiano en España y un reclamo para la colección. También la pintura flamenca se presenta con ejemplos admirables de artistas de la talla de Martin de Vos, Anthonis van Dyck y Peter Paul Rubens (*Susana y los viejos*, 1608). Por su relación directa con la academia, las obras *Retrato de la marquesa de Llano* (1775), del pintor alemán y director de la academia Anton Raphael Mengs, y *Educación de Cupido por Venus y Mercurio*, del francés Louis-Michel van Loo, se cuentan entre las principales piezas de la colección. Realizado en 1748 –es decir, antes de la ratificación real de la academia–, el cuadro de Van Loo debía representar los ideales y los valores pedagógicos de la institución.

pictures and portraits by Vicente López (1772–1850) are among the most representative works of this period. Thus it is no wonder that his portraits take on a prominent position in the collection.

The 19th and early 20th centuries are represented by paintings by Federico de Madrazo, Joaquín Sorolla, José Casado del Alisal, Carlos de Haes, José María López Mezquita, Benjamín Palencia, Daniel Vázquez Díaz, and Juan Gris, as well as etchings by Pablo Picasso.

The academy display more than just the highest level of Spanish art. *Head of the Redeemer* (around 1502) by Giovanni Bellini, *Madonna of St. Jerome* (around 1517) by Correggio and *Riva degli Schiavoni in Venice* by Leandro Bassano represent Italian painting at a high level. *Spring* (1563) by Giuseppe Arcimboldo is the only painting by the brilliant Italian artist in Spain and is the prize exhibit of the collection. Flemish painting is also represented, with works by Martin de Vos, Anthonis van Dyck, and *Susanna and the Elders* from 1608 by Peter Paul Rubens. Because of their direct relationship to the academy, *The Marchioness of Llano* (1775) by the German painter and academy director Anton Raphael Mengs and *The Education of Cupid by Venus and Mercury* by the French Louis-Michel van Loo, are among the most important works of the collection. Commissioned in 1748, before the academy's royal confirmation, the painting by van Loo was supposed to represent the ideals and pedagogical values of the institution.

LOUIS-MICHEL VAN LOO

**Educación de Cupido
por Venus y Mercurio**
*Óleo sobre lienzo, 1748,
225×160 cm*

Education of Cupid by
Venus and Mercury
*Oil on canvas, 1748,
88⅝×62⅞ in*

ANTON RAPHAEL MENGS

**Retrato de la
Marquesa de Llano**
*Óleo sobre lienzo, 1770,
250×148 cm*

Portrait of Marquesa
de Llano
*Oil on canvas, 1770,
98⅜×58¼ in.*

Puerta de Toledo.

The Puerta de Toledo.

VII

De la ocupación napoleónica a la Segunda República (1808-1932)

From the Napoleonic Occupation until the Second Republic (1808–1932)

El Palacio del Senado.

The Palacio del Senado.

El perfil de Madrid experimentó cambios decisivos durante el siglo XIX y principios del XX: la barroca sede de la corte se transformó en una ciudad moderna, que respondía a las necesidades prácticas y representativas de la era industrial. El camino hasta lograrlo no siempre estuvo libre de dificultades y en ningún caso fue lineal, ya que en los últimos 200 años la capital ha tenido que afrontar frecuentes reveses de la fortuna que han entorpecido su desarrollo como metrópoli europea.

En 1808 Napoleón entró en España, aprovechándose de la debilidad de Carlos IV, y nombró rey a su hermano José Bonaparte. La resistencia que los madrileños opusieron a la ocupación francesa dio pie a una de las obras más célebres y conmovedoras de todos los tiempos: *El 3 de mayo de 1808: los fusilamientos en la montaña del Príncipe Pío*, de Goya (véase pág. 186). José Bonaparte intentó imprimir a Madrid cierto carácter «ilustrado», mandando derruir conventos, iglesias y barrios abigarrados para introducir espacios libres y plazas. Sin embargo, el propósito no fue más allá de las demoliciones. Los nuevos proyectos pronto alcanzaron un punto muerto; incluso la Puerta de Toledo, diseñada en 1812, no se realizó hasta la restitución de los Borbones, que la erigieron –paradojas de la historia– para conmemorar la victoria sobre los franceses. Algunos de los grandes cementerios establecidos en los márgenes de la ciudad dan testimonio de las ideas urbanísticas de José Bonaparte, aunque en realidad en los anales urbanos de Madrid entró como «rey de las plazas».

El regreso de Fernando VII en 1814 fue celebrado con júbilo por el pueblo. Ese mismo año, las Cortes trasladaron su sede

The profile of Madrid underwent a decisive transformation during the 19th and early 20th centuries. The baroque residence transformed itself into a modern city that met the practical and symbolic needs of the industrial age. However, Madrid's journey was neither easy nor direct. During the previous 200 years, the city confronted frequent reversals of fortune that hampered its development into a major European city. In 1808, Napoleon invaded Spain, exploiting the weakness of Charles IV and installing his brother Joseph Bonaparte as king. The resistance of the people of Madrid against the French occupation led to the creation of one of the most famous and moving paintings of all time, Goya's *The Third of May 1808 in Madrid: The Executions of Principio Pio Hill* (see p. 186). Joseph Bonaparte tried to force an "enlightened" character on Madrid, knocking down cloisters, churches and motley residential quarters to create free spaces and open plazas. However, his plans never progressed beyond this demolition. The implementation of new projects quickly faltered. Even the Puerta de Toledo, designed in 1812, was not built until after the Restoration when, in an historical paradox, it was erected as a monument to the victory of the Bourbons over France. Only the large cemeteries on the edge of the city testify to Joseph Bonaparte's ideas about urban planning; nevertheless he entered Madrid's urban folklore as the "king of the plazas."

The people celebrated Ferdinand VII's return in 1814, and in the same year the Cortes (the Spanish Parliament), moved its seat from Cádiz to Madrid. Their elation was short-lived

Decoración escultórica
de la Puerta de Toledo.

The sculptural
embellishments of the
Puerta de Toledo.

VICENTE LÓPEZ PORTAÑA

Retrato de Isabel II

Óleo sobre lienzo, 1838,

160 × 110 cm

Portrait of Isabella II

Oil on canvas, 1838,

63 × 43¼ in

MINISTERIO DE HACIENDA

FRANÇOIS GÉRARD

José Bonaparte

Óleo sobre lienzo,

posterior a 1808,

162 × 247 cm

Oil on canvas, after 1808,

63¾ × 97¼ in

MUSÉE NATIONAL DU
CHÂTEAU DE FONTAINEBLEAU

Vista de la plaza de Oriente.

View of the Plaza de Oriente.

La estatua ecuestre de Felipe IV de la plaza de Oriente.

The equestrian statue of Philip IV on the Plaza de Oriente.

as the Bourbon ruled as a despot and restored absolute power until his death in 1833. Not even the momentous conversion of a former convent into the Palacio del Senado, the seat of the parliament, could change the state of things. Admittedly the king initiated important cultural developments, including the opening of the Prado as a painting museum (see p. 90 f.) and the founding of the Ateneo as an intellectual meeting place. In 1817, under the guidance of the architect Antonio López Aguado, the above-mentioned Puerta de Toledo was revealed as a heroic triumphal arch. The classical monument with its allegorical statues was the last of the monumental city gates to be erected in Madrid.

Spain, and consequently Madrid, had to confront further crises after Ferdinand VII's death. The Carlist Wars split the country between the supporters of an absolute monarchy and those who advocated a more liberal constitutional monarchy. The tension between both parties continued into the 20th century. The conflict was interrupted by periods of consolidation. One of these times was during the reign of Isabella II. Despite great opposition, the queen ruled from 1843 until 1868, with the support of the liberals.

Isabella II brought about significant changes in the cityscape. She completed the construction of the Plaza de Oriente, which was designed by Joseph Bonaparte and initiated by Ferdinand VII. After many revisions of the original plans by Isidro González Velázquez, the semi-circular plaza took shape. The eastern border of the plaza housed the Teatro Real opera house, which stood in front of the royal palace. An equestrian statue of Philip IV, previously displayed in the Buen Retiro, was erected as a centerpiece. It is a work by Pietro Taccas who made the monument in Florence. It is believed that he modeled the sculpture on paintings by Rubens or Velázquez, and a model by the Spanish sculptor Juan Martínez Montañés. This was not the only monument the queen relocated. In 1847, three years after repositioning the statue of Philip IV, she moved the

DE LA OCUPACIÓN NAPOLEÓNICA A LA SEGUNDA REPÚBLICA

de Cádiz a Madrid. Pero el entusiasmo pronto se iba a revelar ilusorio, ya que el rey Borbón reinó despóticamente hasta su muerte en 1833 y restauró el orden absolutista. Ni siquiera la trascendental habilitación de un antiguo convento como salón de sesiones de las Cortes (hoy el Palacio del Senado) cambió el estado de las cosas. Con todo, el rey estableció importantes pilares político-culturales con la apertura del Prado como pinacoteca (véanse pág. 90 y s.) y la fundación del Ateneo como centro intelectual. En 1817, bajo la dirección del arquitecto Antonio López Aguado, se construyó la mencionada Puerta de Toledo a modo de heroico arco de triunfo; este monumento neoclasicista, con sus grupos escultóricos de carácter alegórico coronándolo, fue la última de las puertas monumentales que se construyeron en Madrid.

Tras la muerte de Fernando VII, España –y con ella Madrid– tuvo que afrontar nuevas crisis: las Guerras Carlistas dividieron el país entre los partidarios de una monarquía absoluta y los de una monarquía constitucional de corte liberal. Las tensiones entre ambos bandos se prolongarían hasta el siglo XX. El conflicto, sin embargo, fue interrumpido por fases de consolidación, en las que la capital aumentó su carácter representativo. Una de ellas fue el reinado de Isabel II, apoyada por los liberales, que pese a la gran oposición gobernó de 1843 a 1868.

A Isabel II se debe la realización de proyectos significativos: por ejemplo, pudo culminar la plaza de Oriente, planeada por José Bonaparte e iniciada durante el gobierno de Fernando VII. Después de varios retoques del trazado original, obra de Isidro González Velázquez, se construyó una plaza semicircular, en cuyo margen oriental se sitúa el Teatro Real (teatro de la ópera), frente al Palacio Real. En el centro de la plaza se colocó la estatua ecuestre de Felipe IV, que previamente había decorado el Buen Retiro. Este monumento en bronce es obra de Pietro Tacca, que lo realizó en Florencia basándose, al

monument of Philip III, another work by Taccas, from the Casa del Campo to the Plaza Mayor. She intended this repositioning to contribute to the beautification of the city. The statues of Spanish kings that now line the Plaza de Oriente were made to adorn the roof of the castle, but were never erected there.

The Teatro Real underwent many revisions before it was inaugurated with Donizetti's opera *La Favorita* in 1850. López Aguado directed the project from 1818 until his death in 1831, after which his designs were repeatedly revised. It was Isidro González Velázquez who eventually oversaw the completion of the building, which had an irregular hexagonal floor plan. Above all, he focused on the decoration of the facade facing

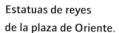

Estatuas de reyes de la plaza de Oriente.

The statues of the kings on the Plaza de Oriente.

Fachada del Teatro Real.

The facade of the Teatro Real.

Vista del Teatro Real.

View into the Teatro Real.

Ambiente nocturno de la plaza de Santa Ana.

Night scene at the Plaza de Santa Ana.

parecer, en cuadros de Rubens o de Velázquez y en un boceto del escultor español Juan Martínez Montañés. Éste no fue el único monumento que la reina hizo cambiar de lugar: en 1847, tres años después de la estatua de Felipe IV, el monumento a Felipe III, también obra de Tacca, fue trasladado de la Casa de Campo a la plaza Mayor, medida que pretendía contribuir al «embellecimiento» de la ciudad. Las estatuas de los reyes españoles que en la actualidad orlan la plaza de Oriente se esculpieron para coronar el palacio, pero no se llegaron a colocar allí nunca.

El Teatro Real fue sometido a numerosos cambios de planes hasta su inauguración en 1850 con la ópera *La favorita,* de Donizetti. López Aguado dirigió las obras desde 1818 hasta su muerte en 1831. Más tarde, sus planos sufrieron varios retoques hasta que Isidro González Velázquez se hizo cargo de la finalización del edificio –de planta hexagonal irregular– y, sobre todo, de la decoración de la fachada que da a la plaza de Oriente. En 1884, 1925 y de nuevo en la década de 1990, el teatro fue reformado en profundidad, de modo que conserva muy poco de su estructura original. En el terreno artístico, en cambio, precisamente en los últimos años ha reconquistado su prestigio como uno de los escenarios operísticos líder en Europa.

the Plaza de Oriente. The theater was extensively modernized in 1884, 1925 and again in the 1990s. While little of the original structure remains, the theater has recently reclaimed its reputation as one of the leading opera stages in Europe.

The Puerta del Sol is the nerve center of Madrid. The plaza owes its name to a city gate, demolished in 1570, which was decorated with an image of the sun in order to reflect its eastern orientation. From 1836, the plaza was generously expanded and unified. As in the rest of Spain, during the course of the *desamortización,* or disentailment, of church property, many churches and convents were demolished to create new space in the city. Consequently, similar multistory buildings flank the Puerta del Sol. The statue of a bear eating strawberries is more recent. Dating from 1967, it is now the symbol of the city. Although some of the traditional establishments on the Puerta del Sol have given way to fast food chains and discussions about the plaza's decoration flare up repeatedly, the plaza is still firmly anchored in the life of Madrid and all of Spain. On New Year's Eve, the bell from the Casa de los Correos (the former post office now the seat of the President of the Autonomous Community of Madrid) accompanies the annual ritual of eating one grape with each of the year's final twelve strokes of

La Casa de Correos,
con su célebre torre del reloj.

The Casa de Correos with
its famous clock tower.

Escultura del oso y el madroño
de la Puerta del Sol.

The bear statue on the
Puerta del Sol.

El «Kilómetro cero».

The Kilómetro Cero.

La Puerta de Sol es el centro neurálgico de Madrid. El nombre de esta plaza remite a la puerta de la ciudad que hubo allí (derribada en 1570), y que por estar orientada hacia levante se decoró con una representación del Sol. A partir de 1836, la plaza se amplió y homogeneizó. Como en el resto de España, en el marco de la desamortización de los bienes eclesiásticos, en Madrid se derribaron algunos conventos e iglesias para ganar espacio urbano. Desde entonces, la Puerta del Sol está flanqueada por fachadas similares de edificios de varias plantas. Mucho más reciente, en concreto de 1967, es la escultura que la decora de un oso mordisqueando un madroño, símbolo de la ciudad. Aunque algunos establecimientos tradicionales se han visto obligados a ceder su lugar a cadenas de comida rápida, y constantemente se entablan nuevas discusiones sobre la decoración de la plaza, este espacio está plenamente anclado en la vida madrileña y en la de toda España, pues la campana del reloj de la Casa de Correos (actual sede de la Presidencia de la Comunidad Autónoma de Madrid) acompaña en Nochevieja el ritual de la toma de las doce uvas. Justo enfrente hay la placa del «Kilómetro cero», punto de inicio de todas las carreteras nacionales.

Hacia mediados del siglo XIX, Madrid empezó un desarrollo vertiginoso. En 1860 fue aprobado un proyecto de ensanche

La Estación del Norte.

The Estación del Norte.

de la ciudad, el Plan Castro; en 1868 se derribó la muralla de Felipe IV, dejando así espacio para nuevos barrios. El Canal de Isabel II aseguró el abastecimiento urbano de agua a partir de 1858. El primer ferrocarril circuló en 1851 hasta Aranjuez, a 49 kilómetros; en 1871 entró en servicio la primera línea de tranvía interurbano. Este proceso estuvo acompañado por la construcción de estaciones, mercados y hospitales. A pesar de las muchas reformas, algunas de las estaciones de esta época se han conservado, como la Estación del Norte (1888), con su afiligranada construcción de hierro; la Estación de Delicias (1879-1880), hoy Museo del Ferrocarril, y la Estación de Atocha (véase pág. 323), magníficamente restaurada.

Numerosas instituciones de nueva fundación respondían a una necesidad cultural: en 1866 se colocó la primera piedra de la Biblioteca Nacional en el Paseo de Recoletos, cuya base aportaron la Biblioteca Real y los valiosos fondos de los conventos secularizados. Hoy posee unos ocho millones de documentos escritos, entre ellos numerosos manuscritos e incunables, así como un impresionante conjunto de ilustraciones, mapas y fotografías. Su edificio neoclasicista, con un pórtico a modo de templo clásico al que se accede subiendo una amplia escalinata, se inició según los planos de Francisco Jareño Alarcón, pero por falta de presupuesto no pudo terminarse hasta

the clock. Opposite the Casa de los Correos is the Kilometro Cero (Kilometer Zero), the origin of all Spanish highways.

Around the middle of the 19th century, Madrid began to grow rapidly. A generous city expansion project, the Castro Plan, was approved in 1860. Then in 1868 the city walls built by Philip IV were demolished to provide space for new residential neighborhoods. From 1858, the Canal de Isabel II began supplying water to the city. The first train left Madrid in 1851, making the 30-mile journey to Aranjuez. And in 1871, the first tram rattled into the suburbs. This process of modernization was accompanied by the construction of train stations, markets and hospitals. Despite many changes, several of the transportation buildings survive, such as the Estación del Norte (1888) with its filigreed iron construction, the Estación de Delicias (1879/80), which is now the Railway Museum, and the beautifully restored Estación de Atocha (see p. 323).

Numerous new institutions also appeared to meet growing cultural demands. In 1866, the first stone of the Biblioteca Nacional, the national library, was laid on the Paseo de Recoletos. The original books came from the royal library and the valuable collections of the secularized convents. Today it houses approximately eight million documents, among them many manuscripts and ancient books, as well as an impressive

La Biblioteca Nacional.

The National Library.

Las monumentales figuras de letrados españoles ante la Biblioteca Nacional.

The monumental statues of Spanish scholars in front of the National Library.

**Crucifijo de marfil de don Fernando
y doña Sancha**

Oro, marfil, azabache, 1063, 52×34 cm

Don Fernando and Doña Sancha's ivory cross

Gold, ivory, jet, 1063, 20½ × 13⅜ in

MUSEO ARQUEOLÓGICO NACIONAL

**Tesoro de Guarrazar: corona
votiva del rey Recesvinto**

Cristal de roca, oro, gemas, siglo VII

The treasure of Guarrazar: The
votive crown of King Recceswinth

Rock crystal, gold, gemstone, 7ᵗʰ century

MUSEO ARQUEOLÓGICO NACIONAL

Dama de Elche

*Piedra caliza, siglos
IV/V a.C., 56 cm*

Limestone, 4ᵗʰ/5ᵗʰ
century BC, 22 in

MUSEO ARQUEOLÓGICO
NACIONAL

1892, bajo la dirección de Antonio Ruiz de Salces. La biblioteca se inauguró con una exposición sobre el cuarto centenario del descubrimiento de América. Las monumentales figuras sedentes de la escalera exterior representan a Isidoro de Sevilla y Alfonso X el Sabio; las puertas están flanqueadas por las figuras de los escritores Lope de Vega y Cervantes, y las de los humanistas Luis Vives y Antonio de Nebrija (las esculturas son obra de José Alcoverro i Amorós y de otros escultores españoles).

En la parte posterior del edificio de la biblioteca, la orientada a la calle de Serrano, se halla desde 1895 el Museo Arqueológico Nacional. Sus colecciones comprenden las distintas culturas de la Península Ibérica desde la época prehistórica y antigua, pasando por la Edad Media, hasta la Edad Moderna. Además presenta manifestaciones artísticas etruscas, romanas e islámicas, así como antigüedades egipcias y nubias. La colección de arte americano se separó en 1941, y actualmente se presenta en un museo propio, el Museo de América (véase pág. 313). Obras emblemáticas del Museo Arqueológico son la enigmática *Dama de Elche,* cuya datación sigue dividiendo a los expertos; la *Dama de Baza,* una escultura funeraria del siglo IV a. C.; el *Tesoro de Guarrazar,* con sus magníficas coronas visigóticas votivas (siglo VII), y el fascinante *Crucifijo de don Fernando y doña Sancha,* en marfil y azabache, procedente de la colegiata de San Isidoro, León. La visita a la réplica de la Cueva de Altamira, en los jardines del museo, se recomienda a todo aquel que desee transportarse unos 14.000 años en el tiempo y observar en detalle las reproducciones fáunicas de este yacimiento paleolítico de fama internacional. Como en la actualidad se

number of sketches, maps and photographs. The neoclassical building has a portico in the style of a classical temple, which is reached by a wide staircase. Francisco Jareño Alarcón produced the first designs; however, due to a lack of funds, the building was not completed until Antonio Ruiz de Salces took over in 1892. The Biblioteca Nacional was inaugurated with an exhibition celebrating the 400th anniversary of the discovery of America. The seated figures on the outer staircase represent Isidor of Seville and Alfonso the Wise, while the poets Lope de Vega and Cervantes and the academics Luis Vives and Antonio de Nebrija flank the portal. The statues were made by José Alcoverro i Amorós and other Spanish sculptors.

The Museo Arqueológico Nacional is housed at the rear of the four-winged library complex, facing Calle Serrano. Its collections encompass the culture of the Iberian Peninsula from prehistoric times through the Middle Ages and up until the modern day. In addition, the museum displays Etruscan, Roman and Islamic art, as well as Egyptian and Nubian antiquities. The collection of American art was separated in 1941, and is now displayed in its own museum, the Museo de América (see p. 313). Key pieces are the *Lady of Elche,* the dating of which still divides experts; *Dama de Baza,* a funeral offering from the 4th century BC; the *Treasure of Guarrazar* with its unique Visigoth votive crowns and the fascinating ivory *Crucifix of Fernando and Sancha* from San Isidoro in León. Anyone who would like to travel some 14,000 years into the past should visit the recreated Cave of Altamira in the museum's garden. Here one can study reproductions of the world-famous animal depictions from the paleolithic site. Because the exhibition

El gran estanque con barcas del Parque del Buen Retiro.

The great pond with boats in the Parque del Buen Retiro.

lleva a cabo una reestructuración de las salas expositivas, el museo ha organizado con carácter temporal una muestra conjunta de sus piezas más importantes.

Los Jardines del Buen Retiro (popularmente conocidos como el Retiro), que fueron escenario de suntuosas fiestas con los Habsburgo, quedaron asolados en parte durante la ocupación francesa y la posterior Guerra de la Independencia. Recuperado el trono por los Borbones, Fernando VII e Isabel II los reformaron y los dotaron con edificaciones de recreo, conforme al gusto de la época. Una parte del parque era accesible al público. En 1869 el Retiro pasó a manos de la ciudad, en años posteriores adquirió sus accesos actuales, y en la década de 1890 fue cercado y equipado como lugar de recreo y descanso en el centro de Madrid. De sus componentes barrocos únicamente se han conservado algunos parterres y el estanque, que representa la mayor atracción del parque con sus barcas de paseo. El estanque está rodeado por avenidas del siglo XIX que llevan el nombre de las antiguas colonias españolas. Entre ellas cabe destacar el impresionante Paseo de la Argentina, flanqueado por esculturas de reyes españoles, realizadas originariamente también para coronar el Palacio Real.

Al sur del estanque se construyeron en la década de 1880 dos pabellones que causaron sensación: en 1884, el Palacio de Velázquez, llamado así en honor a su arquitecto, Ricardo Velázquez Bosco; y en 1887, el Palacio de Cristal, también obra de Velázquez. Ambos resultaron convincentes por su novedosa estructura de hierro y acero. El Palacio de Cristal sigue la tradición

rooms are being remodeled, the museum is currently showing a temporary exhibition of its most important pieces.

The Parque del Retiro, a showplace for dazzling festivals under the Hapsburgs, was extensively damaged during the occupation by the French and the subsequent battles to recapture Madrid. After the defeat of Napoleon, Ferdinand VII and Isabella II had the garden redesigned and equipped with recreational buildings, as was the custom at the time. Part of the park was also opened to the public. In 1869, ownership of the park was transferred to the city. In the following years it received its present entrances, and during the 1890s it was fenced and converted into a place of rest and recreation in the heart of Madrid. Of the Baroque installations, the only reminders are a few ornamental flowerbeds and the artificial lake, which, with its boats, remains one of the park's biggest attractions. The lake is surrounded by boulevards from the 19th century, which are named for former Spanish colonies. The Paseo de la Argentina is particularly impressive as it is lined by statues of Spanish kings, which were originally created to adorn the roof of the Palacio Real.

During the 1880s, the construction of two pavilions to the south of the lake caused quite a sensation. The first was the Palacio de Velázquez, which was built in 1884 and named after its architect, Ricardo Velázquez Bosco, who also designed the Palacio de Cristal in 1887. Both were popular, due to their modern iron and steel construction. The glass palace was built in the tradition of imposing English greenhouses and was

Parque del Buen Retiro,
Palacio de Velázquez.

Palacio de Velázquez,
detalles de la fachada.

Palacio de Velázquez,
facade detail.

Parque del Buen Retiro,
Palacio de Cristal.

Decoración del techo
del Ateneo.

The Ateneo, ceiling decoration.

Parque del Buen Retiro,
monumento a Alfonso XII.

Parque del Buen Retiro,
Monument to Alfonso XII.

DE LA OCUPACIÓN NAPOLEÓNICA A LA SEGUNDA REPÚBLICA

de los imponentes invernaderos ingleses y, de hecho, cuando se edificó se utilizó para mostrar la flora filipina. Actualmente acoge exposiciones de arte contemporáneo.

A iniciativa de su viuda, María Cristina, en 1902 se planeó construir un monumento dedicado a Alfonso XII a orillas del estanque. El concurso convocado a tal fin lo ganó el arquitecto catalán José Grases Riera. Siguiendo su diseño, este grandioso monumento que domina los jardines se terminó en 1922. Una gran galería de columnas de mármol claro abraza un zócalo de gran altura sobre el que se encuentra la escultura ecuestre en bronce del monarca (diseñada por Mariano Benlliure). Alegorías de las ciencias y las artes, la economía y la industria, así como representaciones de la paz y de la libertad completan su pretencioso programa escultórico.

Las 120 hectáreas de extensión del Retiro, tan invitadoras al paseo, lo convirtieron en un emblema de Madrid y en quintaesencia del ocio burgués. Otra manifestación de las nuevas estructuras y necesidades sociales fueron las numerosas instituciones culturales –teatros, escuelas y asociaciones de artistas– que se fundaron en la capital española en el transcurso del siglo XIX. Entre ellas se cuenta el Ateneo, fundado ya en el año 1820 y punto de encuentro de literatos, artistas e intelectuales partidarios de las ideas liberales. En 1884 se trasladó a la que ha sido su sede definitiva hasta hoy, un palacio construido por Enrique Fort en la calle del Prado. El Ateneo desempeñaría un papel decisivo en la proclamación de la Segunda República.

originally used to display plants from the Philippines. Today it houses exhibitions of contemporary art.

Plans for a monument to King Alfonso XII to be built on the shore of the lake began in 1902, at the bidding of his widow. Catalan architect José Grases Riera won the commission, and in 1922 erected a grandiose monument that dominates the park. The large gallery of white marble columns, which surround a high pedestal supporting a bronze equestrian statue of the monarch, was designed by Mariano Benlliure. Allegories of the sciences and the arts, the economy and industry, as well as representations of peace and freedom complete an ambitious sculptural program.

The 300-acre Parque del Retiro was such an inviting place that it became an emblem of Madrid and the epitome of middle-class leisure activities. Other expressions of new social structures and needs were the numerous cultural facilities, including theaters, schools, and artist meeting points that sprang up in the Spanish capital during the 19th century. These included, among others, the Ateneo, which was founded in 1820 as a meeting place for liberal-minded writers, artists, and intellectuals. In 1884, the organization moved to a palace in the Calle del Prado, which was built by Enrique Fort and became its permanent home. The Ateneo played a decisive role in the founding of the Second Republic.

In 1902, the architect Grases Riera built the Casa Longoria for the banker Javier González Longoria. This building is one of Madrid's few examples of Modernismo, the Spanish version

Casa Longoria.

The Casa Longoria.

Uno de los salones interiores del Ateneo.

The Ateneo, one of the interior rooms.

Escuelas Aguirre, portal con la torre.

The Escuelas Aguirre, portal with tower.

Palacio Museo Cerralbo, escaleras.

Palacio Museo Cerralbo, staircase.

Palacio del Marqués de Salamanca, Paseo de Recoletos.

The Palacio del Marqués de Salamanca, Paseo de Recoletos.

En 1902, el mencionado arquitecto Grases Riera construyó para el banquero Javier González Longoria la Casa Longoria, uno de los pocos ejemplos del Modernismo existentes en Madrid; desde hace tiempo es la sede de la Sociedad General de Autores y Editores españoles. Otro edificio interesante conservado es el de las Escuelas Aguirre, de estilo neomudéjar, que parece inspirado en la arquitectura medieval aragonesa. El inmueble es una de las dos sedes de la Casa Árabe e Instituto Internacional de Estudios Árabes y del Mundo Musulmán (Madrid y Córdoba).

En Argüelles, un barrio con extensas zonas verdes, se encuentra el Museo Cerralbo, cuyo palacete se construyó en 1886 según las directrices de su propietario, el marqués de Cerralbo, en estilo neobarroco. La exquisita colección de este erudito y coleccionista abarca los nombres más importantes de la pintura española e italiana; en 1924 pasó a manos del Estado español. Además de las magníficas piezas expuestas, el recorrido por el edificio –con salón de baile y comedor, biblioteca y sala de billar– permite hacerse una idea del mundo aristocrático madrileño de finales del siglo XIX. En el Paseo del Prado y Recoletos, así como en el barrio de Salamanca, abundaron los palacetes de la nobleza y la alta burguesía, como los del marqués de Salamanca (hoy sedes de bancos) y el de Linares, o el del duque de Medinaceli (demolido). La arquitectura de estos edificios abarca en su amplio espectro desde formas estilísticas

of Art Nouveau, and has long been, and remains, the home of the Spanish writers' association. Another interesting building is the Escuelas Aguirre, built in the neomudéjar style, which appears to have been inspired by medieval Aragonese architecture. The building is one of two headquarters for the Casa Árabe, the International Institute of Arab and Muslim World Studies (Madrid and Cordoba).

The Museo Palacio Cerralbo, designed by its owner, Marqués de Cerralbo, and built in 1886 in neo-baroque style, is situated in the leafy Argüelles neighborhood. The exquisite collection of the erudite scholar includes examples by the great names of Spanish and Italian painting. In 1924, ownership passed into the hands of the Spanish state. On top of the magnificent displays, the lavishly appointed palace with its ball and dining rooms, library and billiards room, provides a window into the world of Madrid's aristocracy in the 19th century. Along the Paseos del Prado and Recoletos, as well as in the Salamanca neighborhood, there were rows of luxurious mansions belonging to the nobility and upper class. These included the stately homes of the Margrave of Salamanca, today housing banks, and that of Linares and the Duke of Medinaceli, now demolished. The architecture of these buildings exhibits a scope that stretches from the styles of the Middle Ages through the Renaissance and Baroque to the Arabic and Mudejar.

Fachada principal de la catedral de la Almudena.

The main facade of the Almudena Cathedral.

Maqueta neogótica para la construcción de la Almudena.

The neogothic model for the building of the Almudena.

Maqueta neoclásica para la construcción de la Almudena.

The neoclassical model for the building of the Almudena.

La Almudena, cripta.

La Almudena, crypt.

medievales, renacentistas y barrocas hasta motivos decorativos árabes y mudéjares.

El proyecto de mayor envergadura de la época fue la construcción de la catedral de la Almudena, frente al Palacio Real. Fue la primera iglesia catedralicia de la capital española, pues la diócesis de Madrid-Alcalá, a pesar de que se insistió durante siglos, no se creó hasta 1883 (hasta la consagración, San Isidro ejerció de catedral provisional). La elección del lugar al margen del centro de la ciudad se basó en dos razones: de un lado, se buscaba la proximidad del palacio de los Borbones, y de otro se pretendía que sustituyera a su antecesora, la iglesia de Santa María de la Almudena. Esta última recibió su nombre de una figura en piedra de la Virgen que se escondió en la ciudadela (*al-mudaina*) musulmana y que después de la reconquista cristiana de Madrid reapareció en el año 1083 de un modo insólito y prodigioso.

Los planos para la monumental construcción, de 102 metros de largo y 73 metros de altura, los realizó el arquitecto y político Francisco de Cubas, y preveían una catedral al más puro estilo del gótico pleno francés sobre una cripta neorrománica. Sin embargo, las obras avanzaban muy lentamente, y no se aceleraron hasta que en 1950, bajo la dirección de Fernando Chueca

La Almudena, interior.

Goitia y Carlos Sidro, se optó por un cambio radical de concepto: los interiores góticos se revistieron con fachadas neoclasicistas, que, según se argumentó, armonizaban mucho mejor con la arquitectura dieciochesca del palacio. La catedral madrileña fue consagrada el 15 de junio de 1993 por el papa Juan Pablo II; una estatua del pontífice de tres metros de altura ocupa la plaza situada ante la fachada de la calle Bailén. La decoración interior es moderna, colorista y simbólica, y en cierto modo contrasta con las obras de arte antiguas llevadas a la catedral,

The most prestigious undertaking of the time was the building of the Almudena Cathedral opposite the royal palace. It was the first seat of a bishop in the Spanish capital, as despite centuries of pressure, the Madrid-Alcalá diocese was not founded until 1883. Until the Almudena was consecrated, San Isidro functioned as a provisional cathedral.

The location on the edge of the city center was chosen for its proximity to the Bourbon castle, and to replace the demolished Church of Santa María de la Almudena which was named for a

entre ellas el fresco románico de la *Virgen de la Flor de Lis,* que estuvo en Santa María de la Almudena, y el retablo de Pedro Berruguete, del siglo XVI.

Si bien los trabajos en la catedral estaban paralizados, en otros lugares proliferaban los edificios suntuosos. La calle

stone likeness of the Virgin that was hidden in the Al Mudayna Muslim quarter and reappeared miraculously in 1083.

The architect and politician Francisco de Cubas provided the plans for the impressive cathedral, which was to be 335 feet long and 240 feet high. They envisaged a structure in the French

de Alcalá fue ya en el siglo XVIII una espléndida avenida con ministerios, academias y palacetes nobles; a finales del siglo XIX se transformó en el centro financiero de la capital. En ella se han establecido hasta nuestros días importantes entidades de crédito, ya sea en palacios barrocos que sobrevivieron al

High Gothic style with a neo-Romanesque crypt. However, work progressed slowly and did not gather speed until 1950, when a radical change of concept was made under the direction of Fernando Chueca Goitia and Carlos Sidro. The Gothic interior would be covered with a neoclassical facade that, they

Calle de Alcalá,
Edificio Banesto.

Edificio Banesto
detalle de la fachada

Edificio Banesto
facade detail

boom edificador o bien en los espectaculares edificios de nueva planta que hoy singularizan esta arteria. Así, entre la Puerta del Sol y la Puerta de Alcalá se ha conservado un conjunto arquitectónico excepcional que abarca las distintas tendencias estilísticas de los años en torno al cambio de siglo.

Entre las antiguas sedes bancarias cabe destacar el Edificio Banesto (calle de Alcalá 14), a modo de proa de barco, que fue construido por José Grases Riera en 1882-1891. Típica de la época es la acentuación de la esquina para convertirla en foco visual; allí, las fachadas, que confluyen en un ángulo muy agudo, están coronadas por una torre ecléctica con un remate bulboso. Más pomposo si cabe se presenta el Edificio Metrópolis, en la

argued, would be more in harmony with the 18th-century architecture of the palace. Pope John Paul II consecrated the Madrid Cathedral on 15 June 1993. His 10-foot statue adorns the plaza on Calle Bailén. The interior is modern, colorful, and symbolic, providing a contrast to some of the older pieces of artwork in the cathedral. These include the Romanesque fresco *Virgen de Fleur de Lis* from the previous building and the 16th-century altarpiece by Pedro Berruguete.

While work on the cathedral had ground to a halt, magnificent buildings sprang up in other places. During the 18th century, Calle Alcalá was already a stately boulevard with ministries, academies, and mansions of the nobility. In the late

**Edificio Metrópolis,
detalle de la fachada.**

Edificio Metrópolis,
facade detail.

**Calle de Alcalá/Gran Vía,
Edificio Metrópolis.**

confluencia de la Gran Vía y la calle de Alcalá. La afectación barroca caracteriza sus fachadas, y una diosa alada de la Victoria en bronce corona su eminente cúpula desde 1975 (antes hubo un fénix, alegoría de los propietarios, la aseguradora La Unión y el Fénix). No por casualidad, los artífices de este inmueble de estilo historicista construido entre 1905 y 1907 fueron los arquitectos franceses Jules y Raymond Février. También hubo participación francesa en el diseño del Casino (calle de Alcalá 15), que se edificó entre 1905 y 1910 y despliega decoración neorrenacentista de gran lujo en sus interiores.

La construcción madrileña más imponente de principios del siglo XX es sin duda el antiguo Palacio de Comunicaciones,

19th century, it developed into the financial center of Madrid. Many of the large financial institutions still have their headquarters here, whether in Baroque mansions that survived the building boom, or in the spectacular new buildings that now distinguish this thoroughfare. Thus a unique ensemble of corporate buildings has been preserved between the Puerta del Sol and the Puerta de Alcalá, reflecting all the architectural styles of the turn of the century.

Among the bank headquarters, the Edificio Banesto (Calle Alcalá 14) stands out. Built by José Grases Riera between 1882 and 1891, it was inspired by the form of the prow of a boat. The accentuation of the corner to create a focal point is typical of

El antiguo Palacio de
Comunicaciones, plaza de Cibeles.

The former main post office
on the Plaza de Cibeles.

en la plaza de Cibeles. Este monumental edificio, que enmarca el lado oriental de la plaza y fue construido como sede de la Sociedad de Correos y Telégrafos de España, es la principal obra de Antonio Palacios Ramilo, el arquitecto más influyente de su tiempo. Nacido en Galicia, estudió arquitectura en la capital y, junto con su colega Julián Otamendi, ganó en 1904 el concurso arquitectónico convocado para este prestigioso proyecto. A pesar de su estilo historicista –dominan los

the time. Here, the facades, which converge at a sharp angle, are crowned by a tower with a bulbed dome. The Edificio Metrópolis, where the Gran Vía opens into the Calle Alcalá, appears much more ostentatious. Baroque affectation characterizes the facades and a bronze Goddess of Victory beating her wings has crowned the high dome since 1975. It replaced a phoenix, the symbol of the insurance company La Unión y el Fénix, which was previously displayed here. The French

elementos del Gótico tardío y el Renacimiento españoles–, el edificio anunció una transición a la arquitectura racionalista, de modo parecido a como lo hicieran las obras del vienés Otto Wagner. Así, los interiores están estructurados de acuerdo con su función, y un enorme vestíbulo recibe al visitante. Desde hace algún tiempo, en este edificio, rematado por una elevada torre, se celebran las recepciones oficiales y los actos solemnes del ayuntamiento de Madrid.

architects Jules and Raymond Février erected this building in the eclectic historicist style between 1905 and 1907. The Casino (Calle Alcalá 15) was also designed with French participation. Built between 1905 and 1910, it received a luxurious interior decor in the neo-Renaissance style.

The most imposing early-20th-century building in Madrid is undoubtedly the former Palacio de Comunicaciones on the Plaza de Cibeles. The monumental building, which frames the

Hospital de Maudes.

The Hospital de Maudes.

Calle de Alcalá,
Casino, vista del interior.

Calle de Alcalá,
Casino, interior view.

Entrada del Círculo
de Bellas Artes.

The entrance to the
Círculo de Bellas Artes.

El Palacio de Comunicaciones tuvo un éxito tan clamoroso que el dúo Palacio-Otamendi se vio abrumado por los encargos hasta comienzos de la Guerra Civil. Entre las obras más señeras de ambos arquitectos se cuentan el Hospital de Maudes (1909-1916), que con su aire de fortaleza acoge hoy oficinas administrativas, y el Círculo de Bellas Artes (1919-1926). En este asimétrico inmueble de formas cúbicas, que alberga un café y se emplea para actos culturales, son visibles los préstamos del *art déco* estadounidense.

Con la apertura de la Gran Vía en 1910, Madrid adquirió realmente el rango de metrópoli. Esta avenida, que se trazó a través del entramado de calles del casco antiguo para comunicar los barrios de Argüelles y Salamanca, pronto se convirtió en el cordón umbilical de la capital. A ambos lados se alzan oficinas y templos del consumo de las décadas de 1910 y 1920, bancos y centros comerciales, cines y bares. Cabe destacar una clara ruptura entre los tramos Edificio Metrópolis-Red de San Luis, por un lado, y Red de San Luis-plaza del Callao, por otro: mientras que el primero aún está fuertemente anclado al historicismo de finales del siglo XIX, en el segundo ganan terreno las tendencias modernas.

east side of the plaza, was built as the headquarters of Spain's national postal service. It was designed by Antonio Palacios Ramilo, the most influential Spanish architect of his time, and remains his most important work. From Galicia, he completed his architectural studies in Madrid and, with colleague Julián Otamendi, won the commission for this prominent project in 1904. Although erected in the eclectic historicist style and dominated by elements of the Spanish Late Gothic and Renaissance, their building marks a transition towards rationalistic architecture, similar to the works of Otto Wagner of Vienna. Thus the interior is structured functionally, with an impressive vestibule designed to receive visitors. Today the palace, which is crowned with a high tower, is the site of official receptions and ceremonies for the city council of Madrid.

The Palacio de Comunicaciones enjoyed such widespread success that the Palacio-Otamendi duo was overwhelmed with commissions up to the outbreak of the Civil War. Their most influential works include the fortress-like Hospital de Maudes (1909–1916), today an administration building, and the Círculo de Bellas Artes (1919–1926), an asymmetric structure

Círculo de Bellas Artes, escalera.

Stairway in the Círculo
de Bellas Artes.

**El Edificio del Círculo de Bellas
Artes, en la calle Alcalá.**

The Edificio del Círculo de Bellas
Artes in the Calle de Alcalá.

Gran Vía:
Cine Callao.

El Edificio Telefónica (Gran Vía 28), sede de la compañía telefónica americana-española ITT, fue con sus 81 metros de altura el primer «rascacielos» de Madrid. El edificio, construido en tiempo récord entre 1926 y 1929 gracias a su estructura de hierro, se basa en los planos del español Ignacio de

comprised of cubic forms, which houses a café and is used for cultural events, and shows the influence of the American Art Deco style.

With the opening of the Gran Vía in 1910, Madrid finally gained the status of a major city. This avenue, which cut through

286

Cárdenas y el estadounidense Louis S. Weeks. La cooperación binacional ha quedado plasmada en el inmueble, que se
caracteriza por un equilibrio entre las estructuras raciona-
listas y la decoración historicista, por ejemplo en los enmar-
ques neobarrocos de la portada. Debido a su altura, durante

the web of streets in the old quarters to join the Argüelles and
Salamanca neighborhoods, quickly became the umbilical cord
of the capital. Along its sides rise office blocks and shopping
centers from the first two decades of the 20th century, including
banks, large stores, cinemas, and bars. A noticeable change is

Gran Vía,
Edificio Telefónica.

la Guerra Civil se utilizó como observatorio militar, de ahí que fuera objeto de varios ataques aéreos. En 1951-1955 fue ampliado; hoy alberga la espléndida colección de arte del siglo XX de la Fundación Telefónica, que incluye obras de Picasso, Miró y Tàpies.

El comercio y el *glamour* caracterizaron la Gran Vía de las décadas de 1920 y 1930; hoy domina sobre todo el primero. Pese a todo, se han conservado –a veces ocultos entre los agresivos carteles publicitarios– testigos de aquel tiempo: por ejemplo, un buen número de salas cinematográficas que orlan el tramo de la Gran Vía entre Callao y la plaza de España.

visible on either side of the Plaza Red de San Luis. In the direction of the Edificio Metrópolis, eclectic historicist architecture from the turn of the century still dominates, however if you turn towards Plaza del Callao, more modern styles prevail.

The Edificio Telefónica (Gran Vía 28), headquarters of the Spanish branch of telephone company ITT, was Madrid's first skyscraper at 265 feet. The structure was erected between 1926 and 1929 and was based on plans by the Spaniard Ignacio de Cárdenas and the American Louis S. Weeks. Thanks to its iron framework, the construction was completed in record time. The international cooperation can be seen throughout

El Cine Callao, construido en 1925 por Luis Gutiérrez Soto, es la sala más antigua; le sigue el Palacio de la Música, diseñado por Secundino Zuazo. El inmueble arquitectónicamente más interesante es el Edificio Capitol (Edificio Carrión), un complejo de cine y hotel que deja ver la influencia del arquitecto alemán Erich Mendelsohn. En esta fase de inspiración en el expresionismo alemán se inscriben también el Cine Barceló (hoy discoteca Pachá), diseñado en 1930 por Luis Gutiérrez Soto; planos tempranos del aeropuerto de Barajas, y el legendario bar Chicote.

La situación política en España se volvió precaria: entre 1923 y 1930 el país sufrió la dictadura militar del general Primo de Rivera; los comicios celebrados en 1931 supusieron la caída de la monarquía. El 14 de abril de 1931 se proclamó la Segunda República con la que empezó una nueva fase liberal que también repercutió en la imagen de la ciudad. Lamentablemente, no duraría demasiado.

the building, particularly in the balance between the practical structure and retrospective decor, including the neo-Baroque doorframes. Because of its height, the building was used as an observation platform during the Civil War, so it was the target of multiple air attacks. It was enlarged between 1951 and 1955 and today the building houses the impressive art collection of the Telefónica Foundation, including works from the 20th century, primarily by Picasso, Miró, and Tàpies.

Commerce and glamour shaped the Gran Vía of the 1920s and 1930s; today the former dominates. However, remnants of more glamorous times remain, often hidden by aggressive advertisements, including the numerous movie theaters that line the section of the Gran Vía between Callao and the Plaza España. The Cine Callao, erected by Luis Gutiérrez Soto in 1925, is the oldest among them, followed by the Palacio de la Música, designed by Secundino Zuazo. The most interesting building architecturally is the hotel and movie theater complex of the Edificio Capitol (Edificio Carrión), which reveals the influence of German architect Erich Mendelsohn. German Expressionism also inspired the Cine Barceló designed in 1930 by Luis Gutiérrez Soto, the earlier plans for the Barajas airport and the legendary bar El Chicote.

Meanwhile, Spain's political situation was precarious. Between 1923 and 1930 the country endured the military dictatorship of General Primo de Rivera and in 1931 the monarchy fell. On 14 April 1931 the Second Republic was established. With it began a new, liberal phase that also influenced the cityscape. Unfortunately it was only short-lived.

El antiguo Cine Barceló, con sus característicos ventanales, alberga hoy una popular discoteca.

The erstwhile Cine Barceló with its distinctive window ribbons is now home to a well-known nightclub.

El Museo Thyssen-Bornemisza
visto desde la plaza de Neptuno.

The Museo Thyssen-Bornemisza
from the Plaza Neptuno.

VIII

Museo Thyssen-Bornemisza

La ampliación, con la Colección Carmen Thyssen-Bornemisza, vista desde el jardín.

The extension with the Carmen Thyssen-Bornemisza Collection, seen from the garden.

os Ángeles, Londres, Stuttgart, Bonn y Lugano fueron las perdedoras cuando el Estado español, en agosto de 1993, adquirió con carácter definitivo la que posiblemente era la colección particular de pintura más importante del mundo: la colección Thyssen-Bornemisza, que durante más de 50 años estuvo en Villa Favorita, en Castagnola (cerca de Lugano). Después de tener que abandonar en 1919 el castillo de Rohoncz (Hungría), dando un rodeo a través de Holanda e Inglaterra llegó hasta Suiza, donde por primera vez pudo visitarse desde 1936 hasta el comienzo de la Segunda Guerra Mundial, y después de 1949 de manera continuada. Ciertamente, si España logró hacerse con la ventaja fue, por un lado, debido a su habilidad negociadora, así como al hecho de que Hans Heinrich Thyssen-Bornemisza (1921-2002) estuviera casado con la española Carmen Cervera. Por otro lado, España puso en la balanza un atractivo edificio museístico, el Palacio Villahermosa, del siglo XVIII, por entonces también en negociaciones como posible ampliación del Prado. Así pues, la colección hizo su entrada triunfal en el centro emblemático del arte español: justo al lado de la Fuente de Neptuno, en el punto central de la zona peatonal del Paseo del Prado –designado actualmente también «Paseo del Arte»–, disfruta de la estrecha e ilustre vecindad del Prado, los hoteles Palace y Ritz, la Bolsa, el Parlamento y el Banco de España. Ahora se está a la expectativa de las reformas que introducirá en el futuro el proyecto del

os Angeles, London, Stuttgart, Bonn, and Lugano were the losers in August 1993 when the Spanish State definitively acquired what is possibly the world's most important private collection of paintings—the Thyssen-Bornemisza collection, which had been in the Villa Favorita in Castagnola, near Lugano, for over 50 years. When the collection had to leave the Rohoncz Castle in Hungary in 1919, it was taken on a detour through the Netherlands and England before arriving in Switzerland. The paintings were first displayed there in 1936. This exhibition lasted until the beginning of the Second World War and reopened permanently in 1949. If Spain had an advantage in gaining the collection, it was clearly a result of the country's business acumen, along with the fact that Baron Hans Heinrich Thyssen-Bornemisza (1921–2002) was married to the Spaniard Carmen Cervera. On the other hand, Spain tipped the balance by adding an attractive museum, the 18th century Villahermosa Palace, which was also being considered as an extension of the Museo del Prado. Thus the collection moved triumphantly into this emblematic center of Spanish art. Directly beside Fountain of Neptune, the central point of the pedestrian zone of the Paseo del Prado, designed as a "Paseo del Arte" or "Art walk," it is in the immediate vicinity of the illustrious Prado, the grand Palace and Ritz hotels, the stock exchange, the parliament, and the Bank of Spain. The renowned Portuguese architect and winner of the

Fachada norte del Palacio Villahermosa, desde el jardín.

The north facade of the Palacio Villahermosa from the garden.

renombrado arquitecto portugués, premio Pritzker de Arquitectura, Alvaro Siza en el Paseo del Prado y, por ende, en el Thyssen-Bornemisza, y la postura que adoptará al respecto la viuda del barón, fallecido en 2002, quien defiende con vehemencia los intereses del museo.

La adquisición definitiva de la colección por parte del Estado español estuvo precedida por años de negociaciones. En diciembre de 1988 se firmó un contrato entre España y la entidad dirigida por Thyssen-Bornemisza y sus hijos. El contrato preveía el préstamo de 775 obras al Estado español por un período de nueve años y medio (60 de ellas estuvieron en un primer momento en el monasterio de Pedralbes y, desde 2004, en el Museo Nacional de Arte de Cataluña, en Barcelona). La colección Thyssen, que en 1992 se abrió al público como fundación estatal de carácter privado y cuyo valor se estimaba entonces entre 1.000 y 1.500 millones de dólares, en 1993 se convirtió finalmente en patrimonio estatal al pagarse por ella 338 millones de dólares. El patronato del museo está formado por 12 miembros: ocho nombrados por el Gobierno y cuatro por la familia Thyssen; en la actualidad, Carmen Cervera es la representante de la colección con mayor presencia en los medios.

El Palacio Villahermosa debe su nombre al duque de Villahermosa, que lo adquirió en 1771. El edificio había sido construido para Alessandro Pico della Mirandola, y se empezó a levantar hacia 1760 bajo la dirección del arquitecto Francisco

Pritzker Architecture Prize, Alvaro Siza, is overseeing a renovation project on the Paseo del Prado and there is much curiosity about both how this will affect the Thyssen-Bornemisza Museum, and the position he will adopt toward the widow of the baron, who died in 2002. The baroness is a passionate defender of the museum's interests.

Spain's ultimate acquisition of the collection was preceded by years of negotiations. In December 1988 a contract was signed between Spain and a company directed by Thyssen-Bornemisza and his children. The contract stipulated that 775 works would be on loan to the Spanish state for nine-and-a-half years. 60 of them were originally located in the Pedralbes monastery and moved to the National Art Museum of Catalonia *(Museu Nacional d'Art de Catalunya)* in Barcelona after 2004. In 1993 Spain paid 338 million dollars for the Thyssen Collection, the value of which was then estimated at between one and 1.5 billion dollars. In October 1992 the collection was opened to the public as a private state foundation and finally, in 1993, as a state museum. The board of directors of the museum consists of twelve members, eight nominated by the government and four Thyssen family members. In practice, Carmen Cervera is the most visible representative of the collection. The Villahermosa Palace was named for the Duke of Villahermosa who acquired the building in 1771. The palace was built for Alessandro Pico della Mirandola. Building began around 1760,

El barón Hans Heinrich Thyssen-Bornemisza y Carmen Cervera, baronesa Thyssen-Bornemisza, en Lugano en 1990.

Baron Hans Heinrich Thyssen-Bornemisza and Carmen Cervera, Baroness Thyssen-Bornemisza 1990 in Lugano.

Sánchez. Hoy, el palacio constituye un nexo de unión entre el Paseo del Prado y la Carrera de San Jerónimo. El lugar elegido entonces por el duque de Villahermosa para su suntuosa residencia urbana se encontraba privilegiadamente cerca del palacio del poderoso duque de Medinaceli (donde se halla actualmente el hotel Palace) y en las inmediaciones del Buen Retiro. Tras unos primeros planes de reforma de los arquitectos Manuel Martín Rodríguez y Silvestre Pérez de 1783, que nunca se llevaron a cabo, fue Antonio López Aguado, discípulo del arquitecto del Prado, Juan de Villanueva, quien en 1805 definió el aspecto del edificio. López Aguado desplazó la entrada principal al ámbito norte e, inspirándose en su maestro, concibió las fachadas –con elementos articulatorios en granito y fábrica de ladrillo– así como los balcones. Su reforma de los interiores –que comportó el añadido de una planta y una nueva distribución de las distintas estancias y que no concluyó hasta después de 1814– sufrió una completa transformación en 1973, después de que la Banca López Quesada comprase el palacio.

under the direction of architect Francisco Sánchez. Today the building marks the point of intersection between the streets of the Paseo del Prado and the Carrera de San Jerónimo. The Duke of Villahermosa chose the location of his grand city residence for its privileged vicinity to the palace of the powerful Duke of Medinaceli (where the Palace Hotel now stands) and the Buen Retiro. Initial renovation plans by the architects Manuel Martín Rodríguez and Silvestre Pérez in 1783 were never carried out. It was Antonio López Aguado, a student of the Prado architect Juan de Villanueva, who defined the appearance of the building in 1805. He moved the main entrance to the northern area and, inspired by his master, conceived the facades—with articulated elements in granite and brickwork—as well as the balconies. The interior renovations by López Aguado, which included the addition of one floor and a redistribution of the various rooms, lasted until after 1814, underwent a complete transformation in 1973, when the palace became the property of the López Quesada Bank. When the Bank of

PAUL GAUGUIN

Mata Mua (Érase una vez)

Óleo sobre lienzo, 1892, 91 × 69 cm

Mata Mua (In Older Times)

Oil on canvas, 1892, 35¾ × 27¼ in

VITTORE CARPACCIO

Joven caballero en un paisaje

Óleo sobre lienzo, 1510,

219 × 152 cm

Portrait of a Knight

Oil on canvas, 1510, 86¼ × 60 in

Cuando en 1980 el Banco de España adquirió el inmueble y lo puso a disposición del Museo del Prado para exposiciones temporales, de nuevo se volvieron a vislumbrar importantes obras de renovación, que en este caso obedecían a exigencias museológicas. Pero éstas no llegarían a emprenderse en beneficio del Prado, sino de la colección Thyssen-Bornemisza, tras la firma del contrato entre el Estado español y el barón en 1988. El responsable de la reforma radical del interior del palacio llevada a cabo entre 1989 y 1992 fue el arquitecto español Rafael Moneo, premio Pritzker de Arquitectura (véanse Estación de Atocha, pág. 323 y s., y la ampliación del Prado, pág. 104 y s.). Respetando las fachadas del edificio, diseñó un vestíbulo, al que se accede por el jardín situado al norte del inmueble, que tiene su prolongación en un patio interior. La visita al museo comienza en la segunda planta, con la pintura italiana del siglo XIII y, a través de las salas situadas junto a las fachadas –entre ellas la Galería Villahermosa, que evoca las tradicionales galerías palaciegas y que discurre en paralelo al Paseo del Prado–,

Spain acquired the building in 1980 and allowed the Museo del Prado to use it for special exhibitions, further dramatic renovation work was required to meet the needs of the museum. However this did not benefit the Prado, but rather the Thyssen-Bornemisza collection, after a contract was signed between the Spanish state and the baron in 1988. The radical reformation of the palace interior carried out between 1989 and 1992 was the work of the Spaniard Rafael Moneo, winner of the 1996 Pritzker Architecture Prize (see Atocha Train Station p. 323 f., Prado extension p. 104 f.). Respecting the building's facades, he designed a vestibule, accessible from a garden in the northern part of the palace, which continued to an interior courtyard. The circuit through the museum begins with 13th century painting from Italy on the third floor and leads along the halls

conduce en sentido descendente hasta las muestras de *pop art* y la escuela londinense de la planta baja.

En 1999 el Estado español y Carmen Cervera llegaron a un acuerdo para exhibir en el Museo Thyssen, con el nombre de colección Carmen Thyssen-Bornemisza (y en un primer momento como préstamo por 11 años), los cuadros que –desde mediados de los años ochenta y, fundamentalmente, tras la constitución del museo y de la Fundación en 1992-1993– habían ido reuniendo a título particular primero la pareja y después, tras la muerte del barón Hans Heinrich Thyssen-Bornemisza, la viuda. Esta decisión hizo inaplazable una ampliación. El espacio necesario se encontró en dos edificios de la calle Marqués de Cubas/esquina calle de Zorrilla, que fueron rehabilitados a tal propósito entre 2002 y 2004 por Manuel Baquero y Francesc Plá según el proyecto del equipo de arquitectos BOPBAA. En la colección Carmen Thyssen-Bornemisza se vuelven a hallar los centros de gravedad esenciales de la colección clásica. Un claro punto fuerte lo constituyen las *vedute* (vistas) del siglo XVIII, y las obras de los impresionistas y postimpresionistas franceses, los expresionistas alemanes y los fovistas.

La colección Thyssen-Bornemisza ha sido y es célebre por la calidad de sus Maestros Antiguos y por su panorámica casi enciclopédica de la evolución general de la pintura. Paradójicamente, sus orígenes se remontan al interés que August Thyssen (1842-1926) mostró por la escultura coetánea. El fundador del imperio industrial de la cuenca del Ruhr, abuelo del barón Hans Heinrich, encargó entre

situated by the facades, among them the Galería Villahermosa, which is reminiscent of traditional palace galleries. It then runs parallel to the Paseo del Prado, continuing its descent until reaching pop art and the London school on the ground floor. In 1999, the Spanish State and Carmen Cervera reached an agreement to display the paintings known as the Carmen Thyssen-Bornemisza collection in the Museo Thyssen. Originally provided as an eleven-year loan, these paintings had been collected privately since the middle of the 1980s, principally after the founding of the museum and the foundation between 1992 and 1993. They were originally collected by the couple and then, after the death of Baron Hans Heinrich von Thyssen-Bornemisza, by his widow. This agreement made an expansion of the building necessary. The required space came from two buildings in the Calle Marqués de Cubas, on the corner of Calle de Zorrilla. The buildings were extensively remodeled between 2002 and 2004 by Manuel Baquero and Francesc Plá, following plans by the BOPBAA architectural firm. The essential focal points of the classical collection recur in the Carmen Thyssen-Bornemisza collection, though particular attention is given to the *vedute* or view of the 18th century and the works of French Impressionism and Post-Impressionism, German Expressionism and Fauvism.

The Thyssen-Bornemisza collection has been, and remains famous for the quality of its Old Masters and its almost encyclopedic panorama of the overall development of painting. Paradoxically, its origins lie in the interest that August Thyssen

Reverso de *Retrato de un hombre
joven orando,* de Hans Memling, con la
representación de un florero (hacia 1485).

Back of Hans Memling's *Portrait of a
Young Man at Prayer,* with the depiction
of a flower vase (likewise c. 1485).

EL GRECO

Anunciación

Óleo sobre lienzo, 1596-1600, 114 × 67 cm

The Annunciation

Oil on canvas, 1596–1600, 45 × 26¼ in

1905 y 1908 siete esculturas de mármol a Auguste Rodin. De estas obras –que fueron entregadas entre 1906 y 1911, algunas acompañadas con escritos en alemán del secretario de Rodin Rainer Maria Rilke–, seis eran para el Schloss Landsberg, la residencia Thyssen en Essen-Kettwig, y una *(Psique)* para regalársela a su hijo Fritz en las Navidades de 1909. Cuatro estatuas, en concreto *La muerte de Atenas* (1906), *Cristo y la Magdalena* (1908), *El nacimiento de Venus* (1908) y *El sueño* (1911), se pueden ver hoy en la colección Carmen Thyssen-Bornemisza. De los cuatro hijos de August Thyssen, Heinrich Thyssen fue el único que heredó el interés artístico de su padre y, tras su matrimonio con la baronesa húngara Margit Bornemisza de Kászon en 1905, sentó las bases de la colección pictórica. Ya sólo entre 1929 y 1934 adquirió obras tales como *Joven caballero en un paisaje* (1510), de Vittore Carpaccio, *El retrato de Giovanna Tornabuoni* (1488), de Domenico Ghirlandaio, y el *Retrato de Enrique VIII de Inglaterra*, de Hans Holbein el Joven, actualmente todas ellas puntos cardinales de la colección. Gracias a una activa política de compra, que contó con el asesoramiento de expertos en arte como Max J. Friedländer, Rudolf Heinemann, Friedrich Dörnhöffer y Bernard Berenson, en 1930 la colección ascendía ya a 428 obras, sobre todo de los siglos XIII al XVIII. La pintura alemana estaba

(1842–1926) showed for contemporary sculpture. The founder of an industrial empire in the Ruhr area and grandfather of Baron Hans Heinrich, August ordered seven marble statues by Auguste Rodin between 1905 and 1908. Of these works, finally delivered between 1906 and 1911, some of them accompanied by letters written in German by Rodin's secretary Rainer Maria Rilke, six were for Thyssen's home, Landsberg Castle near Essen-Kettwig. The remaining statue, *Psyche,* was intended as a Christmas present for his son Fritz in 1909. Four statues, namely *The Death of Athens* (1906), *Christ and the Magdalen* (1908), *The Birth of Venus* (1908), and *The Dream* (1911) are in the Carmen Thyssen-Bornemisza collection today. Of August Thyssen's four sons, Heinrich Thyssen was the one who inherited his father's interest in art and, after his marriage to the Hungarian Duchess Margit Bornemisza de Kászon in 1905, he laid the foundation for the painting collection. In the years between 1929 and 1934 alone, he acquired works like *Young Knight in a Landscape* (1510) by Vittore Carpaccio, *Portrait of Giovanna Tornabuoni* (1488) by Domenico Ghirlandaio, and the *Portrait of King Henry VIII* by Hans Holbein the Younger, which all remain highlights of the collection. Thanks to an active purchasing policy, advised by art experts like Max J. Friedländer, Rudolf Heinemann, Friedrich Dörnhöffer, and Bernard Berenson, the collection encompassed 428 works

PETRUS CHRISTUS

La Virgen del árbol seco
Óleo sobre tabla, hacia 1450,
17,4 × 12,3 cm

The Virgin of the Dry Tree
Oil on wood, c. 1450, 6⅞ × 4⅞ in

ERNST LUDWIG KIRCHNER

Fränzi ante una silla tallada
Óleo sobre lienzo, 1910,
70,5 × 50 cm

Fränzi in Front of a Carved Chair
Oil on canvas, 1910, 27¾ × 19¾ in

representada por Cranach el Viejo, Altdorfer y Pacher; la flamenca y holandesa, por Petrus Christus, Van der Weyden, Memling, Juan de Flandes, Rubens, Jordaens y Van Dyck; la italiana, por Carpaccio, Ucello, Bellini, Veronese, Tintoretto, Tiziano, Tiepolo y Guardi. Entre los franceses se contaban Watteau, Boucher, Fragonard y Greuze. Además de El Greco, Murillo y Goya, que aún hoy forman parte de la colección, figuraba también un Velázquez entre los pintores españoles. Entre 1931 y 1937 se sumaron a la colección otros 143 cuadros, entre ellos el *Díptico de la Anunciación,* de Van Eyck, y *Santa Catalina de Alejandría,* de Caravaggio, mientras que 41 obras de autoría imprecisa fueron vendidas. En 1932, Heinrich Thyssen-Bornemisza compró en Suiza Villa Favorita, construida en 1687, y la hizo ampliar añadiendo una galería de 1.300 metros cuadrados, con 20 salas iluminadas con

by 1930, primarily from the 13th through to the 18th centuries. German painting was represented by Cranach the Elder, Altdorfer, and Pacher, while artists from the Netherlands included Petrus Christus, van der Weyden, Memling, Juan de Flandes, Rubens, Jordaens, and van Dyck. Italian painters included Carpaccio, Ucello, Bellini, Veronese, Tintoretto, Titian, Tiepolo, and Guardi, while French painting was represented by Watteau, Boucher, Fragonard, and Greuze. As well as El Greco, Murillo and Goya, who are all still part of the collection today, Velázquez was also included among the Spaniards. Between 1931 and 1937, a further 143 paintings entered the collection, among them the diptych of the *Annunciation* by van Eyck and *St. Catherine of Alexandria* by Caravaggio, while 41 works of unknown authorship were sold. In 1932, Heinrich Thyssen-Bornemisza bought the Villa Favorita in Switzerland, built in

luz natural, en las que a partir de 1936 mostró su colección a un público selecto. Finalizada la guerra y tras la muerte de Heinrich, será su hijo Hans Heinrich, que había heredado la residencia familiar y gran parte de la colección, quien la abra al gran público. Entre sus gestiones más destacada, se cuenta la recuperación entre 1949 y 1965 de obras de la colección que, como consecuencia de la política sucesoria, tras la muerte de Heinrich fueron asignadas a otros miembros de la familia y habían sido vendidas. Así, por ejemplo, Hans Heinrich consiguió comprar al canciller alemán Konrad Adenauer *La Virgen del árbol seco,* de Petrus Christus, que su tía había prometido dejarle en herencia, pero que pese a todo había vendido. Hans Heinrich Thyssen-Bornemisza no compartía el rechazo de su padre por el arte moderno. A la acuarela *Pareja joven* de Emil Nolde, adquirida en 1961, le siguieron obras de Pechstein, Kirchner, Heckel y Schmidt-Rottluff. Posteriormente hubo otras compras de obras de Die Brücke y Der Blaue Reiter. Entre 1971 y 1981 Thyssen-Bornemisza adquirió obras surrealistas, entre ellas *Sueño causado por el vuelo de una*

1687, and expanded it by adding a 14,000-square-foot gallery with 20 naturally lit halls, where he showed his collection to a select public after 1936. After the war ended and Heinrich died, his son Hans Heinrich, who had inherited the family home and the bulk of the collection, opened it to the general public. He also devoted much of his time between 1949 and 1965 to recovering works from the collection that were inherited by family members after Heinrich's death and then sold. Hans Heinrich succeeded in purchasing *Our Lady of the Dry Tree* by Petrus Christus from the German Chancellor Konrad Adenauer. His aunt had promised to leave the painting to him, but despite everything had sold it. Hans Heinrich did not share his father's antipathy toward modern art. After his 1961 purchase of the aquarelle *Young Couple* by Emil Nolde, works by Pechstein, Kirchner, Heckel, and Schmidt-Rottluff followed. Thereafter he made further purchases of works by the German artist groups Die Brücke (The Bridge) and Der Blaue Reiter (The Blue Rider). Between 1971 and 1981, Hans Heinrich acquired surrealistic works, among them *Dream Caused by the Flight of a Bee*

FRANZ MARC

El sueño

Óleo sobre lienzo, 1912,
100,5 × 135,5 cm

The Dream

Oil on canvas, 1912, 39½ × 53⅜ in

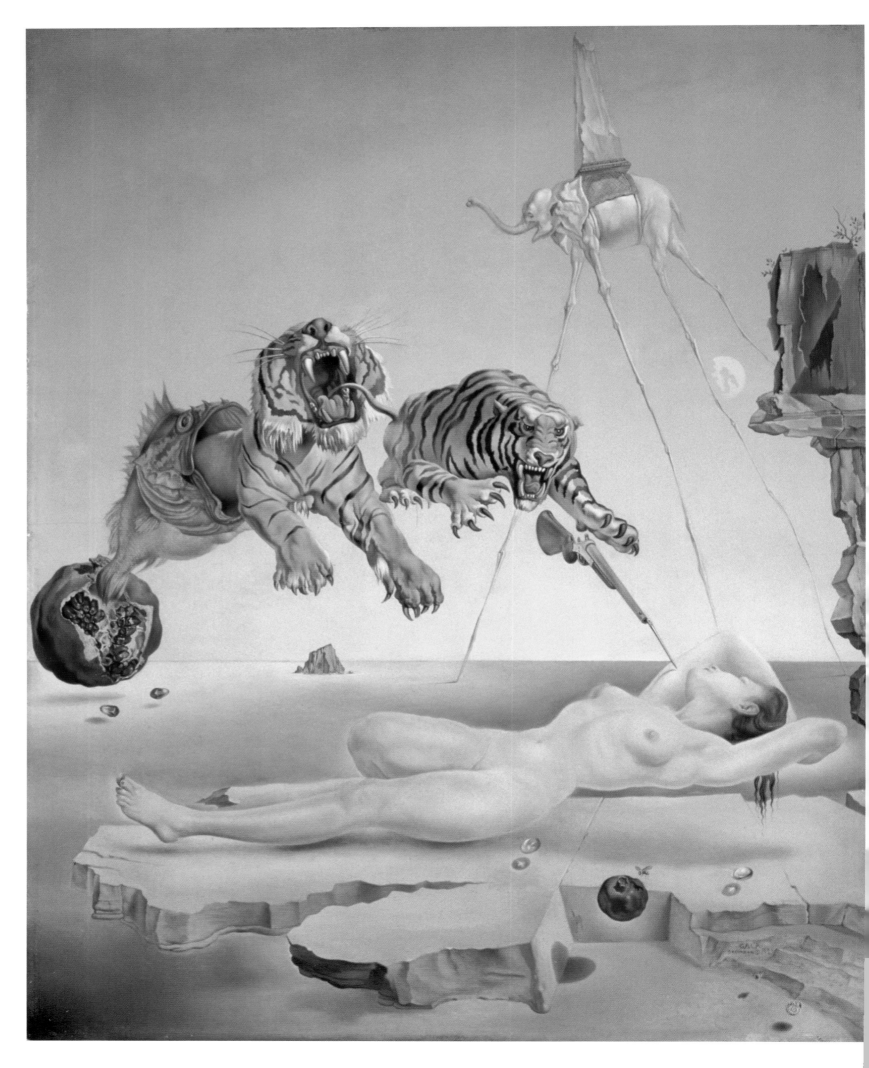

SALVADOR DALÍ

**Sueño causado por el vuelo
de una abeja alrededor de
una granada un segundo
antes del despertar**

*Óleo sobre tabla, 1944,
51×41 cm*

Dream Caused by the Flight of
a Bee Around a Pomegranate
a Second Before Awakening

Oil on wood, 1944, 20×16 in

LUCIAN FREUD

**Retrato de un hombre (barón
H. H. Thyssen-Bornemisza)**

*Óleo sobre lienzo, 1981-1982,
51×40 cm*

Portrait of a man (Baron
H. H. Thyssen-Bornemisza)

*Oil on canvas, 1981–1982,
20×15¾ in*

PABLO PICASSO

Arlequín con espejo

*Óleo sobre lienzo, 1923,
100×81 cm*

Harlequin and Mirror

Oil on canvas, 1923, 39¼×31¾ in

GEORGE GROSZ

Metrópolis

*Óleo sobre lienzo, hacia 1916-1917,
100×102 cm*

*Oil on canvas, c. 1916–1917,
39¼×40 in*

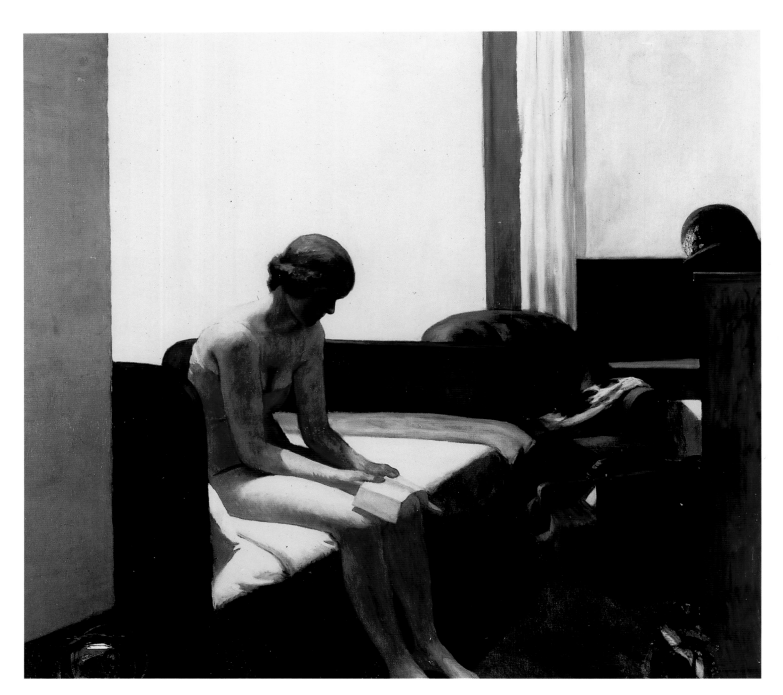

EDWARD HOPPER

Habitación de hotel
Óleo sobre lienzo, 1931,
152,4 × 165,7 cm

Hotel Room
Oil on canvas, 1931,
60 × 65¼ in

JEAN-ANTOINE WATTEAU

Pierrot alegre
Óleo sobre lienzo, hacia 1712,
35 × 31 cm

Happy Pierrot
Oil on canvas, c. 1712,
13¾ × 12¼ in

abeja alrededor de una granada un segundo antes del despertar, de Salvador Dalí; obras cubistas, como *Arlequín con espejo,* de Pablo Picasso, y de la Nueva Objetividad, como *Metrópolis,* de George Grosz. Con los pintores Francis Bacon y Lucian Freud existió contacto desde 1981; Lucian Freud pintó en 1981-1982 un retrato de Hans Heinrich en cuyo fondo se puede ver el cuadro *Pierrot alegre, de* Watteau, adquirido para la colección en 1977. Pero en la década de 1970 también hubo un acercamiento al arte estadounidense del siglo XX. La colección se hizo con obras de Georgia O´Keefe, Max Weber y Charles Demuth, a los cuales siguieron cuadros de Hopper, y de los representantes del *pop art* Robert Rauschenberg, Tom Wesselmann, James Rosenquist y Roy Lichtenstein. La presencia de la pintura estadounidense del siglo XIX no tiene parangón en Europa, e incluye, por ejemplo, paisajes simbolistas de Thomas Cole, que también ocupa una posición destacada en la colección Carmen Thyssen-Bornemisza.

Around a Pomegranate a Second before Awakening by Salvador Dalí, cubist works including *Harlequin with a Mirror* by Pablo Picasso and works of the new objectivity like *Metropolis* by George Grosz. He was in contact with the painters Francis Bacon and Lucian Freud from 1981, Lucian Freud painted a portrait of Hans Heinrich between 1981 and 1982 with Watteau's painting *Happy Pierrot,* acquired for the collection in 1977, visible in the background. However, the 1970s were also the beginning of an examination of 20th century American art. Works by Georgia O'Keefe, Max Weber, and Charles Demuth came into the collection, followed by pictures by Hopper and the pop art artists Robert Rauschenberg, Tom Wesselmann, James Rosenquist, and Roy Lichtenstein. The presence of American paintings from the 19th century is unequalled in Europe and includes, for example, the symbolic landscapes by Thomas Cole, which also occupy an important place in the Carmen Thyssen-Bornemisza collection.

ROY LICHTENSTEIN

Mujer en el baño
Óleo sobre lienzo, 1963,
171 × 171 cm

Woman in Bath
Oil on canvas, 1963,
67³⁄₈ × 67³⁄₈ in

THOMAS COLE

**Expulsión. Luna
y luz de fuego**
*Óleo sobre lienzo,
hacia 1828, 91,4 × 122 cm*

Expulsion—Moon
and Firelight
Oil on canvas, c. 1828,
36 × 48 in

Torres KIO.

The Torres KIO.

IX

De la Segunda República
al siglo XXI

From the Second Republic
to the 21st Century

Agrupar en un mismo apartado de este capítulo la época de la Segunda República y las décadas de la dictadura de Franco puede parecer problemático. Sin embargo, para la imagen urbana de Madrid tiene cierta justificación: los cinco años republicanos fueron demasiado cortos como para dejar cambios sustanciales en la ciudad; gran parte de los planes que pese a todo pudieron realizarse fueron víctimas de la Guerra Civil. Por otro lado, se aprecia (por ejemplo, en los edificios del campus universitario) que los proyectos de la declinante monarquía se ejecutaron de forma increíblemente consecuente durante la Segunda República y la dictadura.

La proclamación de la Segunda República desde el balcón de la Casa de Correos el 14 de abril de 1931 fue el resultado de una larga crisis de la casa real, que en la última etapa sólo pudo mantenerse en pie con ayuda de los militares. La esperanza de cambio había generado ya durante los años anteriores cierto clima de optimismo, que se reflejó en la actividad constructora y, por ende, en el aspecto de la urbe. Se soñaba con una ciudad nueva, más grande, más atractiva y socialmente más justa, con instituciones a la altura de una sociedad moderna. Al mismo tiempo, los arquitectos españoles se abrieron a las nuevas corrientes, como las representadas por Erich Mendelsohn, Walter Gropius y Le Corbusier. Es significativo que el concurso arquitectónico convocado en 1929 para ampliar la ciudad hacia el norte lo ganaran un español, Secundino Zuazo, y un alemán, Hermann Jansen.

A diferencia de lo sucedido en Barcelona, en Madrid la arquitectura racional tuvo que resistir desde el principio duras pruebas, pues en general prevalecían las fuerzas conservadoras. El panorama de la década de 1930 podría ejemplificarse con dos escenarios que han tenido y tienen peso en la vida de la capital: de un lado, la plaza de toros de Las Ventas (José Espeliú), que se presenta en el estilo tradicional neomudéjar de ladrillo; de otro, el Hipódromo de la Zarzuela (Eduardo Torroja), un edificio de hormigón innovador desde el punto de vista técnico y estilístico cuyo rasgo peculiar es una amplia cubierta «suspendida».

La Ciudad Universitaria, que con sus cuatro millones de metros cuadrados de superficie es una «ciudad en la ciudad», presenta una arquitectura casi emblemática de la España que se debatía entre la modernidad y la tradición. Como nueva sede de la Universidad Central (nombre que recibió la Universidad Complutense de Alcalá de Henares al ser trasladada a Madrid en el siglo XIX), la Ciudad Universitaria se fundó en la finca de La Moncloa en 1927, a iniciativa de Alfonso XIII y bajo el espíritu de la Hispanidad. El plano general fue obra de Modesto López Otero, y para los distintos edificios se recurrió a prestigiosos arquitectos de toda España. La mayoría de las edificaciones de carácter representativo y facultades se llevaron a cabo a partir de 1931 (es decir, en los años de la Segunda República),

Proclamación de la Segunda República, el 14 de abril de 1931.

The proclamation of the Second Republic on 14 April 1931.

It may appear problematic to group the Second Republic and the decades of Franco's dictatorship in the same section of this chapter. However, in terms of the cityscape of Madrid, this approach has some justification: the Republic's five-year span was too short to effect lasting urban change and several of the completed projects later became victims of the Civil War. On the other hand, examples such as the University City, show that many plans made by the struggling monarchy reached beyond the Second Republic and were carried out, almost unchanged, during the dictatorship.

When the Second Republic was declared from the balcony of the Casa de Correos on 14 April 1931, it was the result of an extended crisis on the part of the royal family who, during the previous era, could only sustain power with military support. The expectation of change had already created a certain sense of optimism that was reflected in building activity and consequently in the cityscape. People dreamed of a city that was bigger, more attractive and more socially just, with institutions that would do justice to a contemporary society. At the same time, Spanish architects were exposed to modern currents like those represented by Erich Mendelsohn, Walter Gropius, and Le Corbusier. It was significant that when the bid for the northward expansion of the city was launched in 1929, the winners were a Spaniard, Secundino Zuazo, and a German, Hermann Jansen.

In contrast to Barcelona, rationalist architecture in Madrid always faced difficult challenges, as conservative powers generally prevailed. The panorama of the 1930s is illustrated by the difference between two plazas, which even today carry weight in the life of the capital. On one side, José Espeliú's Plaza de Toros de Las Ventas is built in the traditional brick Neo-Mudejar style, while Eduardo Torroja's Hippodrome of Zarzuela is a technically and stylistically innovative structure made from concrete, with a vast "floating" roof.

University City represents an architectural style in many ways typical of Spain, wavering between tradition and modernity. The university campus, which with its two square miles is a "city within a city," was founded by Alfonso XIII in the grounds of the royal Moncloa Park in 1927 to represent the spirit of "Hispanidad," the common culture of all Spanish-speaking peoples. It served as the new headquarters of the Central University of Madrid, the heir to the venerable Universidad Complutense de Alcalá de Henares, which was moved to Madrid in the 19th century. Modesto López Otero provided the general plans, while he drew in renowned architects from throughout Spain for the individual buildings. Most of the distinctive architecture and faculty buildings were actually built after 1931, during the Second Republic, and reflect Spain's ongoing interpretation of international styles.

The two buildings most consistent with modernity are the work of Agustín Aguirre López: the Philosophy Department building, on which work began in 1932, and the Law Department building, designed in 1931. They are both composed of geometric structures and distinguished by bands of windows and glass surfaces. The Physics Institute is presented as an elegant, unadorned brick building molded by

Plaza de toros de Las Ventas.

The Las Ventas
bull-fighting arena.

El Hipódromo de la Zarzuela.

The La Zarzuela racetrack.

La Ciudad Universitaria en 1936.

The University City in 1936.

La Facultad de Filosofía,
en la Ciudad Universitaria.

The faculty of philosophy
in the University City.

y reflejan la interpretación continua que se hace en España del estilo internacional.

Los dos edificios más consecuentes con la modernidad son obra de Agustín Aguirre López: la Facultad de Filosofía y Letras (iniciada en 1932) y la Facultad de Derecho (planos de 1931). Ambas se componen de cuerpos geométricos matizados con bandas de ventanas y superficies de cristal. El Departamento de Física se presenta como una construcción elegante y sobria de ladrillo, caracterizada por la horizontalidad. Por su parte, los monumentales volúmenes de la Facultad de Medicina, que dominan el campus, están articulados por elementos neoclasicistas. Ambos edificios fueron proyectados por Miguel de los Santos en 1928, pero los actuales no son los que se construyeron en la década de 1930, ya que sufrieron daños considerables durante la Guerra Civil, cuando el campus fue escenario de encarnecidos combates entre republicanos y golpistas. El 28 de marzo de 1939 las tropas del general Francisco Franco Bahamonde entraron victoriosas en Madrid, y a partir de 1940 se procedió a la reconstrucción de la Ciudad Universitaria, en la mayoría de los casos bajo la dirección de los mismos arquitectos que habían proyectado los edificios.

A pesar de que para la reconstrucción se recurrió en gran parte a los conceptos originales, el carácter del campus cambió: la nota predominante fue entonces el ensalzamiento del régimen franquista y su tarea «civilizadora». De ello da testimonio hasta hoy el arco de triunfo (terminado en 1956) que idealiza la victoria franquista en la Guerra Civil. Ante él se elevaba hasta el año 2005 una estatua ecuestre de Franco de 7,5 metros de altura. Muchos otros monumentos propagandísticos flanqueaban las avenidas de la Ciudad Universitaria, y todos ellos iban a tener su punto culminante en un aula monumental a modo de templo clásico claramente inspirada en la arquitectura del

Vidriera de la Facultad de Filosofía; reconstrucción de la original, destruida en la Guerra Civil.

Glass window in the faculty of philosophy, reconstruction of the original destroyed in the Civil War.

horizontal lines, while the monumental blocks of the Medical Department buildings, which dominate the campus, display neo-classical elements. Both buildings were built by Miguel de los Santos after 1928. The current buildings are not those built in the 1930s, which suffered extensive damage during the Civil War. The campus was the site of bitter battles between the republicans and rebels. General Francisco Bahamonde

Facultad de Derecho.

The faculty of law.

Arco de la Victoria.

The Arco de la Victoria.

La Guerra Civil hizo estragos en el campus.

The Civil War wreaked havoc on the campus.

Tercer Reich alemán. Estos planes, sin embargo, no se hicieron realidad. En la actualidad, el campus muestra un nuevo rostro, con edificios contemporáneos de gran originalidad que «suavizan» la carga de rigorismo.

Volviendo a la arquitectura del régimen franquista, la instalación del Museo de América en el antiguo convento de Santo Tomás de Aquino se encuadra también en el contexto de la ya mencionada Hispanidad, que reaparece una y otra vez. El complejo, situado en los márgenes del campus, fue reformado entre 1943 y 1954 por Luis Moya Blanco y acoge desde 1965 los tesoros culturales de América Central y del Sur. La muestra contiene piezas extraordinarias, entre ellas el famoso tesoro de oro de la cultura quimbaya, que llegó a Madrid en 1892 como regalo del Gobierno de Colombia. Otras secciones informan sobre la historia de la colonización española y la comunicación entre las culturas.

Cerca de la universidad, el dictador encargó a Luis Gutiérrez Soto la construcción del monumental Ministerio del Ejército del Aire. Gutiérrez Soto (que en la década de 1920 fue

Franco's troops entered Madrid on 28 March 1939, and the reconstruction of the University City began in 1940. The architects who had provided the original designs directed most of the reconstruction.

Although most of the rebuilding relied on the initial plans, the character of the campus did change: the guiding theme was now the glorification of Franco's regime and his "civilizing" achievements. This is demonstrated by the triumphal arch that was completed in 1956, idealizing Franco's victory in the Civil War. Until 2005, a 25-foot equestrian statue of the Caudillo stood before the arch. Numerous other propagandistic monuments lined the avenues of the University City. A vast auditorium in the style of a classical temple, whose architecture was clearly inspired by the Third Reich, was intended as the culmination point. However, these plans were never carried out. Today the campus displays a new face, with contemporary structures whose originality "relieves" the weighty severity.

Returning to the architecture of the Franco regime, the establishment of the Museo de América in the former

Museo de América,
en la Ciudad Universitaria.

The Museo de América in
the University City.

un representante importante del racionalismo español) proyectó un híbrido singular que combina funcionalidad y patetismo: desde el punto de vista constructivo, el Ministerio es una obra moderna de hormigón armado y, a su vez, una réplica del monasterio de El Escorial, el monumento emblemático del Siglo de Oro. Como su modelo del siglo XVI, presenta una planta de cuatro alas en torno a un patio central y torres en las esquinas, elementos tradicionales de los alcázares españoles. El centro de la fachada principal del edificio, construida en

convent of Santo Tomás de Aquino falls into the context of "Hispanidad" mentioned above, a common theme during this time. The building complex on the edge of the campus was reconfigured by Luis Moya Blanco between 1943 and 1954 and has housed the collection of Central and South American cultural treasures since 1965. Among other extraordinary exhibits, it contains the famous gold treasure of Quimbaya that came to Madrid in 1892 as a gift from the Colombian Government. Other sections provide information about the

Antiguo Ministerio del
Aire, ahora cuartel general
del Ejército del Aire.

The former Ministerio del
Aire, now the headquarters
of the air force.

Los Nuevos Ministerios.

The Nuevos Ministerios.

ladrillo, está decorado con un pórtico neoclásico que apenas sobresale. Los Nuevos Ministerios (sedes ministeriales en lo que entonces era el final del Paseo de la Castellana) también permiten apreciar la fluctuación entre las formas de la modernidad y las monumentales de la arquitectura franquista. Se empezaron a construir en 1930 bajo la dirección de Secundino Zuazo Ugalde y se terminaron después de 1940, aunque no lo hizo su arquitecto, que tuvo que exiliarse a las Canarias.

Dos obras clave de la arquitectura franquista se encuentran en la plaza de España: el Edificio España y la Torre de Madrid. La enorme plaza (donde en el pasado hubo un convento que en los siglos XVIII y XIX se empleó como cuartel), con la ampliación de la Gran Vía a partir de 1910, adquirió gran relevancia urbanística, ya que pasó a ser el punto de enlace entre el Madrid emergente y el histórico. En 1915 se empezó a gestar la idea de levantar en este céntrico lugar un monumento que mostrase al escritor Miguel de Cervantes con sus dos célebres personajes: Don Quijote y Sancho Panza. En 1928 se colocó la jactanciosa obra, diseñada por el arquitecto Rafael Martínez Zapatero y el escultor Lorenzo Collaut Valera, que pese a su austero aspecto se ha convertido en uno de los símbolos de Madrid. Los planes de Franco, sin embargo, iban más allá del mero homenaje al

history of Spanish colonization and the communication between cultures.

Franco had Luis Gutiérrez Soto erect the monumental building of the Air Force Ministry (Ministerio del Aire) in the immediate vicinity of the university. Gutiérrez Soto, a distinguished representative of Spanish rationalism in the 1920s, created an idiosyncratic hybrid that alternates between functionalism and pathos. From the point of view of construction, it is a modern building of reinforced concrete. At the same time, the ministry appears to be a replica of the cloister residence of El Escorial, the symbolic monument of the Golden Age. Like its nearly 400-year-old model, this building has four wings arranged around a central courtyard with towers marking each corner, as they were traditionally used in Spanish forts. The center of the main facade, which is built of brick, features a neoclassical portico. The new ministry buildings, at what was then the end of the Paseo de la Castellana, also show the fluctuation between modernity and Franco-inspired monumental architecture. Secundino Zuazo Ugalde began work on the ministries in 1930 and they were completed after 1940, although not by Zuazo Ugalde, who had been exiled to the Canary Islands.

La plaza de España.

The Plaza de España.

Detalle del monumento
a Cervantes, con la figura
sentada del insigne escritor…

Details of the Cervantes
memorial with the poet
as seated figure…

…y sus dos célebres
personajes Don Quijote
y Sancho Panza.

…and his central characters
Don Quijote and Sancho Panza.

héroe nacional: la plaza debía convertirse en emblema de una España «imperial» refortalecida, y su monumental arquitectura, competir con la de ciudades como Nueva York, Berlín o Roma. El Edificio España, de 117 metros de altura, se empezó a construir en 1948 en el lado norte de la plaza y durante unos años fue el edificio más alto de Madrid. Con su exquisita decoración y el hotel, los negocios y los apartamentos que acogía, ofrecía un *glamour* desconocido hasta entonces. Hacia la plaza de España, el edificio muestra una fachada de corte clasicista estructurada con sobriedad; en los pisos 12, 19 y 26 experimenta progresivos escalonamientos y culmina en una suerte de arquitectura palaciega, «un edificio sobre el edificio» como se ve a menudo en los rascacielos estadounidenses. Tras su fachada de 28 plantas, el inmueble se estructura en seis alas separadas por patios. El Edificio España es una construcción de hormigón armado revestida con fachadas de ladrillo y caliza. Tras su venta, en 2005, estuvo unos años prácticamente vacío, y recientemente se ha iniciado su restauración. Su vecina, la Torre de Madrid, fue construida en 1957 y tiene una altura de 142 metros, con lo que durante diez años fue el edificio más alto de Europa; en la actualidad está vacía y su destino es incierto. Los arquitectos de ambas obras fueron los hermanos José María (ingeniero) y Joaquín Otamendi (arquitecto y discípulo de Antonio Palacios Ramilo).

Hacia 1950, la arquitectura de la modernidad empezó a arraigar en Madrid. El paso de una arquitectura nacional-fascista de reminiscencias racionales a un lenguaje formal internacional consecuente discurrió en paralelo a la apertura del régimen de Franco y a su lucha por un reconocimiento internacional, esfuerzos que se vieron recompensados con la admisión de España en la UNESCO en 1952 y en la ONU en 1955. Como representativo de esta fase de liberación del corsé del eclecticismo académico, cabe mencionar el complejo de la Delegación Nacional de Sindicatos (hoy Ministerio de Sanidad y Consumo), en el Paseo del Prado. Su sección cúbica principal (de 16 plantas), que retrocede visiblemente con respecto a la línea de fachadas de la calle, descuella sobre las conexiones y alas laterales, asimismo de formas cúbicas; éstas constituyen la transición con las

Two key works of Franco-inspired architecture are located in the Plaza de España: the Edificio España and Torre de Madrid. This spacious plaza was the site of a convent that was used as barracks in the 18th and 19th centuries. With the expansion of the Gran Vía after 1910 it became an essential part of the urban structure, forming the junction between the historic and the emerging new Madrid. The idea for the central monument, which shows the poet Miguel de Cervantes with his famous characters Don Quixote and Sancho Panza, was developed as early as 1915. In 1928, sculptor Lorenzo Collaut Valera began working on the magniloquent monument, following designs by architect Rafael Martínez Zapatero. Despite its rough handiwork, it became one of the symbols of Madrid. Franco's plans for the Plaza de España went far beyond the glorification of national heroes: it was to become a symbol of a reinvigorated "imperial" Spain and its monumental architecture was to compete with other capital cities like New York, Berlin, and Rome.

The Edificio España is set on the north side of the plaza and when it was built in 1948 it was the tallest building in Madrid, standing at 384 feet. With its exquisite decoration and hotel, businesses, and apartments within, it represented a whole new kind of glamour. The high-rise building complex faces the Plaza de España with a sober, classical facade. It is recessed at floors 12, 19, and 26 and culminates in an almost palatial architectural style, with a "house atop a house" as often seen in American skyscrapers. Behind the 28-floor facade, the building is structured in six wings, separated by courtyards. The Edificio España is a reinforced concrete structure covered by facades of brick and sandstone. After its sale in 2005, the building was practically empty for some years and work recently began on its restoration. The neighboring Torre de Madrid was built in 1957 and reached 465 feet, making it the tallest skyscraper in Europe for ten years. The building is currently empty and its future is uncertain. The brothers José María and Joaquín Otamendi were the architects of both buildings. José María is an engineer and Joaquín an architect and student of Antonio Palacios Ramilo.

Around 1950, modern architecture began to take hold in Madrid. The transition from a national-fascist building style with rational reminiscences to a consistently international formal style ran parallel to the opening of the Franco regime and his struggle to gain international recognition. These efforts were rewarded with Spain's acceptance into UNESCO in 1952, and into the United Nations in 1955. Representative of this phase of release from the rigidity of academic eclecticism is the building complex of the federation of trade unions, the Delegación Nacional de Sindicatos, now the Ministry of Health and Consumer Affairs, on the Paseo del Prado. The cubic main section of the 16-storey building is set back from surrounding facades, and stands out above the interconnecting lower wings, creating the transition to the neighboring buildings of the Paseo. The formal, almost abstract style of the complex brings to mind the fictitious architecture of painter Giorgio de Chiricos, or the seminal Casa del Fascio by Giuseppe Terragni, despite its totalitarian

La Torre de Madrid de la plaza de España.

The Torre de Madrid on the Plaza de España.

edificaciones vecinas del paseo. El lenguaje formal claro, casi abstracto, de este complejo hace pensar en la arquitectura ficticia de Giorgio de Chirico o en la Casa del Fascio (de Giuseppe Terragni), precursora pese a sus connotaciones totalitarias. De hecho, su arquitecto, Francisco de Asís Cabrero, había viajado por Italia antes de presentar su proyecto en 1949 al concurso arquitectónico convocado para la Delegación Nacional de Sindicatos. La adjudicación del premio y la ejecución de este diseño moderno sin restricciones marcan un punto de inflexión en la arquitectura del siglo xx. En las siguientes décadas, los representantes de la denominada «Escuela de Madrid» no sólo alcanzan estándares internacionales, sino que incluso despuntan con interpretaciones propias del lenguaje de la modernidad.

Entre los arquitectos que marcaron la imagen del Madrid de las décadas de 1950 y 1960 se cuentan Luis Gutiérrez Soto, Luis Moya Blanco, José Luis Fernández del Amo y Francisco Javier Sáenz de Oiza. Gutiérrez Soto siguió siendo clasicista incluso en sus edificios más decididamente modernos. Una de sus obras destacables es la sede de la aseguradora La Unión y el Fénix (proyecto de 1965), en el Paseo de la Castellana, que suscita asociaciones con los rascacielos de Manhattan de la década de 1930. Otros arquitectos siguieron un lenguaje formal orgánico, nuevo para Madrid. El edificio Torres Blancas, de Javier Sáenz de Oiza, construido entre 1962 y 1969 en la avenida de América, resulta radicalmente novedoso. A modo de tronco sobredimensionado, estas torres de hormigón armado ascienden hasta los 71 metros de altura. Su rasgo característico son los balcones semicirculares con celosías de madera, que sobresalen de la estructura de hormigón como si de setas se tratara. La concepción orgánica de los edificios que propagaban desde

connotations. The architect Francisco de Asís Cabrero, had in fact traveled through Italy before he submitted his bid for the Delegación Nacional de Sindicatos. The awarding of the prize and the implementation of this uncompromisingly modern design marks a turning point in Spanish architecture of the 20th century. In the following decades, the representatives of the so-called Madrid School not only achieved international standards, they also came forward with their own interpretations of modernism.

Antigua Delegación Nacional de Sindicatos.

The former complex of the Delegación Nacional de Sindicatos.

Edificio de La Unión y el Fénix, en la calle Virgen de los Peligros esquina con la calle de Alcalá.

The Edificio de La Unión y el Fénix on the corner of Calle Virgen de los Peligros and Calle de Alcalá.

Luis Gutiérrez Soto, Luis Moya Blanco, José Luis Fernández del Amo, and Francisco Javier Sáenz de Oiza and others were among the architects of the 1950s and 1960s who shaped Madrid. Gutiérrez Soto remained a classicist even with his decidedly modern buildings. One of his most outstanding buildings is the corporate headquarters of the insurance company La Unión y el Fénix on the Paseo de la Castellana. Built in 1965, it evokes memories of Manhattan's skyscrapers of the 1930s. Other architects turned to an organic style that was new for Madrid. The Edificio Torres Blancas, built by Francisco Javier Sáenz de Oiza between 1962 and 1969 on the Avenida de América, was radically different at the time. Like an oversized tree trunk, the reinforced steel structure tower looms over head, reaching 233 feet. Its semi-circular balconies, with wood shutters that jut out from the concrete core like fungi, are its most outstanding feature. The organic notion of building that

Edificio Torres Blancas, en la avenida de América.

The Edificio Torres Blancas on the Avenida de América.

Edificio Torres Blancas, detalle de la fachada.

Edificio Torres Blancas, facade detail.

hacía décadas Frank Lloyd Wright, Hans Scharoun y Le Corbusier encontraba expresión también en España. Uno de los protagonistas de la moderna construcción de iglesias es Luis Moya Blanco, a quien se deben la capilla del colegio de Nuestra Señora del Pilar (1959) y la parroquia de Nuestra Señora de la Araucana (1971), dos espacios sacros impresionantes.

En 1967, con el derribo de la antigua Casa de la Moneda, empezó la remodelación de la plaza de Colón, entre el Paseo de Recoletos y el Paseo de la Castellana, que debía convertirse en el mascarón de proa de un nuevo Madrid internacional. Uno de los elementos más emblemáticos de la plaza era y es el monumento a Colón, concebido por Jerónimo Suñol en 1885, que durante la remodelación se desplazó hacia el sur desde su posición original. Entre la plaza de Colón y la calle de Serrano se instalaron los Jardines del Descubrimiento, por debajo de los cuales el Centro Cultural de Madrid cuenta con modernas instalaciones. Hoy el conjunto resulta un poco desangelado. Entre 1967 y 1976 se construyeron los edificios gemelos de 23 pisos de las Torres de Colón; sus dos cuerpos de planta cuadrada están «suspendidos» de pilares de hormigón armado (que se erigieron previamente) y se construyeron de arriba abajo. El artífice de esta audaz obra fue Antonio Lamela, que últimamente ha llevado a cabo la reforma del Estadio Bernabéu y, junto a Richard Rogers, la ampliación del aeropuerto de Madrid.

El área de más de 200 hectáreas de AZCA (Asociación Mixta de Compensación de la Manzana A de la Zona Comercial de la Avenida del Generalísimo de Madrid) se extiende hacia el norte a lo largo del Paseo de la Castellana. Con sus rascacielos

Capilla del colegio de Nuestra Señora del Pilar.

The Colegio de Nuestra Señora del Pilar chapel.

Vista del interior de la capilla del colegio.

Interior view of the Capilla del Colegio.

Parroquia del Espíritu Santo y Nuestra Señora de la Araucana.

The Espíritu Santo y Nuestra Señora de la Araucana parish church.

de cristal, las sedes representativas de empresas y los entonces elegantes centros comerciales, en la década de 1980 pretendía convertirse en el «Manhattan de Madrid», pero finalmente –como muchos proyectos urbanísticos similares– no pudo cumplir estas expectativas. La disposición del complejo AZCA se remonta a una planificación que se presentó en la década de 1920 y fue concretada en el plan de ordenación urbana de 1946, el llamado Plan Bidagor; al norte del centro se pretendía crear un distrito financiero para la metrópoli en expansión. El proyecto, sin embargo, no se materializó hasta fines de la década de 1970, tras la muerte de Franco. El edificio más emblemático del área fue, en un primer momento, la Torre Europa, diseñada por Miguel Oriol e Ybarra y concluida en 1985: afiligranados

Frank Lloyd Wright, Hans Scharoun, and Le Corbusier had espoused for decades had finally found expression in Spain. Moya Blanco, who created two impressive sanctuaries with the chapel of the school of Nuestra Señora del Pilar (1959) and the parish church, Nuestra Señora de la Araucana (1971), became the protagonist of modern church building.

In 1967, the restructuring of the Plaza de Colón between Paseo de Recoletos and the Paseo de la Castellana began with the demolition of the Casa de la Moneda, the national mint. The plaza was to become the flagship of a new, international Madrid. Its hallmark was, and continues to be, the historic Columbus monument Jerónimo Suñol created in 1885, which was moved southward during restructuring. Between the Plaza de Colón

pilares de hormigón forman una especie de corsé que sostiene el cuerpo de cristal, de elegante ondulación y 121 metros de altura. Los planos de la vecina Torre Picasso, proyectada por el japonés Minoru Yamasaki –el arquitecto del desaparecido World Trade Center de Nueva York–, estaban en marcha desde 1975, pero dificultades económicas y cambios de propietario retrasaron su ejecución, y no pudo terminarse hasta 1988. Esta torre de oficinas de 51 plantas y 157 metros de altura fue hasta 2007 el edificio más alto de Madrid. Un detalle original de esta torre de acero y cristal es el arco de la entrada, sobre el que se levanta toda la fachada. Ambos edificios fueron punto de mira de ETA: mientras que el atentado a la Torre Picasso pudo impedirse a tiempo, en 2002 una bomba abrió una brecha en varias

and the Calle de Serrano the Jardines del Descubrimiento de América, the Gardens of America's Discovery, were built; below this, the city's cultural center boasts modern facilities. Today the ensemble seems empty. Between 1967 and 1976, the 23-floor twin towers of the Torres de Colón were built, their four-cornered structures are "hung" on previously erected reinforced concrete pillars and were completed from the top down. The creator of the bold construction was Antonio Lamela, who was also recently involved in the remodeling of Bernabéu Stadium, and worked alongside Richard Rogers in the expansion of Madrid airport.

The 500-acre AZCA Quarter (= Asociación Mixta de Compensación de la Manzana A de la Zona Comercial de

Torre Europa, en la zona comercial AZCA.

The Torre Europa in the AZCA business area.

de las ventanas de la Torre Europa. La Estación de Atocha –la más transitada de la capital– también fue, como es sabido, objetivo del terrorismo. Las explosiones que afectaron a trenes e instalaciones en los atentados del 11 de marzo de 2004 costaron la vida a 191 personas y dejaron una profunda huella en la conciencia de los madrileños. En la actualidad, la estación vuelve a ser la médula de la red de ferrocarriles españoles y la institución más importante de la rutina diaria madrileña. Su ampliación y reforma, que estuvo a cargo del arquitecto Rafael Moneo entre 1988 y 1995, ha contribuido decididamente a su renombre. Moneo conservó el pabellón acristalado, obra maestra de las edificaciones con estructura de acero de fines del siglo XIX, y la convirtió en un gigantesco invernadero. Palmeras, plátanos y otras plantas tropicales recrean a los viajeros y paseantes. Tras ese magnífico vestíbulo se abren las terminales –ahora con una superficie cuatro veces mayor– para el tráfico de cercanías y de largo recorrido.

Un inversor kuwaití dotó a Madrid de un nuevo símbolo emblemático: a partir de 1989 se empezaron a construir las Torres KIO, dos torres ladeadas una hacia la otra con una inclinación temeraria que están situadas en la plaza de Castilla y se conocen también como Puerta de Europa. Con sus famosos arquitectos, los estadounidenses Philip Johnson y John Burgee, la arquitectura internacional promovida por inversores hizo su entrada definitiva en Madrid. Por otra parte, un español, el madrileño Salvador Pérez Arroyo, es el artífice del Faro de la Moncloa, una torre de iluminación y comunicaciones con una plataforma excéntrica concluida en 1992.

También en 1992, en el contexto de las medidas estructurales para la Capitalidad Cultural Europea que Madrid ostentó ese año, se inauguró al noroeste de la zona urbana el Parque Juan Carlos I, cuyo plan general es obra de Emilio Esteras y

la Avenida del Generalísimo de Madrid) stretches northward along the Paseo de la Castellana. With its glass-covered skyscrapers, symbolic headquarter and once-sophisticated department stores, it was considered the Manhattan of Madrid in the 1980s. However it ultimately failed to live up to this claim, like many comparable urban projects. The creation of the AZCA complex was based on plans that had been presented in the 1920s and were finalized in the Bidagor Plan of 1946. This urban reconstruction project would convert the northern city center into a new living and shopping area to service the expanding metropolis. However, it wasn't carried out until the end of the 1970s, after Franco's death. The most important building in the quarter was initially the Torre Europa, designed by Miguel Oriol e Ybarra and completed in 1985. Filigreed cement columns create a kind of corset that supports the elegantly curved 397-foot glass structure. Minoru Yamasaki, the Japanese architect who designed the erstwhile World Trade Center towers in New York, first drew up plans for the neighboring Torre Picasso in 1975. Economic difficulties and a change of ownership delayed the

Torre Picasso, detalle del arco de la entrada.

The Torre Picasso, detail with entrance arch.

Torre Picasso.

The Torre Picasso.

Estación de Atocha, monumento a las víctimas
del atentado terrorista del 11 de marzo de 2004.

Atocha Station with memorial to the victims
of the 11 March 2004 bombings.

El antiguo vestíbulo de la Estación de Atocha.

The old concourse of the Estación de Atocha.

Faro de la Moncloa.

The Faro de la Moncloa.

Luis Esteban. Con sus 220 hectáreas de superficie, es el parque artificial más extenso de España. Además de contar con amplias fuentes y numerosas instalaciones para el ocio, ofrece el atractivo de su programa escultórico vanguardista, que recorre el paisaje del parque como un hilo conductor.

El espectacular crecimiento económico experimentado por España en décadas anteriores se refleja ahora en la imagen de Madrid. La capital española adopta su perfil de metrópoli cosmopolita del siglo XXI. Ningún otro edificio refleja mejor esta evolución que la nueva Terminal 4 del aeropuerto de Barajas, por la que sus arquitectos, el británico Richard Rogers y el estudio español Lamela, ganaron en 2006 el Premio Stirling. Color, luces y sombras son los elementos constitutivos de un espacio de gran ligereza cerrado por una cubierta ondulada.

En el marco de su candidatura a sede de los Juegos Olímpicos de 2012 –entre tanto fallida–, Madrid intentó redefinirse, adoptar medidas estructurales necesarias, eliminar los puntos negros urbanísticos y, sobre todo, proporcionar a la ciudad

construction and the 51-storey skyscraper was not completed until 1988. Standing 515 feet high, it was the tallest office tower in Madrid until 2007. A bold detail of the steel and glass tower is the wide entrance arch that supports the entire facade. Both highrises were targets of ETA, the Basque Homeland and Freedom organization. While the attack on the Torre Picasso was prevented, a bomb tore a hole in several windows of the Torre Europa.

As is commonly known, the Estación de Atocha, the capital's most important train station, was also the target of a terrorist attack. The attacks on the trains and the track system on 11 March 2004 cost 191 people their lives and left deep scars in the consciousness of the people of Madrid. These days, the station is once again the hub of Spain's railway network and also an important institution in Madrid's daily life. An expansion and reorganization carried out by Spanish architect Rafael Moneo between 1988 and 1995 contributed decisively to its renown. He preserved the old glass pavilion, a masterpiece of steel frame construction from the late 19th century, and converted it to a gigantic greenhouse. Travelers and passengers can see palms, bananas, and other tropical plants. Beyond this grand vestibule are the regional and long-distance terminals, now four times their original size.

A Kuwaiti investor provided another of Madrid's new landmarks. Construction began on the daringly slanted double towers of the Torres KIO in the Plaza de Castilla in 1989. They are also known as the Puerta de Europa (Gate of Europe). With its famous architects, the American team of Philip Johnson and John Burgee, the building marked the arrival of international investor architecture in Madrid. In contrast, the Faro de la Moncloa with its eccentric platform, a transmission tower completed in 1992, is the work of local architect Salvador Pérez Arroyo.

Also in 1992, during the course of infrastructure improvements for Madrid's hosting of the Europe Capital of Culture, the Juan Carlos I Park opened on the northern edge of the city based on plans by Emilio Esteras and Luis Esteban. Covering 545 acres it remains the largest public park in Spain. Beside extensive fountains and varied recreational facilities, it also has an avant-garde sculpture program that runs through the park's landscape.

The tremendous economic boom that seized Spain in the last decades has also affected Madrid's cityscape. The Spanish capital has adopted the profile of a cosmopolitan 21st-century city. No building embodies this evolution better than the new Terminal 4 at Barajas Airport, for which its architects the Briton Richard Rogers and the Spanish Estudio Lamela won the 2006 Stirling Prize. Color, light, and shadow are the characteristic elements of the airy rooms covered by a wave-shaped roof.

In the course of its unsuccessful bid for the 2012 Olympic Games, Madrid tried to redefine itself, adopting necessary overhauls of its infrastructure, eliminating urban black spots and above all providing the city with the symbolic buildings it lacked. Among these are the four towers in the grounds of the former Real Madrid sports complex at the end of the Paseo

Vistas del Parque Juan Carlos I.

Views from the Parque Juan Carlos I.

Terminal 4 del aeropuerto de Barajas.

Terminal 4 at Barajas Airport.

edificios «emblemáticos», ausentes durante largo tiempo. Entre ellos se cuentan, al final de la Castellana, las Cuatro Torres, enseña de la zona financiera del mismo nombre situada en el solar de la antigua ciudad deportiva del Real Madrid. Son las siguientes: la Torre Repsol/Caja Madrid (Norman Foster), de 250 metros de altura; la Torre de Cristal/Mutua Madrileña (César Pelli), también de 250 metros de altura; la Torre Sacyr Vallehermoso (Carlos Rubio Carvajal y Enrique Álvarez-Sala Walter), de 236 metros, y la Torre Espacio (Pei Cobb Freed & Partners), de 223 metros. De momento son los edificios más altos de Madrid y de toda España. Cada una de estas elegantes construcciones de hormigón armado y cristal posee su particularidad: la construcción de Foster está «suspendida» –como es característico de este arquitecto– entre dos pilares de hormigón armado. La torre de cristal de Pelli tiene aspecto de obelisco virado, y un amplio invernadero remata el edificio. Tres segmentos de un triángulo esférico conforman la Torre Sacyr, cuyas fachadas de cristal y aluminio presentan una suave

Torre Caja Madrid.

The Torre Caja Madrid.

Torre de Cristal.

The Torre de Cristal.

ondulación. Y en la Torre Espacio, un núcleo fusiforme va apareciendo al «deshojarse» un cuerpo cúbico.

Si en la Castellana y las arterias con las que comunica hacia el norte han dominado tanto ayer como hoy los bancos y edificios comerciales, en el centro de la ciudad la arquitectura museística cobra cada vez mayor relieve. Desde la década de 1990, casi todos los centros culturales y de exposición de

de la Castellana. Flagships of the business area, also known as Castellana, the towers are the 820-foot Torre Repsol/Caja Madrid building by Norman Foster, the Torre de Cristal/ Mutua Madrileña headquarters which also stands at 820 feet by César Pelli, the 775-foot Torre Sacyr Vallehermoso by Carlos Rubio Carvajal and Enrique Álvarez-Sala Walter, and the 730-foot Torre Espacio by Pei Cobb Freed & Partners

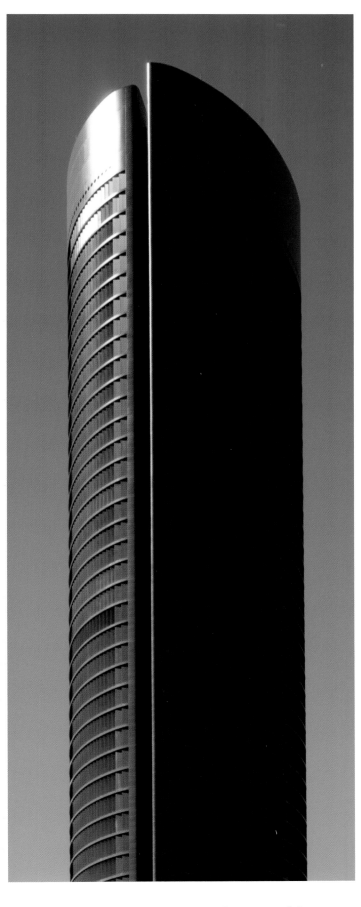

Torre Sacyr.

The Torre Sacyr.

Torre Espacio.

The Torre Espacio.

Madrid han llevado a cabo espectaculares remodelaciones o ampliaciones: por ejemplo, las reformas de Rafael Moneo del Museo Thyssen-Bornemisza (véanse pág. 290 y s.) en 1992; las de Jean Nouvel del Museo Nacional Centro de Arte Reina Sofía (véanse pág. 334 y s.) en 2005, y las de Moneo del Prado (véanse pág. 104 y s.), en lo esencial concluidas. Cabe mencionar también aquí el edificio CaixaForum, terminado en 2008,

They are currently the tallest buildings in Spain. Each of the glass and reinforced concrete constructions is unique. Foster's building is supported by two reinforced concrete pillars, as is typical of his buildings, while Pelli's crystal tower, which looks like a twisted obelisk, has a large glasshouse to complete the building. Three segments of a spherical triangle create the Torre Sacyr, with its softly curved glass and aluminum facade,

Museo Thyssen-Bornemisza.

The Museo Thyssen-Bornemisza.

La cafetería-restaurante
del Museo Reina Sofía.

The café and restaurant
in the Museo Reina Sofía.

La cafetería-restaurante
del Museo Reina Sofía.

The café and restaurant
in the Museo Reina Sofía.

CaixaForum.

The CaixaForum.

una espectacular obra de los suizos Jacques Herzog y Pierre de Meuron, que incluyeron vestigios de una central eléctrica de 1899 en un centro cultural de decoración vanguardista, «colgando» sus fachadas de ladrillo de la arquitectura moderna. Un «jardín vertical» aporta un atractivo añadido al conjunto. La sede de las artes escénicas Teatros del Canal, diseñada por Juan Navarro Baldeweg para el área del Parque del Canal de Isabel II, juega también con *collages* de distintas formas y colores.

En la actualidad se está llevando a cabo un ambicioso proyecto a los pies de la Almudena: Emilio Tuñón y Luis Moreno Mansilla han diseñado el Museo de las Colecciones Reales, que presentará fondos (sobre todo tapices) del patrimonio nacional. Comunicará ópticamente el palacio y la catedral, y funcionará de zócalo gigantesco del que emergerán, como una acrópolis, los edificios reales, la «acrópolis de Madrid».

and the ellipsoidal core of the Torre Espacio looks as if it has been scooped out of its square body.

If banks and commercial buildings dominate the Castellana and its northern arteries, it is museum architecture that is gaining importance in the city center. Since the 1990s, nearly all the exhibition and cultural centers in Madrid have undergone spectacular remodeling and enlargement. Examples include Rafael Moneo's renovation of the Thyssen-Bornemisza Museum (see p. 290 f.) in 1992; Jean Nouvel's work on the 2005 Centro de Arte Reina Sofía (see p. 334 f.); and the extensive modernization of the Prado (see p. 104 f.), also by Moneo, which is now nearly complete. The spectacular CaixaForum, completed by Swiss Jacques Herzog and Pierre de Meuron in 2008 should also be mentioned. The remains of a power station from 1899 were incorporated in this avant-garde cultural center, as the architects "hung" the station's brick facade from

«Jardín vertical» de CaixaForum.

The "vertical garden" of the CaixaForum.

Desde 2005 están en macha los controvertidos planes para la remodelación del denominado «Salón del Prado» (Paseo del Prado). El proyecto del portugués Álvaro Siza se propone que el bulevar integre urbanísticamente los museos del centro y que recupere su antiguo carácter de paseo. La ciudad tiene puestas grandes esperanzas también en el proyecto «Madrid Río», que pretende rehabilitar el paisaje ribereño del Manzanares, descuidado durante siglos. Hasta 2011 surgirán en 42 kilómetros largos paseos, parques y zonas de ocio que darán a la capital otro puntal verde y, con ello, una nueva imagen.

the modern building. A "vertical garden" adds a further appeal to the ensemble. The Teatros del Canal designed by Juan Navarro Baldeweg for the Parque del Canal de Isabel II play with collages of varied forms and colors.

An ambitious project is currently underway at the foot of Almudena Cathedral. Emilio Tuñón and Luis Moreno Mansilla have designed the Museo de los Colecciones Reales that will display works, including carpets, from the royal collection. The elongated building with three aisles optically joins palace and cathedral and will appear like a giant pedestal for the "acropolis of Madrid," as the area around Almudena Cathedral and the Royal Palace is sometimes called.

Controversial discussions about the plans for the remodeling of the Salón del Prado have been going on since 2005. According to plans by Portuguese Álvaro Siza, a boulevard will be created to connect the central museums in an urban network and restore the original character of the promenade. The city also has great hopes for the "Madrid Río" project, intended to rehabilitate the riverside landscapes along the Manzanares River, which have been neglected for centuries. By 2011 there will be 26 miles of walking paths, parks, and recreation facilities that will give the city a green backbone and a new image.

Teatros del Canal.

The Teatros del Canal.

Proyecto de los arquitectos Hernández León y Siza para la remodelación del eje Recoletos-Paseo del Prado.

The model by the architects Hernández León and Siza for the remodeling of the Recoletos–Paseo del Prado junction.

X Museo Nacional Centro de Arte Reina Sofía

TOMÁS LÓPEZ

**Sección del plano urbano
con el proyecto de Hermosilla**
1785

Excerpt of the city plan with
Hermosilla's construction plans
1785

*BIBLIOTECA REGIONAL DE
MADRID JOAQUÍN LEGUINA*

A diferencia de muchos otros museos, el Museo Nacional Centro de Arte Reina Sofía (MNCARS) no debe su origen a una iniciativa museística, sino a la circunstancia de tener que buscar una función para un edificio histórico existente: el monumental Hospital General, una de las obras más ambiciosas del siglo XVIII. Sus orígenes se remontan hasta el año 1566, cuando Felipe II dispuso la centralización de los hospitales de Madrid a fin de reducir su excesiva dispersión y administrarlos mejor. Entre 1590 y 1600 hizo construir al final de la calle de Atocha el Hospital General, que se inauguró en 1603. Tras una fase de gran prosperidad, durante el siglo XVII y principios del XVIII, el centro fue decayendo progresivamente, hasta que, en 1755, la junta del hospital decidió la

In contrast to most other museums, the Museo Nacional Centro de Arte Reina Sofía (MNCARS) did not originate with an initiative for a new museum, but rather the need to find a use for an existing historic building. The building was the monumental Hospital General, one of the most ambitious building projects in 18th-century Madrid. Its roots go back to 1566 when Philip II ordered the centralization of all Madrid's hospitals to reduce the excessive dispersion of hospitals and to improve their administration. The Hospital General was built at the end of the Calle Atocha between 1590 and 1600 and was inaugurated in 1603. After a period of great prosperity in the 17th and early 18th centuries, the hospital continued to deteriorate until the hospital board decided to construct a

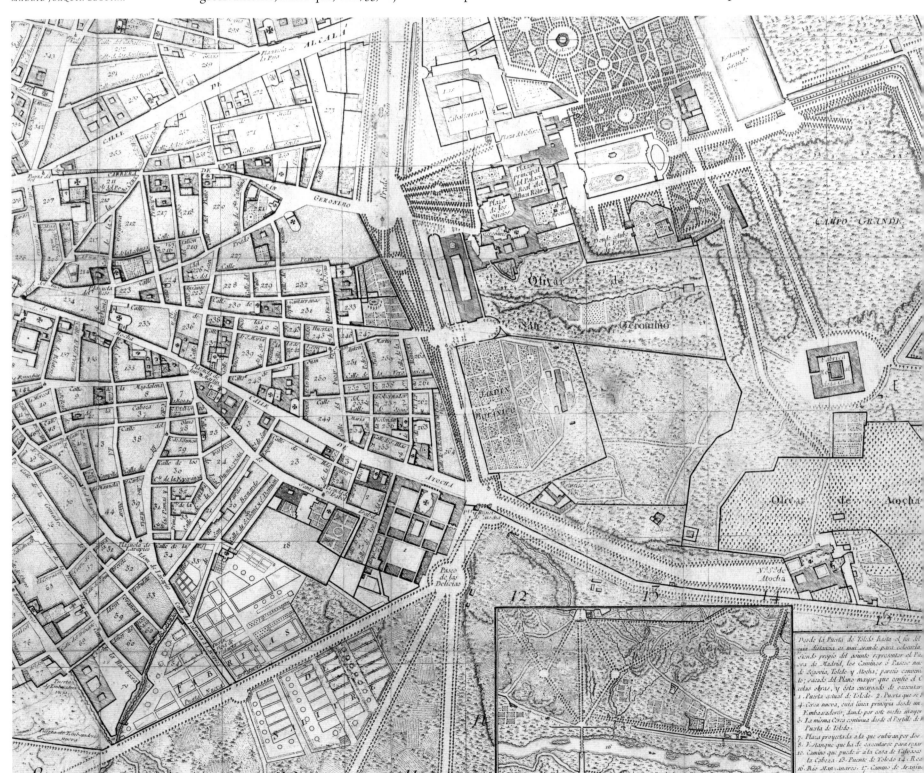

construcción de un nuevo edificio y encargó la realización de los planos al arquitecto neoclasicista Ventura Rodríguez y al ingeniero militar y arquitecto José de Hermosilla. El proyecto de Hermosilla resultó elegido en 1758.

Aunque el plan de la obra ha desaparecido, un plano urbano de 1785 muestra lo que posiblemente fuera la planta del hospital: un recinto simétrico enorme –en torno a cinco patios interiores– que se estrecha hacia atrás forzado por el trazado de las calles, con una iglesia situada en el eje central de la fachada principal. Ofreciendo una respuesta pionera a la reclamación general de sustituir las largas y asfixiantes habitaciones de los hospitales por pabellones individuales bien ventilados, Hermosilla dividió las largas alas del edificio mediante corredores estrechos. Dirigió los trabajos hasta la primera planta de una sección y después, en 1769, fue sustituido –oficialmente por diferencias en la ejecución de las obras– por Francesco Sabatini. Los nuevos planos del italiano fusionaron los anteriores proyectos de Hermosilla y Ventura teniendo en cuenta los puntos críticos que se les atribuyeron. Sabatini hizo retroceder la iglesia (ahora sobre una planta de cruz griega) de la fachada principal, intercalando un patio, y dotó al edificio de un frontal recto en la calle de Atocha, frente a la pendiente del terreno (del proyecto de Hermosilla se había criticado, en particular, la fachada en declive). Además, prescindió de los seudopabellones, ya iniciados, y volvió a disponer largas salas con capacidad para hasta 50 camas, lo que dio al traste con las ideas sanitarias avanzadas de Hermosilla. En último término el proyecto, pese a adoptar algunas ideas anteriores, da testimonio del proyecto despótico-ilustrado concebido por Carlos III de erigir un imponente edificio –uno de los mayores proyectos hospitalarios de Europa– para una institución médica centralizada que se necesitaba con urgencia.

Sin embargo, problemas económicos en 1777 y 1778 dificultaron la continuación de las obras y finalmente sólo pudo ejecutarse alrededor de un tercio (44.206 metros cuadrados) del trazado previsto, que se levantó hasta la segunda planta: se construyeron las cuatro alas en torno al patio mayor, al sur, así como el ala noroeste, unida con el edificio principal mediante un puente tendido sobre la calle de Santa Isabel. El 8 de septiembre de 1781 la acuciante necesidad de espacio obligó a que

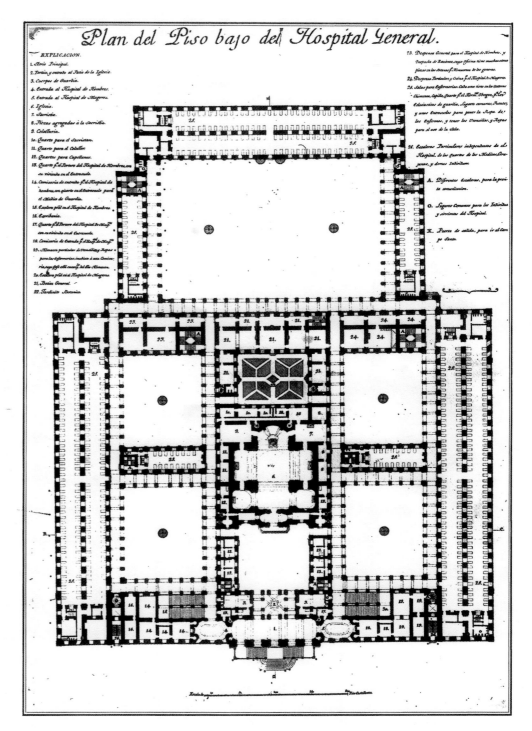

Planta baja del Hospital General, construido por Francesco Sabatini, plano sin fecha.

Floor plan of the ground floor of the Hospital General built by Francesco Sabatini, undated.

Patio interior, con fuente y placa conmemorativa, en el Edificio Sabatini.

Courtyard with fountain and commemorative plaque in the Edificio Sabatini.

Copia de una escultura de Alberto Sánchez en la plaza de la fachada norte del Edificio Sabatini.

Copy of a sculpture by Alberto Sánchez on the plaza in front of the North facade of the Edificio Sabatini.

new building in 1755, inviting the neoclassical architect Ventura Rodríguez and military engineer and architect José de Hermosilla to submit plans. The designs by Hermosilla were accepted in 1758.

Although the building plans have been lost, a city map from 1785 shows a giant symmetrical complex around five interior courtyards that is possibly the building's footprint. The layout of the surrounding streets forced the building to narrow toward the rear, and a church was set in the center of the main facade. Hermosilla divided the long hospital wings with narrow passageways to provide well-ventilated individual sections. This represented a pioneering solution to the problem presented by the long, stifling wards common in many hospitals. He oversaw the construction up to the second floor and was replaced by the Italian Francesco Sabatini as a result of differences of opinion about the supervision of works. Sabatini's new plans fused the earlier designs by Hermosilla and Venturas and took into consideration the criticism they had received. He set back the church, now with a floor plan in the shape of a Greek cross, of the main facade and inserted a courtyard. The new plans also gave the building a straight front on Calle Atocha, contrary to the slope of the street, as Hermosilla's design had been criticized particularly for the sloping facade. In addition, he rejected the passageways breaking up the long wards, on which work had already been begun, and converted the wings into long rooms with up to 50 beds. Hermosilla's advanced ideas about building hospitals were thus lost. Despite the inclusion of some previous ideas, the project is evidence of Charles III's enlightened, if despotic, plan to create an imposing building, one of the biggest hospital projects in Europe, as a desperately needed central medical institution.

Economic shortfalls during 1778 and 1778 made continuing the construction difficult, and finally allowed the completion of only around one third (475,830 square feet) of the original plans, thus reaching the second floor. The four wings surrounding the largest, southernmost interior courtyard and the northwestern wing, which was joined to the main building by a connecting bridge over Calle Santa Isabel, were also completed. The desperate need for space forced the hospital board to commence the relocation of 1285 patients into the unfinished building on 8 September 1781, despite the fact there was only space for a maximum of 800 patients.

The building situation had not changed by 1870. During the following decades two floors were added on the wing facing Calle Santa Isabel, and one floor was added on each of the other wings. In addition, existing floors were partitioned and new sanitary facilities were added. The gallery on the second floor was renovated and granite pavers were added in 1945, while the main entrance was remodeled in 1956. In 1904, the northwest wing was renovated, the bridge connected it to the main building was removed and the now isolated building was opened as the Hospital Clínico de San Carlos, now the conservatory of music. The Hospital General was closed in 1965 when the hospital moved into a modern building complex in the university district, Ciudad Universitaria.

la junta del hospital determinase el traslado de 1.285 enfermos al edificio aún no terminado, y que en realidad sólo ofrecía espacio para un máximo de 800 pacientes.

En el aspecto arquitectónico no cambió nada hasta 1870. En el transcurso de las décadas posteriores se añadieron nuevas plantas (dos en el ala orientada a la calle de Santa Isabel y una en el resto); además, se llevaron a cabo la distribución de las plantas existentes, la incorporación de nuevas instalaciones sanitarias y la renovación y pavimentado en granito de la galería de la primera planta (1945), amén de reformarse la entrada

El ala norte del antiguo Hospital General, obra de Sabatini, acoge hoy el Real Conservatorio Superior de Música.

Today the royal music school is housed in the north wing of the original Hospital General Edificio Sabatini.

Escaleras del Edificio Sabatini.

Stairwell in the Edificio Sabatini.

principal (1956). En 1904 el ala noroeste fue renovada, se retiró el puente de conexión con el edificio principal y el centro, ahora aislado, se inauguró como Hospital Clínico de San Carlos (hoy conservatorio de música). El traslado del Hospital General a un complejo más moderno en la Ciudad Universitaria supuso la clausura del edificio en 1965.

El enorme inmueble vacío se convirtió entonces en objeto de especulación, y se vio amenazado con la demolición que un informe oficial de 1969 proponía con el fin de ganar espacio para bloques de viviendas y oficinas. Pero se alzaron voces en contra que, por un lado, resaltaban el valor arquitectónico e histórico del edificio y, por otro, sugerían aprovechar su privilegiada ubicación al final del Paseo del Prado, la «avenida del arte», convirtiéndolo en un centro cultural. En 1977, durante la transición democrática, el edificio fue declarado Monumento Histórico Nacional –quedando con ello definitivamente a salvo del derribo–, aunque aún no se había decidido su futuro. En una primera rehabilitación cautelosa, dirigida entre 1980 y 1986 por Antonio Fernández Alba (nacido en 1927), se retiraron añadidos y adosados tardíos, los pisos intermedios, los recubrimientos de muros y el quinto piso de la calle de Santa Isabel (el cuarto piso se dejó por razones de espacio y económicas, pero se realzó visualmente con la pintura exterior); también se introdujeron los tejados de tipo mansarda originales, y se restauraron la textura y los colores de los muros de Sabatini. El estacionamiento de autobuses situado frente a la entrada principal se transformó en una plaza pública, con lo que el patio y la fachada interior del ala noroeste contigua recuperaron, en parte, su estado original. El edificio, descuidado tanto tiempo y en los últimos años refugio de gatos abandonados, recuperó de este modo su antigua función urbana como punto de anclaje en el sureste del casco urbano, al final de la calle de Atocha y del Paseo del Prado. Su restauración se efectuó en el marco de las reformas urbanísticas y de las vías de comunicación en torno a la ronda de Atocha; en abril de 1986 se desmontó el desacreditado *scalextric* (puente de autopista), que había desfigurado la plaza y la fachada oriental.

Mientras se llevaron a cabo los trabajos de restauración, entre 1979 y 1986, se fueron turnando –con los cambios de gobierno– nada menos que cuatro proyectos distintos para el edificio. Todos ellos le asignaban una función de centro cultural multifuncional (o «gran contenedor») y de sede de museos estatales y colecciones sin destino fijo (reproducciones artísticas, etnológicas, diseño, historia del teatro y del cine, sala de lectura de la Biblioteca Nacional, centro de documentación de las artes, etc.). Finalmente se optó por convertirlo en un centro para exhibir muestras de arte, y el edificio restaurado se inauguró el 26 de mayo de 1986 con el nombre de «Centro de Arte Reina Sofía», en honor a la reina en funciones. Bajo la dirección de Carmen Giménez, en los dos años siguientes el Reina Sofía organizó más de 30 exposiciones –cubriendo así el enorme déficit en arte moderno y contemporáneo internacional– y presentó a artistas españoles como Picasso, Miró y Julio González en un contexto internacional. La neutralidad de la sobria arquitectura mostró ser un marco ideal para el arte contemporáneo, en concreto para el minimalista.

Las torres de los ascensores en el Edificio Sabatini del museo.

The Edificio Sabatini elevator towers of the museum.

The huge, empty building became an object of speculation, and an official report in 1969 recommended it be demolished to provide space for offices and apartment buildings. However, opposing voices emphasizing the architectural and historical value of the building on the one hand, and the valuable site at the end of the Paseo del Prado's cultural mile on the other, suggesting it be used as a cultural center. In 1977, during the

La extensión y la uniformidad arquitectónica del edificio reclamaban una utilización homogénea. Al mismo tiempo, se pensó que había que aprovechar la oportunidad de crear un museo importante de arte moderno en un lugar tan céntrico de la capital. Por ello, en 1987 se decidió trasladar hasta allí el Museo Español de Arte Contemporáneo, muy alejado en su sede de la Ciudad Universitaria. Esta decisión suponía que el

transition to democracy, the building was declared a National Historic Monument and conclusively saved from demolition, although its future was still not decided. During a careful, comprehensive restoration between 1980 and 1986, under the direction of Antonio Fernández Alba (b. 1927), several later additions were removed, including annexes, mezzanines, paneling and the sixth floor facing Calle Santa Isabel. The

MUSEO NACIONAL CENTRO DE ARTE REINA SOFÍA

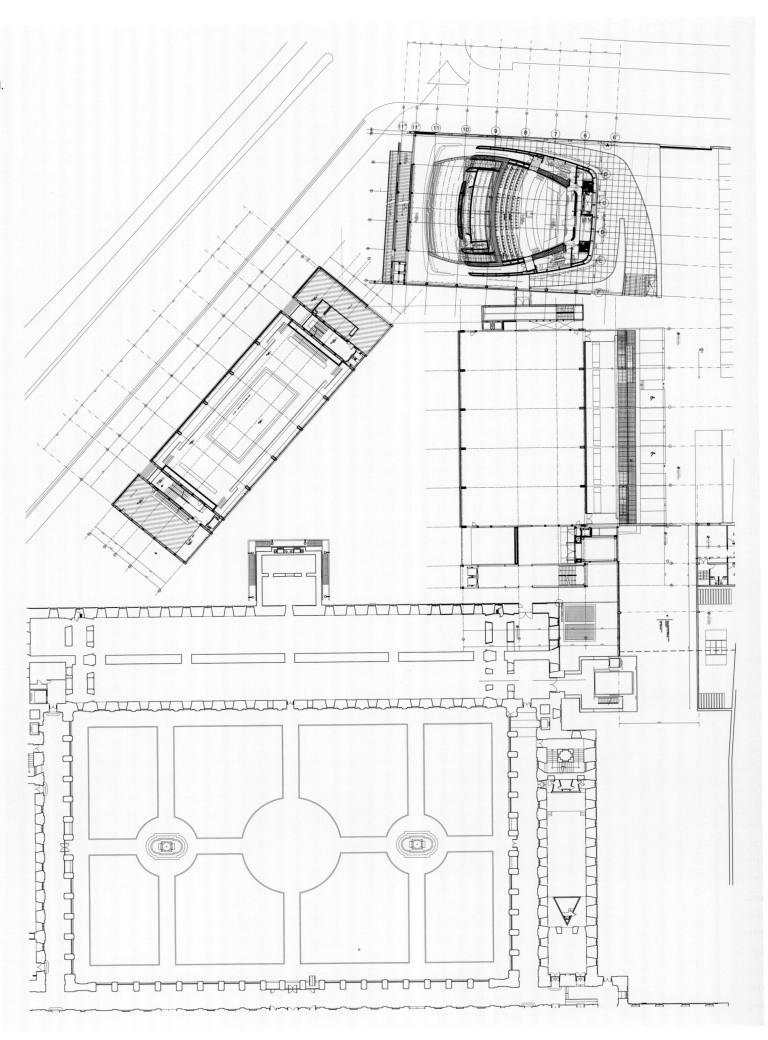

Planta de la ampliación del museo de Jean Nouvel.

Floor plan of the museum extension building by Jean Nouvel.

Centro de Arte Reina Sofía dejaba de ser un mero recinto de exposiciones temporales para convertirse en un museo de arte contemporáneo. A fines de 1988 el edificio se cerró y empezaron las obras para acomodarlo a su nuevo uso. Bajo la dirección de los arquitectos José Luis Íñiguez de Onzoño y Antonio Vázquez de Castro, se modernizó o instaló la infraestructura necesaria y la entrada se destacó mediante una plataforma de conexión. La actuación más llamativa fue la incorporación de las tres torres acristaladas de ascensores (en colaboración con el arquitecto británico Ian Ritchie), dos situadas en la fachada principal (ascensores para visitantes) y otra en el lado noroccidental (montacargas). Su factura futurista *hightech* contrasta vigorosamente con el edificio antiguo e ilustra el planteamiento de los arquitectos: una actuación discreta en lo posible y decididamente moderna cuando se requiere. Las torres de los ascensores solucionan el problema del transporte vertical de visitantes y obras y aportan una nota contemporánea a la sobria construcción histórica.

Tras la reforma, el museo contaba con 54.622 metros cuadrados, situándose entre los mayores del mundo. El 31 de octubre de 1990 se abrió la institución, rebautizada oficialmente como «Museo Nacional Centro de Arte Reina Sofía». Su dirección continuó con el ambicioso programa de exposiciones temporales y, simultáneamente, se preocupó de reunir una colección coherente con un programa de adquisición bien dotado. De los planes originarios de fundar un centro cultural sólo se realizaron la amplia biblioteca especializada en arte contemporáneo (abierta en noviembre de 1990) y el Centro para la Difusión de la Música Contemporánea, en la quinta planta. Con el préstamo duradero de las obras del siglo XX del Prado, principalmente el *Guernica* de Picasso, el museo ganó rápidamente atractivo y renombre en la escena artística internacional.

El creciente número de visitantes (a partir de 1999 hubo un incremento anual de alrededor de un millón) y, sobre todo, la interrupción a la que se veía sometido el recorrido por la exposición permanente (dividida entre las plantas segunda y cuarta) por las salas de las exposiciones temporales y la biblioteca (en la tercera planta) fueron los motivos oficiales argüidos para emprender las obras de la ampliación, inaugurada en 2005. El concurso arquitectónico convocado en 1999 dio la victoria al proyecto de Jean Nouvel: una monumental cubierta triangular, asimétrica y perforada se extiende desde el Edificio Sabatini hasta el extremo suroriental de la finca, flanqueando la construcción histórica pero sin intervenir en ella. Por debajo de esta cubierta protectora y unificadora se agrupan tres edificios rectangulares de funciones completamente independientes: la biblioteca y mediateca, con la librería y tienda; el auditorio, con la cafetería-restaurante, y salas de exposiciones temporales con oficinas en los pisos superiores. Con ello los servicios requeridos por el centro se extrajeron del Edificio Sabatini, surgió una plaza semipública cubierta entre los tres edificios y, gracias a las llamativas fachadas acristaladas rojas y la cubierta reflectante, se introdujo un importante referente urbanístico. Por lo demás, la ampliación supuso para el museo un incremento de espacio de alrededor del 60% en 84.048 metros cuadrados de superficie total.

added fifth floor was left for reasons of space and finances, but was visually distinguished by its exterior coloring. The original Mansard roofs and the wall textures and colors were restored to Sabatini's specifications. The bus station in front of the main entrance was converted to a public plaza whereby the interior courtyard and the adjacent interior facade of the northwest were restored in part to their original state. The long decaying building, in recent years a refuge for Madrid's unwanted cats, was returned to its original urban function as an anchor point

Jean Nouvel diseñó para el museo un anexo con cubierta volada.

Jean Nouvel designed an addition with butterfly roof for the museum.

El patio cubierto entre
los tres edificios de la
ampliación de Jean Nouvel.

The covered courtyard
between the three
parts of Jean Nouvel's
extension building.

La cafetería-restaurante
y el auditorio de la ampliación.

Café-restaurant and auditorum
in the new building.

in the southeastern city center at the end of the Calle Atocha and the Paseo del Prado. The building's restoration occurred within the limits of the traffic routing and urban reforms around the Ronda de Atocha; and so in April 1986 the notorious elevated expressway (nicknamed "Scalextric" after the slot cars) that had disfigured the plaza and the eastern facade, was dismantled.

During the restoration work between 1979 and 1986, frequent changes in government resulted in no fewer than four different projects being drawn up for the building. These plans envisioned the building as a multi-functional cultural center or "giant container" that served as a base for state museums and collections without a fixed home. These included areas such as artistic reproductions, ethnology, design, stage and movie theater history, as well as a lecture hall for the National Library, records centers for the arts, etc. Finally it was decided the hospital would become an exhibition space for art works, and on 26 May 1986 the restored building was dedicated as the Centro de Arte Reina Sofía, named after the current queen. Under the direction of Carmen Giménez the museum presented over 30 exhibitions in the following two years, meeting the enormous accumulated demand for modern and contemporary international art and presenting Spanish artists like Picasso, Miró, and Julio González in an international context. In doing so, the sober architecture of the hospital proved itself the ideal neutral frame for contemporary and particularly minimalist art.

The expanse and architectural homogeneity of the building lent themselves to a unified use, at the same time presenting an opportunity to establish a prominent modern art museum in a central location in the capital. In 1987 the Museo Español de A rte Contemporáneo was relocated here from its secluded location in the University City, converting the Centro de Arte Reina Sofía from simply somewhere to show temporary exhibits to a contemporary art museum. At the end of 1988, the building was closed and renovated again. Under the leadership of the architects José Luis Íñiguez de Onzoño and Antonio Vázquez de Castro, the infrastructure necessary for the museum was modernized or installed and the entrance was distinguished by a connecting platform. The most noticeable change was the installation of three glass elevator towers, created in conjunction with the British architect Ian Ritchie. Two of these were visitor elevators, situated in front of the main facade, and one was a freight elevator on the northwest side of the building. Their futuristic, high-tech construction contrasts sharply with the historic building and illustrates the architects' approach: to be discrete where it was possible and decidedly modern when it was necessary. The elevator towers solved the problem of vertical transport of visitors and artworks and lend a distinctive urban feel to the historic building.

As a result of the renovation, the building is one of the largest museums in the world, at 587,945 square feet. On 31 October 1990, the structure officially reopened under the new name, Museo Nacional Centro de Arte Reina Sofía. Its management continued the ambitious program of rotating

La base de la colección la constituyen los fondos del Museo Español de Arte Contemporáneo. Creado en 1894 como «Museo de Arte Contemporáneo» y posteriormente rebautizado, redistribuido y cambiado de sede en varias ocasiones, este museo se concibió principalmente para dar acogida a las obras premiadas en la Exposición Nacional de Bellas Artes anual. De ese modo llegó la obra más antigua a la colección: Pablo Picasso envió su cuadro *Mujer en azul* a la Exposición Nacional de 1901, donde fue ignorada por el jurado. Como el artista, disgustado, no recogió la obra en el plazo previsto, quedó en posesión del museo y dormitó olvidada en los depósitos durante décadas.

exhibits, and at the same time tried to build a coherent collection with a well-endowed purchasing program. Of the original plans for a cultural center in the extensive library for contemporary art, which opened in November 1990, the center for contemporary music, and the electronic music studio (CDMC) on the sixth floor were completed. With the permanent loan of works from the 20th century from the Prado – above all Picasso's *Guernica* – the museum became both more attractive and renowned in the international art scene.

One reason for building the extension complex that opened in 2005 was the rapid expansion in the number of visitors, which had increased by around one million people per year since 1999. But above all it was necessary to prevent the disruption to the permanent collection, situated on the third and fifth floors, caused by the space devoted to the rotating collections and the library on the fourth floor. Jean Nouvel's design emerged as the winner of the commission. This was a monumental, triangular roof, which was asymmetrical and perforated, and stretched from Sabatini's building to the outermost southeastern edge of the property, narrowly flanking the old building but not touching it. Three rectangular buildings, strictly separated by function, are gathered beneath this protective and unifying cover: the library and media library along with the book and gift stores; the auditorium, with a restaurant and café; and the rotating collection hall with offices above. Thus the annex for the necessary services was

JULIO GONZÁLEZ PELLICER

Gran perfil de campesina

Bronce, 1934-1936,

42 × 14,5 × 6,5 cm

The Big Contour of a Peasant

Bronze, 1934–1936,

16¹⁄₂ × 5³⁄₄ × 2¹⁄₂ in

ALBERTO SÁNCHEZ PÉREZ

Maternidad

Bronce patinado, 1930,

82 × 22 × 14 cm

Motherhood

Patinated bronze, 1930,

32¹⁄₄ × 8³⁄₄ × 5¹⁄₂ in

JOAN MIRÓ I FERRÀ

Pájaro lunar

Bronce patinado, 1966,

234 × 210 × 150 cm

The Moon Bird

Patinated bronze, 1966,

92¹⁄₄ × 82³⁄₄ × 59 in

JULIO ANTONIO RODRÍGUEZ HERNÁNDEZ

Minera de Puertollano

Bronce, 1909, 42 × 44 × 24 cm

Bronce, 1909, 16¹⁄₂ × 17¹⁄₄ × 9¹⁄₂ in

PABLO GARGALLO CATALÁN

Gran profeta

Bronce patinado, 1933,

236 × 75 × 45 cm

The Big Prophet

Patinated bronze, 1933,

93 × 29¹⁄₂ × 17³⁄₄ in

comfortably removed from the historic building, a semi-public covered plaza was created between the three structures, and the striking red glass facade provided a distinctive urban landmark. Last but not least, the new building increased the museum's space by approximately 60 percent, bringing it to a total of 904,685 square feet.

The inventory of the Museo Español de Arte Contemporáneo makes up the base of the collection. Founded in 1894 as the Museo de Arte Contemporáneo and several times thereafter renamed, moved and split up, it was intended primarily to incorporate the art works that premiered at the annual national art exhibition, the Exposición Nacional de Bellas Artes. This was how the oldest work arrived in the collection. Pablo Picasso sent his painting *Lady in Blue* to the national art exhibition in 1901, where it was ignored by the jury. Because the angered artist did not pick up the work in the specified time, it remained the property of the museum and lay there forgotten in the warehouse for decades.

El Museo Español de Arte Contemporáneo aportó al MNCARS casi 9.000 obras, que incluyen 2.700 cuadros, 900 esculturas y alrededor de 3.200 ilustraciones. De ellas, alrededor de 500 pasaron a la colección del siglo XIX del Prado. A su vez, en 1992 el patronato del Prado traspasó al Reina Sofía como préstamo duradero el *Guernica* –de los fondos del siglo XX de la pinacoteca–, así como los legados de Picasso (con 61 bocetos preparatorios y estudios para el *Guernica*), de Joan Miró y del coleccionista inglés Douglas Cooper (cuyo legado contiene cuadros de Juan Gris y Picasso). El emblemático *Guernica*, posiblemente el cuadro más famoso del siglo XX, está integrado actualmente en tres contextos: su origen, el tema «arte y guerra» y el lugar para el que fue creado, el Pabellón Español de la Exposición Universal de París de 1937.

La exposición permanente del Reina Sofía tiene como objetivo presentar el arte español del siglo XX en su contexto nacional e internacional. El recorrido, con líneas temáticas y cronológicas, empieza en la segunda planta con los artistas

The Museo Español de Arte Contemporáneo contributed nearly 9000 works to the MNCARS, among them 2700 paintings, 900 sculptures, and 3200 illustrations. Some of these works, approximately 500, have moved to the 19th-century collection in the Prado. In return, in 1992 the Prado's executive committee permanently loaned the MNCARS works from its 20th-century inventory, including the painting *Guernica* and bequests from Picasso, among them 61 pre-work and follow-up sketches for *Guernica* and works by Joan Miró, plus works from the English collector Douglas Cooper whose bequest included paintings by Juan Gris and Picasso, among others. The iconic *Guernica*, perhaps the most famous painting of the 20th century, is now embedded in the museum in three contexts: its origins, the theme "art and war," as well as the original application and exhibit location, the Spanish pavilion at the 1937 World Fair in Paris.

The goal of the permanent collection of the MNCARS is to present 20th-century Spanish art in both its national and

SALVADOR DALÍ

El gran masturbador

Óleo sobre lienzo, 1929,

110 × 150 cm

The Great Masturbator

Oil on canvas, 1929,

43¼ × 59 in

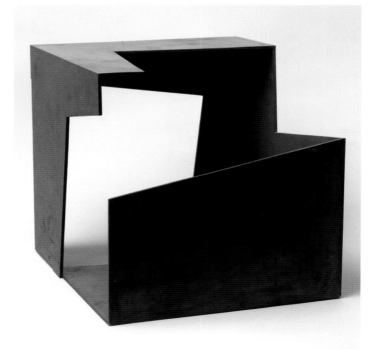

JORGE OTEIZA EMBIL

Caja vacía

Hierro cobreado, 1958,

30 × 32,5 × 30 cm

Copper-plated iron, 1958,

11¾ × 12¾ × 11¾ in

EDUARDO CHILLIDA JUANTEGUI

Mesa de Omar Khayyam II

Acero corten, 1983,

50 × 157,5 × 307 cm

Cor-Ten steel, 1983,

19¾ × 62 × 121 in

ANTONIO LÓPEZ GARCÍA

Madrid desde Capitán Haya

Óleo sobre lienzo pegado a tabla,
1987-1996, 184 × 245 cm

Oil on canvas on wood, 1987–1996,
72½ × 96½ in

JUAN MUÑOZ TORREGROSA

I Saw It in Bologna

Broce y acero, 1991,

ocho columnas de 305 × 47 cm

Bronze and steel, 1991,

eight columns each 120 × 18½ in

CRISTINA IGLESIAS
FERNÁNDEZ BERRIDI

Sin título (Atenas I)

Acero Corten y aluminio, 1991,

230 × 244 × 107 cm

Untitled (Atenas I)

Cor-Ten steel and aluminum, 1991,

90½ × 96 × 42 in

EQUIPO CRÓNICA (RAFAEL
SOLBES/MANUEL VALDÉS)

Pintar es como golpear

Acrílico sobre lienzo, 1972,
152 × 202 cm

Acrylic on canvas, 1972,
59¾ × 79½ in.

destacados de la pintura figurativa y conduce, a través de las primeras vanguardias y del *Guernica* en su contexto, hasta el Surrealismo. Con la interrupción del recorrido –que todavía existe– hasta la cuarta planta, se pretende simbolizar ahora metafóricamente la brecha que abre la Segunda Guerra Mundial en el arte occidental. En la cuarta planta se alternan artistas españoles (Antonio Saura, Antoni Tàpies, Jorge Oteiza y Eduardo Chillida) con obras de artistas extranjeros (como Francis Bacon, Henry Moore, Yves Klein, Lucio Fontana y Bruce Nauman, los dos últimos con sala propia). La visita termina con obras de la escena artística global de las últimas décadas (con Juan Muñoz, Gerhard Richter, Olafur Eliasson y Cristina Iglesias, entre otros). Los nutridos fondos fotográficos y videográficos van ganando también espacio expositivo. Por su parte, el programa originario de exhibición de muestras temporales se lleva a cabo actualmente en el Edificio Nouvel.

international context. The chronological circuit with its thematic focal points begins on the third floor, with leading figurative painters, and leads through the first avant-garde movement and *Guernica* in its context, through to surrealism. The interruption of the route, which still exists on the fourth floor, is now a metaphoric symbol of the break in Western art brought on by World War II. On this floor individual Spanish artists, including Antonio Saura, Antoni Tàpies, Jorge Oteiza, Eduardo Chillida, alternate with individual works by foreign artists, such as Francis Bacon, Henry Moore, Yves Klein, Lucio Fontana, Bruce Nauman, with individual rooms devoted to the last two. The circuit ends with works from the globalized art scene of the last decades, with Juan Muñoz, Gerhard Richter, Olafur Eliasson, Cristina Iglesias among others. Works from the extensive video and photo inventories are continually being awarded more exhibition space. Meanwhile, the original program of rotating exhibits is displayed in the Nouvel building.

ANTONI TÀPIES I PUIG

Gran marró i fusta

Técnica mixta, 1975, 26 × 200 cm

Mixed media, 1975, 10¼ × 78¾ in

MIQUEL BARCELÓ ARTIGUES

The Big Spanish Dinner

Pigmentos y látex sobre lienzo, 1985,
200 × 300 cm

Pigment and latex on canvas, 1985,
78¾ × 118 in

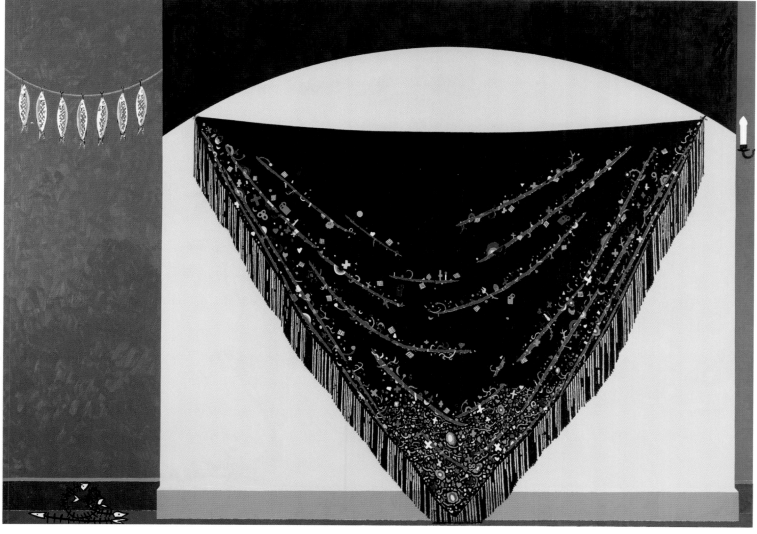

EDUARDO ARROYO
RODRÍGUEZ

Carmen Amaya
fríe sardinas en
el Waldorf Astoria

Óleo sobre lienzo, 1988,
260 × 360 cm

Oil on canvas, 1988,
102½ × 141¾ in

El Escorial.

XI Reales Sitios – los palacios reales de los alrededores de Madrid

Reales Sitios—the Royal Castles around Madrid

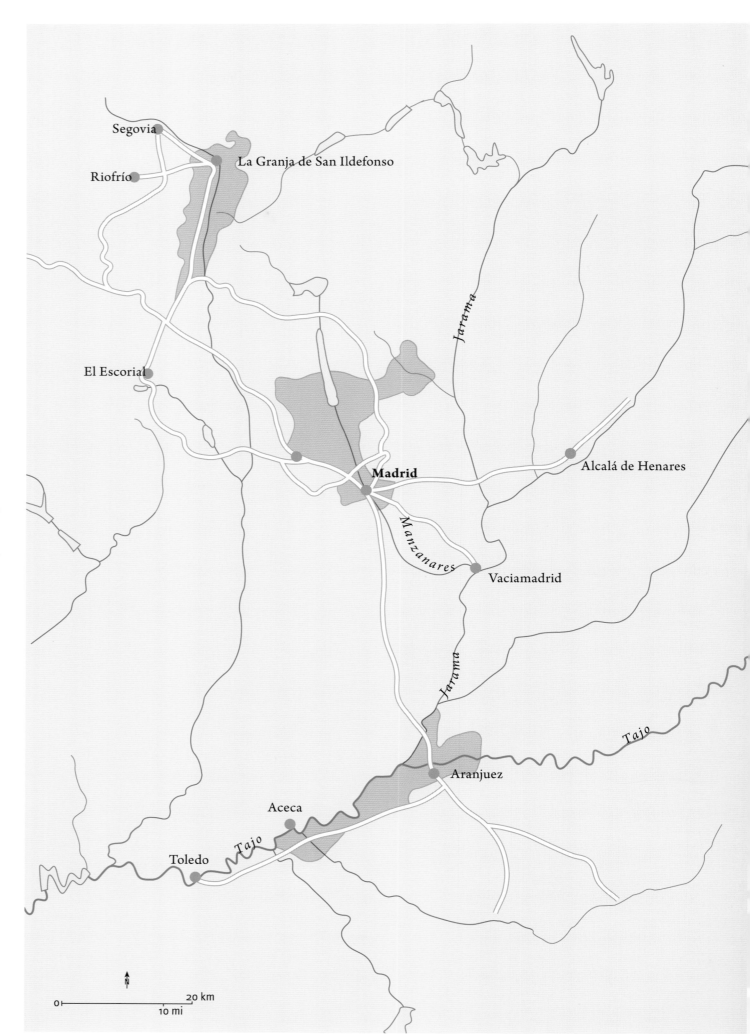

Segovia

La Granja de San Ildefonso

Riofrío

Jarama

El Escorial

Alcalá de Henares

Madrid

Manzanares

Vaciamadrid

Plano de las propiedades
y palacios reales en la
zona central de Castilla.

Map of royal estates and
palaces in Central Castile.

Jarama

Tajo

Aranjuez

Aceca

Tajo

Toledo

N

0 ┣━━━━━━━━━━┫ 20 km
    ┣━━━━━━━━━━┫
    10 mi

ANÓNIMO

**Vista del Palacio de
El Pardo en el siglo** XVII
Óleo sobre lienzo, 137 × 278 cm

ANONYMOUS

View of El Pardo castle
in the 17th century
Oil on canvas, 54 × 109 1/2 in

SAN LORENZO DE EL ESCORIAL

Al igual que otros gobernantes europeos, los reyes medievales de la Península Ibérica poseían castillos, palacios y casas de campo a los que acudían con sus séquitos para cazar, recrearse o gobernar desde allí. Con la unión de los reinos de Castilla y León (corona de Castilla), los monarcas castellanos contaron con residencias muy dispersas dentro de sus territorios, aunque ya desde el siglo XV solían residir en los alcázares de Segovia, Toledo y Madrid. El emperador Carlos V (el rey Carlos I de España, que heredó las coronas de Castilla y Aragón) también se decantó por los palacios del centro peninsular, y hacia 1545 creó la Junta de Obras y Bosques para centralizar la administración de las obras y la financiación de las propiedades reales. Su hijo Felipe II hizo reformar los alcázares de Segovia, Madrid y Toledo ya antes de su regreso a España en 1559, y desarrolló un «sistema» de Reales Sitios que entrelazaba palacios y jardines reales. Con su elección de Madrid como capital de la corte en 1561, el círculo de los palacios preferidos por los monarcas se restringió a los de los alrededores de la ciudad.

Los palacios, los jardines y los terrenos que los rodeaban se empleaban, como es lógico, para el descanso, el esparcimiento y la caza en zonas boscosas extensas, y también estaban al servicio de la representatividad del poder monárquico. Además, permitían al rey sustraerse de las continuas obligaciones y dedicarse a sus escritos, a su familia y al asesoramiento personal. Felipe II, por ejemplo, sólo permanecía unos seis meses en Madrid. Durante su reinado, se estableció un turno rotatorio estacional que siguió vigente hasta el siglo XX: los monarcas y la corte pasaban las primeras semanas del año en El Pardo; la época de Pascua, en Madrid; en primavera se trasladaban a Aranjuez; en junio, a Valsaín (en la montaña); durante la

Like other European rulers, the medieval kings of the Iberian Peninsula had various castles, palaces and hunting lodges that they visited with their royal entourage in order to hunt, to amuse themselves, or to govern. With the union of the kingdoms of Castile and Leon (the Crown of Castile), the Castilian monarchs inherited residences that were widely dispersed throughout their territories. However, from the 15th century, they usually lived in the fortress and palaces of Segovia and Toledo, or in Madrid, which lay between the two. Emperor Charles V (Charles I of Spain, who inherited the Crowns of Castile and Aragon) also preferred the central Castilian castles and in 1545 created the Junta de Obras y Bosques, a council that centralized the financial administration and oversaw the construction of royal properties. His son Philip II completely renovated the palaces in Segovia, Madrid and Toledo, even before his return to Spain in 1559, and developed a tightly integrated "system" of *Reales Sitios* linking the royal palaces and gardens. With his choice of Madrid as residence in 1561, the circle of preferred palaces narrowed to those in the vicinity of the city.

The palaces, gardens, and surrounding landscapes were used for rest and recreation, which included hunting in the vast forests, and served as symbols of royal power. They also offered the ruler a refuge from bureaucratic demands, as he was removed from his continuous obligations and could devote himself to correspondence, his family, and personal matters. Philip II, for example, spent only half the year in Madrid. During his reign a regular, seasonal cycle was established that lasted into the 20th century: the king and his court stayed in El Pardo for the first weeks of the year, spent Easter

GASPAR BECERRA

**Los frescos del techo
en el Torreón**

1562-1568

Ceiling fresco in the Torreón

1562–1568

PALACIO DE EL PARDO

temporada de caza de otoño, en octubre, residían en El Escorial, y en Navidad regresaban de nuevo a la capital. Empleando una metáfora frecuente en la época, estos palacios reales giraban como planetas alrededor del Sol del madrileño Alcázar, donde, no obstante, los monarcas no pasaban más de un mes al año.

La zona forestal del monte de El Pardo perteneció desde 1152 a la municipalidad de Madrid. Los reyes sólo poseían el derecho exclusivo de caza. En 1759, Fernando VI hizo construir un muro de 100 kilómetros de longitud para cercar el paraje y adquirió las tierras circundadas. De este modo surgió una singular biosfera, de 15.821 hectáreas de extensión y con especies animales poco frecuentes, que pese a la enorme presión demográfica ha perdurado hasta nuestros días. El Palacio de El Pardo debe su origen a Carlos V, quien en 1543 ordenó derribar un pequeño castillo de caza existente allí desde 1405 y construir un edificio de nueva planta. El complejo de cuatro alas en torno a un patio central, edificado por Luis de Vega, seguía la tradición española del alcázar; su carácter de fortificación se pone de manifiesto en los fosos (conservados), así como en las torres cuadrangulares que se elevan en sus esquinas. Una vez finalizadas las obras en 1558, Gaspar de Vega decoró los interiores con estucos y frescos (conservados en el ala occidental) entre 1563 y 1568. Por encargo de Carlos III, en 1772-1773 Francesco Sabatini llevó a cabo una ampliación del palacio, que consistió en realizar un duplicado del edificio originario y en unir el nuevo (este) y el antiguo (oeste) mediante un cuerpo central con patio interior y entrada

in Madrid and the spring in Aranjuez, then enjoyed the cool of the mountains in Valsaín during June. The autumn hunt in mid-October took place in El Escorial, and they returned to Madrid for Christmas. Using a favorite metaphor of the time, the royal palaces circled like planets following the sun of the Madrid palace. However, the rulers only spent about one month each year in the city.

Since 1152, the forested area of Monte de El Pardo belonged to the municipality of Madrid, but the Castilian kings had exclusive hunting privileges there. In 1759, Ferdinand VI had a 60-mile wall built around the area and bought up the surrounded estates. He thus created a unique 39,095-acre biosphere populated by rare animals, which still exists today, despite high demographic pressure. Charles V laid the foundations for El Pardo castle in 1543, when he tore down the dilapidated hunting lodge from 1405 and ordered a new building. The four-winged complex built by Luis de Vega followed the Spanish Alcázar tradition. Its function as a fort was clearly demonstrated by the presence of a moat, which has been preserved, and the corner towers, which rose above the square. When building was completed in 1558, Gaspar de Vega decorated between 1563 and 1568 the interior with ornamental molding and ceiling paintings, which can still be seen in the west wing. Charles III commissioned Francesco Sabatini to expand the castle between 1772 and 1773. He created a duplicate of the original building and linked the new castle, situated to

principal. Sabatini copió la tipología general de la fortaleza con los fosos, pero también detalles secundarios como los miradores dispuestos en diagonal del patio antiguo construidos por François Carlier en 1739-1743. Además, estuvo entre 1773 y 1776 a cargo de la decoración de los interiores, un conjunto excepcional en el que destacan los tapices basados en cartones de Goya. Entre 1940 y 1975 vivió allí el dictador Franco, cuyo despacho y dormitorio se exponen hoy en día al público. En la década de 1980 el palacio fue rehabilitado como residencia de jefes de Estado y de Gobierno extranjeros y, entre otras medidas, se acristalaron los tres patios interiores. Cerca del palacio, en el convento de los capuchinos, se halla el que se conoce popularmente como *Cristo de El Pardo* (1605), de Gregorio Fernández, una conmovedora figura yacente de Cristo muy venerada.

Las fértiles tierras de las márgenes del Jarama y el Tajo pertenecieron desde 1171 a la Orden de Santiago, que las dedicaba a la caza y la agricultura, y en 1487 pasaron a manos de la corona de Castilla. Durante el reinado de Felipe II surgieron los rasgos esenciales que siguen caracterizando a Aranjuez: explotaciones agrícolas en un microclima favorable, extensos jardines y una ciudad estructurada con avenidas arboladas alrededor del

the east, to the earlier structure, in the west, through a central structure with a courtyard and main entrance. Sabatini copied not only the general arrangement of the castle and moats, but also secondary details like the diagonally laid enclosed balconies that François Carlier built in the interior courtyard between 1739 and 1743. In addition, he oversaw the exceptional interior decoration between 1773 and 1776, the highlight of which was the tapestry series based on cartoons by Goya. Between 1940 and 1975 the dictator Franco lived here, and his office and bedroom are today exhibited to the public. During the 1980s, the palace was converted into a residence for foreign heads of state, and various modifications were made, including covering the three interior courtyards with glass. Not far from the palace, in the Capuchin Monastery, is the *Santo Cristo de El Pardo,* a highly revered figure of a reclining Christ by Gregorio Fernández from 1605.

Since 1171, the fertile estates on the banks of the Jarama and Tajo rivers belonged to the Order of Santiago. The area was used for hunting and cultivation and became the property of the Crown of Castile in 1487. Under Philip II, the elements that have come to characterize Aranjuez arose: agricultural

El Pardo, fachada principal con el puente de conexión y la capilla.

El Pardo, main facade with connecting bridge and chapel.

El Pardo, vista de la galería del patio interior meridional o Patio de los Austrias.

El Pardo, view of the gallery in the southern inner courtyard, the Patio de los Austrias.

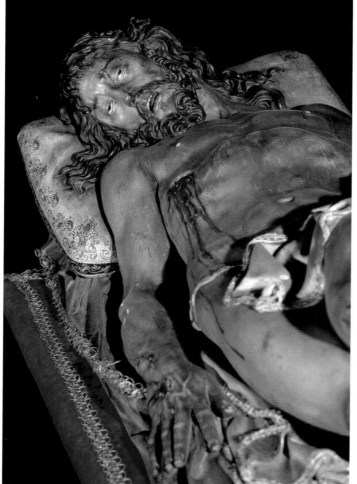

GREGORIO FERNÁNDEZ

Cristo yacente

Madera de pino, 1615

Pine, 1615

CONVENTO DE LOS PADRES
CAPUCHINOS, EL PARDO

cultivation in a favorable microclimate, expansive gardens and a city structured around tree-lined boulevards surrounding the royal palace. In addition, in 1561 Philip II commissioned Juan Bautista de Toledo to design a building with four wings and an elongated west facade enclosing a central courtyard, which would replace the mudejar castle built in 1387. However, he only built the southern section of the west facade and the southern wing of the square, which was linked by a bridge to the Casa de Caballeros that lay to the south. The palace was finished between 1715 and 1746, complete with a stunning main facade and stairs built by Santiago Bonavía between 1735 and 1746. Charles III had Sabatini extend the castle between 1771 and 1774; the architect added two side wings to the main facade to create a courtyard that was open at the front (cour d'honneur). The king also carried out Bonavía's plans from 1750 for a residence with three tree-lined boulevards built around the central San Antonio plaza, known as the "trident." Aranjuez is best known for its gardens, especially the Renaissance design of the Garden of the Island, arranged by Philip II and Juan Bautista de Toledo, and the Garden of the Prince, a landscaped garden with whimsical structures and a small palace, the Casa del Labrador. Built between 1791 and 1803 by Juan de Villanueva and Isidro González Velázquez, the building has a luxurious interior decor by Jean-Démosthène Dugourc.

The kings spent their summers in the north of the Guadarrama Mountains in Valsaín Castle, until a fire destroyed it in 1682. In 1720, Philip V acquired the neighboring farm and

palacio real. En 1561, Felipe II encargó a Juan Bautista de Toledo que diseñara un edificio de cuatro alas en torno a un patio central, con una fachada alargada en el oeste, para sustituir el palacio mudéjar de 1387. Pero de este proyecto sólo se construyeron el tramo sur de la fachada oeste y el ala meridional del cuadrado, que se unió mediante un puente con la Casa de Caballeros, situada al sur. Entre 1715 y 1746 se completó el cuadrado, donde destacan la fachada principal y la escalera construidas por Santiago Bonavía en 1735-1746. Por encargo de Carlos III, Sabatini amplió el palacio de 1771 a 1774; el arquitecto añadió dos alas laterales a la fachada principal, creando un patio delantero abierto (Cour d'honneur). Por lo demás, el rey hizo ejecutar los planos de Bonavía de 1750 para la población de Aranjuez, con una plaza central (San Antonio) y tres amplias avenidas arboladas, que forman el denominado «tridente». Aranjuez tiene fama por sus jardines (en particular el Jardín de la Isla –un espacio renacentista surgido gracias a Felipe II y Juan Bautista de Toledo– y el Jardín del Príncipe –una extensión paisajística de fines del siglo XVIII con edificaciones de gran fantasía–) y por el palacete Casa del Labrador, construido en 1791-1803 por Juan de Villanueva e Isidoro González Velázquez y que presenta una lujosa decoración interior, obra de Jean-Démosthène Dugourc.

Los reyes pasaron los veranos en el Palacio de Valsaín, en la ladera norte de la Sierra de Guadarrama, hasta que un incendio lo redujo a ruinas en 1682. En 1720, Felipe V adquirió una granja y una ermita en las inmediaciones (La Granja de San Ildefonso), que pertenecían a los monjes jerónimos del convento de El Parral de Segovia, con el propósito de construir una residencia

hermitage of La Granja de San Ildefonso, previously owned by the monks of the Order of San Jerónimo from the convent of El Parral in Segovia. His intention was to create a country retreat with French gardens to which he could withdraw after his planned abdication. The extensive gardens were designed and created under the guidance of René Carlier in two clearly delineated areas: the northern parterre included viewshafts, a

ANÓNIMO

Vista idealizada del Palacio de Aranjuez en el siglo XVII
Óleo sobre lienzo, 83 × 171 cm

ANONYMOUS

Ideal view of Aranjuez Castle in the 17th century
Oil on canvas, 32¾ × 67¼ in

SAN LORENZO DE EL ESCORIAL

Escalera principal del Palacio de Aranjuez.

Main stairs of Aranjuez Palace.

Fachada principal y patio
de Armas del Palacio de
Aranjuez.

The main facade and
the Cour d'Honneur of
Aranjuez Palace.

Aranjuez, el Jardín de la Isla, con avenidas y fuentes.

Aranjuez, Jardín de la Isla with boulevards, fountains.

campestre para retirarse después de su prevista abdicación. Los extensos jardines se diseñaron e instalaron, bajo la dirección de René Carlier, como dos ámbitos claramente separados: al norte parterre, ejes visuales paralelos, cascada y laberinto; y en el sur un parque, concebido originariamente como bosquetes de caza, con un arriate circular del que parten ocho ejes en disposición radial. Artísticas fuentes con esculturas de René Fremin y Jean Thierry decoran las intersecciones de las avenidas.

En 1720-1723, Teodoro Ardemans construyó para Felipe V un edificio de cuatro alas en torno a un patio central siguiendo la tradición del alcázar español. Pero resulta único que las torres de las esquinas se desplazan ligeramente hacia el centro y en la fachada oeste sobresale de modo prominente una capilla. Tras la abdicación y vuelta al trono de Felipe V el mismo año (1724), el palacio tuvo que ser ampliado a dimensiones «reales». De ello

waterfall and a labyrinth, while the southern section had a park, originally conceived as a hunting forest, with a circular flower bed with eight shafts arranged like the sun's rays. Artistic fountains with sculptures by René Fremin and Jean Thierry adorn the intersections of the boulevards and are the sites of spectacular water shows on holidays.

Between 1720 and 1723, Teodoro Ardemans built for Philip V a four-winged complex surrounding a central courtyard, based on the Spanish Alcazar tradition. In a unique way the corner towers were shifted slightly toward the center of the building and a chapel juts prominently from the western facade. After Philip's abdication in 1724 and his return to the throne in the same year, the castle was enlarged to a "royal" scale. The designs were made by primarily Italian architects: Andrea Procaccini added between 1725 and 1734 another four

La Granja de San Ildefonso,
Cascada Nueva.

Aranjuez, el Jardín del
Príncipe, de concepción
paisajística, con un templete
de Juan de Villanueva.

Aranjuez, the landscape garden
Jardín del Príncipe with a
Tempietto by Juan de Villanueva.

**La Granja de San
Ildefonso, jardines.**

La Granja de San
Ildefonso, gardens.

La fachada oeste de La Granja
de San Ildefonso, con la capilla.

The west facade of La Granja
de San Ildefonso with chapel.

se encargaron arquitectos italianos: de 1725 a 1734 Andrea Procaccini añadió otras cuatro alas, dos al norte y dos al sur, remozó el patio meridional –la antigua entrada principal– a modo de patio de herradura (Cour d'honneur), y dotó la capilla con una fachada de curvatura convexa y una sacristía. En 1735 Filippo Juvara diseñó la magnífica fachada oriental, orientada a los jardines, y Giovanni Batista Sacchetti la ejecutó entre 1738 y 1741. En el reinado de Carlos III, la ciudad, que había ido creciendo de manera irregular, se racionalizó con arquitectura homogénea. El palacio alberga hoy el Museo de Tapices, con extraordinarios ejemplares de la colección real. A unos 13 kilómetros al oeste de San Ildefonso se halla el Palacio Real de Riofrío, un edificio erigido en 1752-1759 para la reina Isabel de Farnesio, cuando ya había enviudado, que presenta una imponente escalera.

De entre todas las residencias reales del entorno madrileño sobresale el monasterio-palacio de San Lorenzo de El Escorial, situado en una ladera montañosa de la vertiente meridional de la Sierra de Guadarrama. Gracias a su compacta monumentalidad, sus colosales dimensiones (33.000 metros cuadrados) y su terminación en granito sin ornamentos, el edificio impacta a todo el que lo visita – de manera positiva o negativa. Felipe II decidió meticulosamente en 1561 el lugar, así como el tipo de arquitectura y decoración, para llevar a la práctica su idea de construir un monasterio de jerónimos retirado en la montaña –la pequeña población vecina surgió en el siglo XVIII– para la intercesión de los Habsburgos allí enterrados. El complejo que encargó edificar incluía también un colegio de estudios eclesiásticos y un seminario, un palacio real y los aposentos del monarca, con vista directa al altar mayor de la iglesia. Hacia el exterior,

wings, two on both the north and south sides of the castle. He also transformed the southern courtyard, previously the main entrance, into a three-sided patio (cour d'honneur) and added a convexly curved facade and a sacristy to the chapel. In 1735, Filippo Juvarra completed the designs for the grand east facade, facing the garden, and Giovanni Batista Sacchetti carried out the plans between 1738 and 1741. Under Charles III,

Palacio Real de Riofrío.

The Palacio Real de Riofrío.

el rigor geométrico de la planta y la desnudez ornamental pretendían patentizar el liderazgo religioso internacional de la monarquía española poco después del Concilio de Trento. Juan Bautista de Toledo realizó la traza general de El Escorial en 1561-1562 y dirigió las obras a partir de 1563. Después de su muerte en 1567, varios arquitectos, entre ellos Juan de Herrera y Francisco

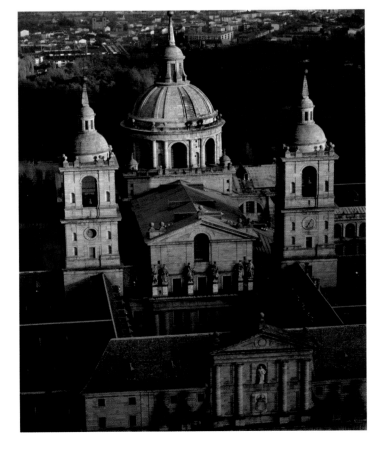

El Escorial a vista de pájaro.

El Escorial from above.

the residence, and especially the forecourt, which had been expanding in a haphazard manner, was brought together with more homogeneous architecture. The tapestry museum in the castle today houses first-rate examples from the royal collection. About eight miles west of San Ildefonso lies the Royal Palace of Riofrío, a building with an imposing staircase, which was built for queen Elisabeth Farnese between 1752 and 1759, when she was already a widow.

Of all of the royal residences around Madrid, the Royal Monastery of San Lorenzo de El Escorial, on a plateau on the southern slope of the Guadarrama Mountains, stands out. With its compact enormity, huge dimensions (355,000 square feet) and unadorned granite bulk, the building makes a lasting impression, either positive or negative, on every visitor. In 1561, Philip II personally determined the location, as well as the details of the architecture and decoration, to implement his radical concept of a secluded monastery of the Order of San Jerónimo. This was designed to offer salvation to the Habsburgs who would be hidden away there in isolation—the town that today adjoins it arose in the 18th century. In addition the complex housed a theological college with a seminary, the court palace, and royal apartments with a direct view of the church's main altar. The severe geometric layout and the lack of ornamentation were intended to demonstrate to outside observers the Spanish monarchy's religious world leadership shortly after the Council of Trent. Juan Bautista de Toledo designed the basic plan for El Escorial between 1561 and 1562 and oversaw the construction from 1563. After his death in 1567, different architects, among those Juan de Herrera and Francisco Mora, continued working here until

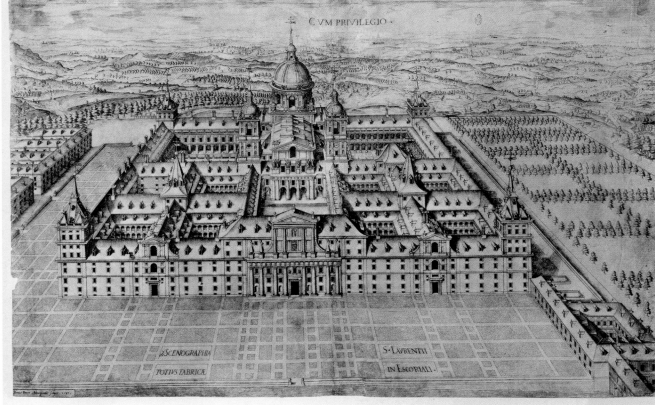

Torre noroeste y fachada del monasterio-palacio de El Escorial.

The northwest tower and the facade of the El Escorial monastery palace.

PEDRO PERRET

El Escorial

Grabado en cobre a partir de dibujos de Juan de Herrera, 1589

Copper engraving based on a drawing by Juan de Herrera, 1589

Vista del interior de la
iglesia de El Escorial.

Interior view of the
church at El Escorial.

El Escorial, la biblioteca
con los frescos del techo.

El Escorial, library with
ceiling frescos.

Mora, asumieron la dirección hasta 1684. La monumental iglesia, un edificio de planta centralizada con cúpula en el crucero y altar mayor elevado, contiene, entre otras obras escultóricas, el crucifijo de Benvenuto Cellini con la emotiva figura de Cristo de mármol blanco y, a izquierda y derecha del altar mayor, las esculturas de bronce del emperador Carlos V y Felipe II, con miembros de la familia, realizadas por Leone y Pompeo Leoni en 1586-1600. Debajo del altar mayor se encuentran los sepulcros de casi todos los reyes y reinas españoles hasta la actualidad en una opulenta cripta octogonal (decorada en 1617-1654 por Giovanni Battista Crescenzi). El moderno museo de pintura así como la biblioteca (1593-1594) albergan numerosos tesoros artísticos y bibliográficos; esta última está decorada con una amplia serie de frescos relativos a los distintos campos del saber (1586-1593, obra de Pellegrino Tibaldi). Sobre la monumental escalera principal y en las bóvedas de la iglesia, Luca Giordano pintó (1692-1694) agitadas escenas ilusionistas que contrastan con la frialdad del resto de la decoración interior. Hoy día, los monjes siguen rezando en El Escorial, en su colegio se imparten clases y la casa real continúa celebrando actos solemnes en su iglesia.

1684. The grand church, a central building with a dome in the transept and a high altar, contains, among other sculptural works, a crucifix with an emotive figure of Christ in white marble by Benvenuto Cellini. To the left and right of the main altar stand bronze statues of Charles V and Philip II with family members, by Leoni and Pompeo Leoni, which were created between 1586 and 1600. Below the main altar lie the tombs of nearly all of the Spanish kings and queens through to the present day in an opulent octagonal crypt decorated by Giovanni Battista Crescenzi between 1617 and 1654. The modern painting museum and the library (1593–1594) preserve numerous artistic and literary treasures; the library adorned with a series of frescoes showing the different areas of knowledge was created between 1586 and 1594 by Pellegrino Tibaldi. From 1692 until 1694, Luca Giordano painted stirring illusionistic scenes above the monumental main staircase and in the church vaults that contrast with the otherwise cold interior decor. Today, the monks still pray in El Escorial, the college continues to give classes, and the royal family still appears in the church.

El Escorial, vista del Patio de los Reyes con la fachada de la iglesia.

El Escorial, view of the Patio de los Reyes with church facade.

El Escorial, Panteón de los Reyes, en la cripta real.

El Escorial, Panteon de los Reyes – the royal crypt.

El Escorial, esculturas del emperador Carlos V y su familia en el altar mayor de la iglesia.

El Escorial, tomb statues of Charles V and family on the church's main altar.

El Escorial, fachada sur.

El Escorial, the south facade.

Valle de los Caídos

Franco concibió ya durante la guerra la construcción de un monumento nacional a la victoria y los caídos, que además sería su mausoleo. La obra se inició en 1940 según los planos de Pedro Muguruza, y en ella trabajaron entre 1943 y 1950 unos 7.000 presos políticos en condiciones muy duras. Desde la explanada bajo la cruz de 150 metros de altura, un túnel excavado en la roca conduce hasta el espacio cupulado donde desde 1975 se encuentra la tumba del dictador ante el altar mayor. Tras las capillas del cuerpo transversal yacen los restos de unos 40.000 caídos en la Guerra Civil –inicialmente sólo del bando victorioso, más tarde también del republicano–. Las analogías de esta obra de hormigón armado revestido de granito con El Escorial se manifiestan en la monumentalidad del lenguaje arquitectónico, la funcionalidad múltiple (iglesia, mausoleo) y la decoración historicista. Aunque el Congreso acordó en 2007 su «despolitización», sigue siendo un símbolo controvertido de la época franquista.

Valle de los Caídos: the "Valley of the Fallen"

During the Civil War, Franco had already planned a national monument commemorating victory, those who had died for it, and his own mausoleum. He chose the site and designs himself. Building began in 1940 to plans by Pedro Muguruza and was continued by Diego Méndes from 1950 to the inauguration in 1959. About 7000 political prisoners worked on the project from 1943–1950. A nave-tunnel leads through the mountain to the domed crossing, where Franco's tomb has lain before the main altar since 1975. The remains of approximately 40,000 soldiers rest behind the two transept chapels, at first only those of the victorious side, later also those of the Republic. The dimensions, multiple purpose (church, monastery, crypt, mausoleum), and historicist decorations are reminiscent of nearby El Escorial, although the building used is modern reinforced concrete clad with granite. "De-politicized" in 2007, the monument is still a controversial symbol of the Franco era.

Créditos fotográficos
Picture Credits

La editorial desea agradecer a los artistas, instituciones, museos, colecciones y archivos la cesión de los derechos de reproducción de sus obras e imágenes, así como su amable apoyo durante la realización de esta obra. La editorial ha intentado contactar con todos los titulares de los derechos de las imágenes reproducidas en este volumen. Si alguna persona o institución ha sido omitida por error, se ruega que se ponga en contacto con la editorial.

The publisher would like to thank all artists, institutions, museums, collections and archives for the right to reproduce their works and images, and for their friendly cooperation in the production of this book. The publisher made every effort at the time of publication to contact all copyright holders of the images in this book. Private or institutional image copyright holders who may not have been contacted are hereby requested to contact the publisher.

Todas las imágenes de Gerhard Hagen, Bamberg, excepto:

All images by Gerhard Hagen, Bamberg, except for:

l=izquierda, r=derecha, m=centro, t=arriba, b=abajo

l=left, r=right, m=middle, t=top, b= bottom

© AISA: 273 br, 308, 361: © Fabrizio Finetti/AISA, 368, 372: © Paul Maeyaert/AISA, 373, 374 t, 374 bl, 374 br

AKG images, Berlin: 60 l, 66 r, 254 tr

Jorge Allende - Photography of architecture and interiors: 23 l, 86, 89 t, 108 r, 263 bl, 274 mr, 285 r, 293, 313 b, 317 t, 319 bl, 319 br, 321 r, 334–335

© artur/Inigo Bujedo Aquirre/VIEW: 102–103 t, © artur/Roland: 107 t, © artur/Inigo Bujedo Aquirre/VIEW: 108 l, © artur/Roland Halbe: 111 b

Associated Press: 106, 194 l: © AP Photo/KEYSTONE/Archive, 312 b

Ayuntamiento de Madrid, San Antonio de la Florida: 236 b, 237 tl, 237 m, 237 bl

Bildarchiv Monheim: Markus Bassler 39 br, Markus Bassler 315 tr, Achim Bednorz 364–365, Robert Janke 366

by kind permission of Ateliers Jean Nouvel: 342

by kind permission of Ateneo Madrid: 272 br, 273 bl

by kind permission of Casino de Madrid: 284 tl

by kind permission of Cristina Iglesias: 353

by kind permission of the Estate of Juan Muñoz Torregrosa: 352

by kind permission of Fundación Casa de Alba: 240 t, 240 b, 241 t, 242 bl, 241 br

by kind permission of Juan Miguel Hernández León Arquitecto: 333 l

by kind permission of Rafael Moneo Studio: 98 b, 99 b, 100 b, 101 b, 102 b, 103 b, 104, 109 b

by kind permission of Rogers Stirk Harbour Architects + Partners: 325 b

Biblioteca Regional de Madrid Joaquín Leguina: 336

Comendadoras de Santiago: 80, 81 l, 81 r

from: Miguel Cabañas Bravo, Josep Renau. Arte y propaganda en guerra, Ministerio de Cultura, exhibition catalog 2007, 112 t (Photo Kodak), 112 b, 113 tr (Photo López Videa), 113 b (Photo López Videa)

Fundación Lázaro Galdiano: 36 tl

Museo de Historia, Madrid: 38 l, 38 r, 194

Museo Nacional Centro de Arte Reina Sofía/Archivo Fotográfico: 346 t, 346 b, 347 (5 ×), 348 tl, 348 tr, 348 b, 350 t, 350 b, 351 t, 351 b, 352, 353, 354, 355 tl, 355 tr, 355 b

Museo Nacional del Prado: 92 tr, 107 t, 109 t, 112 r: © Archivo Regional de la Comunidad de Madrid. Colección fotográfica Marin Santos Yubero, 113 tl: © Col. Hauser y Menet, 114 l: © Col. Herederos de Manuel de Arpe, 115 l, 115 r: Donacion Manuel de Arpe y Retamino, 126 b, 142, 146 tl, 146 b, 147 t, 147 b, 148, 149, 150 r, 151 t, 151 b

Museo de los Orígenes: 16 t, 16 bl, 16 r, 17 l, 19 l, 19 tr, 19 br

Museo de la Real Academia de Bellas Artes de San Fernando: 87 l, 87 b, 244, 248, 249, 251, 256 l, 257

© Museo Thyssen-Bornemisza, Madrid: 294 r, 295 l: © Colección Carmen Thyssen-Bornemisza en depósito en el Museo Thyssen-Bornemisza, 296 l, 296 r, 297 tl, 297 bl, 297 r, 298, 299, 300 l, 301, 302, 303 tm: © Lucian Freud by Goodman Derrick LLP, 303 tr, 303 b, 304: by kind permission: © Heirs of Josephine N. Hopper, licensed by the Whitney Museum of American Art, 305 tl, 305 tr, 305 b

Oronoz: 7 br, 18 r, 26, 31, 40, 41 l, 42, 43 tl, 43 tr, 46 t, 46 b, 47, 48, 49, 50 t, 50 b, 55 t, 56, b, 60 l, 62, b, 63 l, 63 r, 65 r, 72 tr, 73 tr, 87 t, 88 b, 90, 91 t, 98 t, 99 t, 105 l, 105 r, 114 r, 116, 141 l, 146 tl, 183, 195 b, 196 r, 198 t, 198 b, 199 tl, 199 tr, 200, 208, 210, 215 t, 238, 260, 261 bl, 263 br, 268 bl, 268 bm, 268 br, 276 tl, 276 tr, 359, 360, 362 t, 362 b, 363 t, 367 tl, 369 b, 370 t, 370 b, 371 b

Patrimonio Nacional: 64, 195 t, 196 l, 197, 199 b, 363 b, 367 tr, 367 b, 369 t

© Photo Scala, Florence: 10 t, 39 t, 92 tl, 101 t, 117, 118 l, 118 r, 119 t, 119 b, 120, 121, 122, 123, 124, 125, 126 t, 127 t, 127 bl, 127 br, 128 l, 128 r, 129 l, 129 r, 130 t, 130 b, 131 t, 131 b, 132 t, 132 b, 133, 134, 135 l, 135 r, 136, 137 l, 137 r, 138 t, 138 bl, 138 br, 139, 140, 141 r, 143 tl, 143 tr, 143 b, 144 t, 144 b, 145 tl, 145 bl, 145 r, 150 l, 152, 153, 154 t, 154 b, 155 t, 155 b, 156 t, 156 b, 157, 158, 159, 160, 161, 162, 164, 165, 166, 167, 168 (=169–170), 171, 172, 173 t, 173 m, 173 b, 174 l, 174 r, 175 l, 175 tr, 175 br, 176–177, 178–179, 180, 181, 182, 184-185, 186 (187=186), 188 t, 189 t (188=189 t), 189 b, 245 l, 245 r, 246, 250, 252 l, 253, 254 tl, 254 b, 255, 256 r, 261 br, 295 r, 300 r

Universidad Politécnica de Madrid, Gabinete del Rector – Medios de Comunicación: 310 t

© VG Bild-Kunst, Bonn 2009: George Grosz: 303 b, Jorge Oteiza Embil: 350 b, Julio González Pellicer: 347 l, Miquel Barceló Artigues: 355 tr, Roy Lichtenstein: 305 tr, Jean Nouvel: 330 tr, 344, 345, Alberto Sánchez Pérez: 347 m, Alfonso Sánchez Portela: 348 tl, Eduardo Arroyo Rodríguez: 355 b, Equipo Crónica: 354

© Successió Miró/VG Bild-Kunst, Bonn 2009: 347 tr

© Succession Picasso/VG Bild-Kunst, Bonn 2009: 254 b, 303 tr, 346 t, 348–349 t

© Salvador Dalí, Fundació Gala-Salvador Dalí/VG Bild-Kunst, Bonn 2009: 302, 350 t

© Fundació Antoni Tàpies, Barcelona/VG Bild-Kunst, Bonn 2009: 355 tl

© Zabalaga-Leku/VG Bild-Kunst, Bonn 2009: 351 b

© Whitestar/Daniel Duch Dausa: 10 bl

Bibliografía
Bibliography

Alcolea Blanch, Santiago: *Museo del Prado,* Barcelona 1991.

Alvar Ezquerra, Alfredo: *El nacimiento de una capital europea. Madrid entre 1561 y 1606,* Madrid 1989.

Alvar Ezquerra, Alfredo: *Felipe II, la corte y Madrid en 1561,* Madrid 1985.

Arias Serrano, Laura: "El Coleccionismo entendido como un acto de creación: La colección Thyssen-Bornemisza". In: *Goya – Revista de Arte,* nº 291, Madrid 2002, págs. 357–378.

Arquitectura Viva, vols. 89–90 (2003), 121 (2008).

Baldellou, Miguel Ángel / Capitel, Antón: *Arquitectura española del siglo XX,* Madrid 1995 (Summa Artis, vol. 40).

Barbeito, José Manuel: *El Alcázar de Madrid,* Madrid 1992.

Berlinches Acín, Amparo (ed.): *Arquitectura de Madrid* (3 vols.), ed.: Colegio Oficial de Arquitectos de Madrid, Madrid 2003.

Borngässer, Barbara (Hrsg.): *Spanien. Kunst · Landschaft · Architektur,* Köln 2001.

Buendía, José Rogelio, et al.: *El Prado: Colecciones de Pintura,* Barcelona/Madrid 2000.

Burmeister, Hans-Peter / Scheffler, Felix: *Madrid und Zentralspanien,* Köln 2008.

Calvo Serraller, Francisco: *Breve historia del Museo del Prado,* Madrid 1994.

Capitel, Antón / Wang, Wilfried: *Spanien. Architektur im 20. Jahrhundert,* München 2000.

Escobar, Jesús: *The Plaza Mayor and the Shaping of Baroque Madrid,* Cambridge 2004.

Fernández Alba, Antonio: *Centro de Arte Reina Sofía. Memoria de una restauración,* Madrid 1987.

Gassier, Pierre / Wilson, Juliet / Lachenal, François: *Goya: Leben und Werk,* Köln 1994.

Guerra de la Vega, Ramón: *Iglesias y conventos del antiguo Madrid,* Madrid 1984.

Guerra de la Vega, Ramón: *Madrid de los Austrias,* Madrid 1984.

Guía de Arquitectura y urbanismo de Madrid (2 vols.), ed.: Colegio Oficial de Arquitectos de Madrid, Madrid 1983/84.

Hernando, Javier: *Arquitectura en España 1770–1900,* Madrid 1989.

Hidalgo Monteagudo, Ramón: *Iglesias antiguas madrileñas,* Madrid 1993.

Jiménez, Jorge: *El mudéjar madrileño,* Madrid 2001.

Medina Warmburg, Joaquín: *Projizierte Moderne. Deutschsprachige Architekten und Städtebauer in Spanien (1918–1936),* Frankfurt/M. 2005 (Ars iberica et americana, Bd. 10).

Mena Muñoz, Pilar (ed.): *Las murallas de Madrid: arqueología medieval urbana,* Madrid 2003.

MNCARS XXI. Concurso internacional de arquitectura, ed.: Museo Nacional Centro de Arte Reina Sofía, Madrid 1999.

Navascués Palacio, Pedro: *Arquitectura española (1808–1914),* Madrid 1994 (Summa Artis, vol. 35).

Noehles-Doerk, Gisela: *Madrid und Zentralspanien,* Stuttgart 1986.

Pinto Crespo, Virgilio / Madrazo, Santos: *Madrid. Atlas Histórico de la Ciudad,* Madrid 1995.

Sambricio, Carlos: *La arquitectura española de la Ilustración,* Madrid 1986.

Sancho, José Luis: *La Arquitectura de los Reales Sitios,* Madrid, 1995.

Scheffler, Felix: *Das spanische Stilleben des 17. Jahrhunderts: Theorie, Genese und Entfaltung einer neuen Bildgattung,* Frankfurt/M. 2000.

Testimonios del Madrid medieval. El Madrid musulmán, ed.: Museo de San Isidro, Madrid 2004.

Tovar Martín, Virginia: *Aspectos de la Arquitectura civil madrileña del siglo XVII,* Madrid 1976.

Varas Ibáñez, Ignacio G.: *Museos del Paseo del Prado,* Madrid 2006.

Verdú Ruiz, Matilde: *El arquitecto Pedro de Ribera (1681–1742),* Madrid 1998.

Catálogos de exposiciones
Exhibition Catalogs

Arte Protegido. Memoria de la Junta del Tesoro Artístico durante la Guerra Civil, Museo Nacional del Prado, Madrid 2003.

Cabañas Bravo, Miguel: *Renau, Josep: Arte y propaganda en guerra,* Patio de Escuelas Menores de la Universidad de Salamanca, Madrid 2007.

Fábulas de Velázquez: Mitología e Historia Sagrada en el Siglo de Oro, ed.: Javier Portús Pérez, Museo Nacional del Prado, Madrid 2007.

Velázquez, Museo del Prado, Madrid 1990.

Catálogos de museos
Museum Catalogs

La colección: Museo Nacional Centro de Arte Reina Sofía, Madrid 2002.

Museo del Prado, Inventario General de Pinturas I: La Colección Real, Madrid 1990.

Museo del Prado, Inventario General de Pinturas II: El Museo de la Trinidad (Bienes Desamortizados), Madrid 1991.

Museo del Prado, Inventario General de Pinturas III: Nuevas Adquisiciones, Museo Iconográfico, Tapices, Madrid 1996.

Museo Nacional Centro de Arte Reina Sofía, Madrid 1992.

Ruiz Gómez, Leticia: *El Greco en el Museo del Prado, Catálogo razonado,* Madrid 2007.

Guías de museos
Museum Guides

Álvarez Lopera, José: *Maestros Modernos del Museo Thyssen-Bornemisza,* Madrid 1992.

Enciclopedia del Museo del Prado (6 tomos), ed.: Fundación Amigos del Museo del Prado, Madrid 2006.

La guía del Prado, ed.: Museo Nacional del Prado, Madrid 2009.

Llorens, Tomás / Borobia, María del Mar / Vela, Concha: *Führer des Museums Thyssen-Bornemisza,* 2. Aufl., überarbeitet von Tomás Llorens, Madrid 1998.

Pita Andrade, José Manuel / Borobia, María del Mar: *Maestros Antiguos del Museo Thyssen-Bornemisza,* Madrid 1992.

Índice onomástico
Index of Names

Índice temático
Index of Subjects

Los gobernantes
The Rulers

Gobernantes y dinastías reales mencionados en el libro, por orden cronológico.

Rulers and Royal Dynasties mentioned in the book in chronological order.

Gobernante	Gobierno	Reino	Regencia / Regency	Realm	Regime	Ruler
Mohamed I, emir y califa de Córdoba (828-886)	Dinastía de los Omeyas	Al-Ándalus	852–886	Al-Andalus	Umayyad Dynasty	Muhammad I, Emir and Caliph of Córdoba (828–886)
Abderramán III (889-961) emir y califa de Córdoba			912/929–961			Abd ar-Rahman III (889–961) Emir and Caliph of Córdoba
Rey Ramiro II (900-951) de León		León	931–951	León		King Ramiro II (900–951) of León
Rey Fernando I (1018-1065)	Casa de Jiménez	Castilla y León *(desde la primera unión; con potestad parcial)*	1035/1037–1065	Castile and León *(since the first union; with sub-rulers)*	House of Jiménez	King Ferdinand I (1018–1065)
Rey Alfonso VI (1040-1109) de León y Castilla			1065–1109 León 1072–1109 Castilla Castile			King Alfonso VI (1040–1109) of León and Castile
Yahya al-Qadir II (hacia 1050-109)	Dinastía Banu Di-l-Nun	Taifa de Toledo	1075–1085	Taifa of Toledo	Dhun an-Nunid dynasty	Yahya II al-Qadir (c. 1050–1090)
Rey Alfonso VIII (1155-1214) de Castilla	Casa de Borgoña	Castilla y León *(desde la unión definitiva)*	1158–1214	Castile and León *(since the final union)*	House of Burgundy-Ivrea	King Alfonso VIII (1155–1214) of Castile
Rey Alfonso XI (1311-1350)		Reino de España	1312–1350	Kingdom of Spain		King Alfonso XI (1311–1350)
Regenta, desde 1479 reina Isabel I (1451-1504), y regente, desde 1479 rey Fernando V (1452-1516)	Casa de Trastámara		1474–1504		House of Trastámara	Regent, from 1479 Queen Isabella I (1451–1504) and Regent, from 1479 King Ferdinand V (1452–1516)
Regente y rey Felipe I, el Hermoso (1478-1506)			1504–1506			Regent and King Philip I the Fair (1478–1506)
2º reinado de Fernando V (1452-1516)			1506–1516			King Ferdinand V (1452–1516)
Carlos V (emperador del Sacro Imperio Germano 1519-1558) = rey Carlos I de España (1516-1556)	Casa de los Habsburgo		1516–1556		House of Habsburg	Charles V (German Emperor 1519–1558) = King Charles I of Spain (1516–1556)
Rey Felipe II (1527-1598)			1556–1598			King Philip II (1527–1598)
Rey Felipe III (1578-1621)			1598–1621			King Philip III (1578–1621)
Rey Felipe IV (1605-1665)			1621–1665			King Philip IV (1605–1665)
Rey Carlos II (1661-1700)			1665–1700			King Charles II (1661–1700)
Primer reinado del rey Felipe V (1683-1746)	Casa de Borbón		1700–1724		House of Bourbon	King Philip V (1683–1746)
Rey Luis I (1707-1724)			1724			King Louis I (1707–1724)
2º reinado de Felipe V (1683-1746)			1724–1746			King Philip V (1683–1746)
Rey Fernando VI (1713-1759)			1746–1759			King Ferdinand VI (1713–1759)
Rey Carlos III (1716-1788)			1759–1788			King Charles III (1716–1788)
Rey Carlos IV (1748-1819)			1788–1808			King Charles IV (1748–1819)
Primer reinado del rey Fernando VII (1784-1833)			1808			King Ferdinand VII (1784–1833)
Rey José I (1768-1944)	Casa de Bonaparte	*Dominación francesa*	1808–1813	*French rule*	House of Bonaparte	King Joseph I (1768–1944)
Segundo reinado del rey Fernando VII (1784-1833)	Casa de Borbón		1813–1833		House of Bourbon	King Ferdinand VII (1784–1833)
Reina Isabel II (1830-1904)	Casa de Saboya I República		1843–1868 1873–1874		House of Savoy First Republic	Queen Isabella II (1830–1904)
Rey Alfonso XII (1857-1885)	Casa de Borbón	*Restauración*	1874–1885	*Restauration*	House of Bourbon	King Alfonso XII (1857–1885)
Regenta María Cristina de Austria (1858-1929)			1885–1902			Regent Maria Christina of Austria (1858–1929)
Rey Alfonso XIII (1886-1941)			1886/1902–1931			King Alfonso XIII (1886–1941)
Miguel Primo de Rivera (1870-1930)	Dictadura		1923–1930		Dictatorship	Miguel Primo de Rivera (1870–1930)
	II República		1931–1939		Second Republic	
Manuel Azaña y Díaz (1880-1940)	*Guerra Civil*		1936–1939		*Civil War*	Manuel Azaña y Díaz (1880–1940)
Francisco Franco Bahamonde (1892-1975)	Dictadura		1939–1975		Dictatorship	Francisco Franco Bahamonde (1892–1975)
Rey Juan Carlos I (nac. 1938)	Casa de Borbón	Reino de España	1975–	Kingdom of Spain	House of Bourbon	King Juan Carlos I (b. 1938)

Agradecimientos
Acknowledgments

La editorial desea manifestar un agradecimiento especial a David Sánchez Cano por su amplia cooperación en la preparación de este libro.

The publisher would especially like to thank Dr. David Sánchez Cano for his diverse support during the preparation of this book.

Los autores agradecen a las siguientes personas el apoyo prestado:

The authors thank the following people for their support:

Judith Ara Lázaro (Museo del Prado), Emmanuela Gambino (Comendadoras de Santiago), Olga López (Ateneo de Madrid), María Victoria López Hervás (Museo de los Orígenes), Monseñor José Luis Montes (Delegado Episcopal para el Patrimonio Cultural), Adriana Regalado (Casino de Madrid), Restaurante La Masía de José Luis, Leticia Ruiz Gómez (Museo del Prado), Mario Tafalla (Observatorio Astronómico Nacional),

y a los miembros de las órdenes y párrocos de los conventos e iglesias de Madrid.

and the members of holy orders and the parish priests of the monasteries and churches of Madrid.

Créditos editoriales
Imprint

© 2009 Tandem Verlag GmbH
h.f.ullmann is an imprint of Tandem Verlag GmbH

Design and layout: Oliver Hessmann
Editing: Ronit Jariv
Photographic editing and project coordination: Barbara Linz
Captions and index: Kathrin Jurgenowski
Editorial assistance: Tobias Büscher, Russell Cennydd, Laura Duarte Patino, Concha Dueso, Kathrin Jurgenowski, Barbara Linz, Felicitas Pohl, Rebecca Renz, Lucia Rojas, Thomas Volmert
Maps: Kartographie Huber, München; Harald Sylvester Wolf, think-tank.dk
Lithography: LVD GmbH, Berlin
Spanish translation: Virtudes Mayayo for Equipo de Edición
English translation: Sharon Rodgers for Equipo de Edición
Project management: Swetlana Dadaschewa
Production: Sabine Vogt
Overall production: h.f.ullmann publishing, Königswinter

Printed in Slovakia

ISBN: 978-3-8331-5406-5

10 9 8 7 6 5 4 3 2 1
X IX VIII VII VI V IV III II I

Para recibir información sobre las últimas novedades de **h.f.ullmann**, solicite nuestro boletín informativo dirigiéndose a nuestra web (**www.ullmann-publishing.com**) o bien escribiendo a: *newsletter@ullmann-publishing.com*.
h.f.ullmann, Im Mühlenbruch 1, 53639 Königswinter, Alemania
Fax: +49(0)22 23-27 80-708

If you would like to be informed about forthcoming **h.f.ullmann** titles, you can request our newsletter by visiting our website (**www.ullmann-publishing.com**) or by emailing us at: *newsletter@ullmann-publishing.com*.
h.f.ullmann, Im Mühlenbruch 1, 53639 Königswinter, Germany
Fax: +49(0)22 23-27 80-708